Introduction to
International
Economics
Globalization and
the Japanese Economy

国際

●グローバル化と日本経済

経済学

入門

[改訂第2版]

ナカニシヤ出版

改訂第2版への序文

　本書の初版が刊行されてから早くも5年あまりが過ぎ、この間にさまざまな出来事が起きた。2011年3月に東日本大震災が発生し、多くの企業の生産が停止したことは、工場の海外移転に拍車をかけた。また、2012年12月に就任した安倍晋三首相は、大胆な金融政策、機動的な財政政策、民間投資を喚起する成長戦略という「三本の矢」で構成される経済政策、いわゆるアベノミクスを提唱し、景気回復を図ろうとした。しかし、2014年4月に消費税率が8％に引き上げられると景気は落ち込み、4月から6月までの3カ月間だけでなく、それに続く7月から9月までの3カ月間においても経済成長率がマイナスとなる。そのため、円相場は12月上旬に1ドル＝121円台まで値下がりし、7年4カ月ぶりの円安ドル高を記録した。そして世界においても、2009年10月にギリシャ政府による財政の粉飾が発覚したことをきっかけに、ヨーロッパで経済危機が発生する。ヨーロッパの景気は現在でも依然として低迷しており、世界経済に悪影響を与えている。

　世界の成長センターと目されたアジアでも大きな変化が見られる。日本のGDPは、1968年から2009年までアメリカに次いで世界第2位であった。だが、2010年に中国がわずかながら日本を上回り世界第2位の経済大国となり、その3年後の2013年に中国のGDPは日本の約2倍に達した。短期間で両国のGDPに大きな差が開いた理由の一つは、言うまでもなく中国経済の高成長と日本経済の低迷による成長率の格差であるが、それに加えて、近年の円安ドル高と人民元高ドル安により、ドルに換算した日本のGDPが縮小する一方、中国のGDPが拡大したことも大きな要因として挙げられる。

　巨大かつ成長率の高い中国市場には、大きなビジネスチャンスが潜んでいる。中国で成功すれば、国内市場よりもはるかに大きな利益を得る可能性があるため、世界中から企業が中国に殺到し、競争を繰り広げる。日本企業のなかでも、中国で成功を収める企業が少なくない。エアコンを製造するダイキン工業は、中国各地の特性にあわせて、所得の高い沿岸部では高級品、内陸部では低価格

品を主力商品とするほか、北部では暖房機能、南部では冷房機能を強化した製品を販売する。農業機械を製造するクボタは、稲作農家向けに高性能で故障の少ない刈り取り機を販売し、アフターサービスも充実させることで、顧客から高い信頼を得ている。両企業に共通するのは、現地のニーズを的確に把握し、それにあった製品を開発・販売したことである。

中国でのビジネスチャンスが広がる反面、中国の急成長に伴う賃金の上昇や、円安と人民元高の進行により、日本企業にとって、中国で低コストで生産し日本や外国へ輸出するというビジネスモデルを維持することが難しくなってきた。そのため、生産拠点をベトナムやタイなどに移転する日本企業が相次いでいる。とりわけ、多くの低賃金労働者を必要とする繊維産業などでは、その動きがいっそう強まる。

このように、各国の経済情勢とアベノミクスなどの政策が複合的に作用して、ビジネスをとりまく環境はめまぐるしく変化する。そのなかで日本企業は、各国の顧客のニーズを的確に把握・分析し、それを満たす製品を開発し、そして世界で最も適した地域で生産し、販売することが求められる。この熾烈な競争に勝ち抜くには、グローバル化のあり方とその行方を理解し、いかなる戦略を打ち出すべきかを考えなければならない。また、グローバル化によってわたしたちの日々の生活やその環境も変わっていく。

改訂第2版を刊行するにあたり、そうした日本や世界の変化をふまえて、各章の内容を書き直すとともに、新たな図表を追加した。とくに、海外へのアウトソーシングといった変化の著しい産業分野については、内容を一新した。さらに、欧州債務危機やTPPなど最新のトピックスに関する章や付論を加えた。

また初版の刊行以降、授業をする際の教科書として本書を用いてくださった先生方から、多くのご意見やご要望を頂戴した。改訂第2版の執筆にあたり、それらのご意見やご要望を大いに参考にした。この場を借りて感謝の意を表したい。

こうして本書の改訂第2版では、初版以上に、グローバル化と日本経済の変化を、わかりやすく、そして身近なものとして理解できるよう描き出すことを心がけた。国際経済学を初めて学ぶ読者が、日本、アジア、そして世界の現状を把握し、今後の動向を考えるうえで、本書が一助となれば望外の喜びである。

最後に、ナカニシヤ出版の酒井敏行氏には、初版に引き続き大変お世話になった。企画から校正までさまざまな助言をいただいたことに心より感謝を申し上げる。

　2014年12月
　　　杉本町の研究室にて

高 橋 信 弘

序　文

　情報技術（IT）の発展に伴い、日本経済をとりまく環境にはダイナミックな変化がみられる。インターネットを用いれば、製品の設計図を添付ファイルにして一瞬で海外の工場へ送り、その設計図をみながらIP電話（インターネットを利用した電話サービス）で設計の詳細について話し合うことができる。そのため、複雑な設計の製品についても、その製造を海外の工場へすぐに依頼することが可能である。また、インターネットによって、ニューヨークのウォール街にいるのとほとんど変わらないだけの金融・財務情報をリアルタイムで入手するとともに、IP電話で外国企業のIR担当者（企業情報を株主や投資家などに公表する担当者）と直接やりとりすることもできる。そのため、日本にいながら、シンガポールの金融アナリストに対してアメリカ企業に関するレポートの作成を依頼し、できあがった書類を瞬時に受け取ることも可能である。

　こうしてITの活用により、従来は国内で調達していた財・サービスが、次第に貿易財として取引されるようになる。これは重化学工業や金融業だけでなく、軽工業や農業を含むあらゆる産業において行なわれている。たとえばユニクロは、商品販売時にバーコードを読み取るポス（POS）システムによって各店舗の売れ行き状況や需要動向を瞬時に把握し、それに基づいた生産計画を中国で実施することで、高品質の衣類を日本の流行にあわせて短期間で製造・流通させている。この結果、消費者は従来よりも安価に、そして速く、さまざまな財・サービスが得られるため、消費者の立場からみれば、グローバル化の進行は歓迎されるべきものとなる。

　ところが、労働者や、海外との取引が少ない企業の立場からみれば、グローバル化はよいことばかりではない。ユニクロのビジネスモデルが多くの企業に採用され、中国から繊維製品の輸入が増加することで国内価格が低下し、日本国内の多くの工場が閉鎖に追い込まれた。それだけでなく、日本企業が、自社の従業員の給与や取引先への支払いなどの金額を計算する業務を、コスト削減のために中国の企業に委託する事例が増えてきている。また、顧客からの電話

受付(コールセンター)を中国に置き、現地で日本人または日本語を話せる中国人を雇う企業もある。つまり、ITの発展により、日本企業が中国へさまざまな業務を委託することが可能となったため、かつては日本国内でしかできなかった仕事が海外へ移転しているのである。

このように考えれば、技術革新などによって加速されたグローバル化に適合した国際経済学が必要であることがわかるだろう。そのため本書は、現実に起こっているグローバル化をどのように理解するかに主眼を置き、日本経済が直面するホットなトピックスを取り上げ、それが日本にどのような影響を及ぼすのかを説明していく。

国際経済学には、大きく分けて、モノの国境を越えた取引を扱う国際貿易論と、カネの国境を越えた取引を扱う国際金融論がある。本書はその両方に焦点を当て、理論的枠組みを解説していく。その際、現実に基づいて理論を理解し、理論の展開を現実の問題に即して分析し、政策的に考えていく。こうして理論と現実の緊張関係をもちながら学んでいくことが、本書の特徴の1つである。さらに、中学校レベルの数式や図を用いて、各理論を直感的に理解できるようにつとめたため、専門知識がなくても読める内容となっている。このことが、本書のもう1つの特徴である。

本書の構成は、以下のとおりである。

第Ⅰ部では、為替レートの決定メカニズム、貿易がその国の生産や所得分配などに与える影響、グローバル化の経済政策への影響、少子高齢化が国際収支に与える影響など、国際経済学における基礎的な理論について学ぶ。

第Ⅱ部では、アジア通貨危機、サブプライムローン問題、世界貿易機関(WTO)、経済連携協定(EPA)、日米経済摩擦、中国経済といったトピックスを説明することを通じて、世界経済がどのような方向に動いているか、そのなかで日本企業がどう対応すべきかを解説する。

第Ⅲ部では、日本経済のグローバル化に焦点を絞って、貿易と直接投資の拡大、ビジネス業務の海外へのアウトソーシング、農業などのトピックスをとりあげる。そして、生産拠点の海外移転に伴い技術の空洞化が危惧されるなかで、どのようなものづくりをしていけばよいのか、その方策を考える。

本書を執筆する過程において多くの方々のお世話になった。原稿を読んでコ

メントを下さった先生方や大阪市立大学の私のゼミ生に感謝の気持ちを申し上げたい。また、筆者に対し経済学の初歩から根気よく指導してくださった、本山美彦先生、櫻井公人先生、岩本武和先生をはじめ、諸恩師や先輩の方々に、この場を借りて御礼を申し上げたい。

　本書の出版に際して、瀬川学術振興基金（大阪市立大学証券研究センター）から出版助成金が交付されたことを、記して感謝する。

　最後に、ナカニシヤ出版社の酒井敏行氏には、本書の企画の段階から完成まで、多大なサポートをしていただいた。原稿が遅々として進まない状況のなかでも、辛抱強く見守ってくださったことに心から感謝したい。

2008年11月
　　秋深まる京都にて

高 橋 信 弘

目　次

改訂第2版への序文　i
序　文　v

第Ⅰ部　基礎理論

第1章　国際経済学へのプレリュード ── 3
1　国境を越える取引が市場にもたらす影響　3
2　なぜ日本の物価は高いのか　6
3　物価下落の中国原因説　8

第2章　為替レートと外国為替市場 ── 11
1　為替レートの決定　11
2　為替レートの経済活動への影響　15
3　外国為替の需要と供給　20
4　戦後の固定相場制　25

第3章　国際収支と為替レート ── 30
1　日本の国際収支　30
2　主要国の国際収支の特徴　33
付論　日本企業の世界販売シェア　39

第4章　長期における為替レートの決定 ── 41
1　為替レートの長期的決定　41
2　実質為替レート　45
3　実効為替レート　48
4　為替レートの予想はできるか　49

目　次

　　　5　ドル安の可能性　50
　　　付論　日本の労働生産性　53

第5章　リカード・モデル —— 55
　　　1　分業の利益　55
　　　2　貿易への適用　59
　　　3　貿易利益の図解　64
　　　4　リカード・モデルの現実妥当性　67

第6章　ヘクシャー＝オリーン・モデル —— 72
　　　1　ヘクシャー＝オリーン・モデルの考え方　72
　　　2　ヘクシャー＝オリーン・モデルの定理　76
　　　3　貿易利益　83
　　　4　ヘクシャー＝オリーン・モデルの実証分析　87

第7章　規模の経済性と国際貿易 —— 92
　　　1　規模の経済性　92
　　　2　規模の経済性の分類　95
　　　3　産業レベルの規模の経済性が存在するときの貿易　98
　　　4　規模の経済性と貿易パターン　101

第8章　グローバル化と経済政策 —— 106
　　　1　経済政策の効果　106
　　　2　外国為替市場における政府介入の効果　110
　　　付論　マクドゥーガル＝ケンプ・モデル　115

第9章　ISバランスの動向 —— 117
　　　1　ISバランス論　117
　　　2　少子高齢化の影響　120

付論　外国人労働者と移民の受け入れ　125

第Ⅱ部　世界経済の変貌

第10章　アジア通貨危機と現地日系企業 ―――― 131
　　1　東南アジア諸国の好景気　131
　　2　通貨危機の発生　137
　　3　通貨危機の影響　142
　　4　現地日系企業の対応　144
　　付論　サブプライムローンと世界金融危機　151

第11章　WTOとEPA ―――― 156
　　1　GATTの成立とその成果　156
　　2　WTOの原則　159
　　3　貿易と環境・食の安全性　160
　　4　反ダンピング措置　164
　　5　地域貿易協定　166

第12章　中国経済と日本企業 ―――― 172
　　1　改革開放後の経済成長　172
　　2　市場経済への転換　180
　　3　経済成長のひずみ　183
　　4　シャドーバンキング　188
　　5　日本企業の直面するリスク　190
　　6　中国市場における日本の製造業企業の戦略　195

第13章　欧州債務危機 ―――― 201
　　1　債務危機の発生　201
　　2　債務危機の拡大　206
　　3　ユーロの欠陥　211

    4　日本への教訓　215

第Ⅲ部　日本経済のグローバル化

第14章　日本の貿易と直接投資 ―――― 223
    1　貿易の拡大と貿易構造の変化　223
    2　貿易相手国の変化　230
    3　直接投資　233

第15章　海外へのアウトソーシング ―――― 240
    1　日本から中国へのアウトソーシング　240
    2　ソフトウェアのオフショア開発　245
    3　日本企業の技術力低下　250
    4　中国企業の技術力上昇　254
    5　オフショア開発のもたらす影響　259

第16章　TPP ―――― 263
    1　TPPの概要　263
    2　交渉内容　269
    3　TPP参加のメリット　276
    4　TPP参加のデメリット　282
    5　TPPへの評価　285

練習問題解答　289
国際経済学基本用語集　291
索　引　297

コラム

第 1 章	バラッサ＝サミュエルソン命題	8
第 2 章	ドルの需要曲線が右下がりとなる理由	13
第 5 章	江戸時代末期における金の海外への流出	61
第 9 章	国際収支発展段階説	123
第 12 章	製造拠点の国内回帰	180
第 13 章	ギリシャはなぜユーロから離脱しなかったのか	215
第 14 章	エネルギー・鉱物資源と食料価格の急上昇	232
第 15 章	グローバル化と仕事のあり方	260

第Ⅰ部　基礎理論

第1章
国際経済学へのプレリュード

　国家間の経済的取引と、それにかかわるさまざまな問題を理解するためには、最初に、貿易などの経済的取引が生じる仕組みを理解することが必要である。そこで本章では、財・サービス、資本、労働者などの国境を越えた移動が市場に与える影響をみていこう。

本章のポイント
1. 国境を越える経済的取引により、複数の国家間で1つの価格が形成されることを学ぶ。
2. 日本の物価が、発展途上国の物価よりも高い理由を理解する。
3. 中国からの輸入の拡大は、日本の物価を下げる原因となるのかどうかを考える。

1　国境を越える取引が市場にもたらす影響

　グローバル化（globalization）とは、財・サービス、資本、労働者、情報、技術、制度などの、国境を越える移動が可能になる、あるいは容易になることである。なぜ国家間でこうした移動が行なわれるのであろうか。その理由は、それらの価格が国家間で異なるからである。国家間で財の価格差が存在すれば、貿易が発生する。金利差・収益率の差が存在すれば、国際資本移動が発生する。賃金格差が存在すれば、労働移動が発生する。さらに、こうした財・サービス、資本、労働者などの移動に伴い、情報、技術、制度などが他国へ伝播する。そのなかには、経営スタイル（例：かんばん方式、アメリカ型経営）、金融制度および金融方式（例：アングロサクソン型金融制度、BIS規制）、規格（例：Windows 8.1、

図1-1 東京(左)と大阪(右)における需要と供給

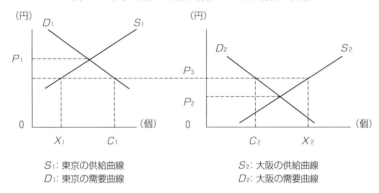

S_1: 東京の供給曲線
D_1: 東京の需要曲線

S_2: 大阪の供給曲線
D_2: 大阪の需要曲線

ブルーレイ・ディスク)、経済体制(例:資本主義)など、さまざまなものが含まれる。

(1) 2つの地域の市場統合

まず、2つの地域の市場が統合したときにどのようなことが起こるか、以下の例を通じて考えてみよう。

いま、ある財が東京と大阪で生産・販売されているが、消費者は自分が住む地域で製造されたものしか購入できないという規制が存在したとしよう。つまり、東京と大阪の市場が分断されている。すると、東京と大阪のそれぞれにおいて、需要曲線と供給曲線の交点で、その財の価格が決まる。このときの市場価格は、図1-1にあるように、東京ではP_1円、大阪ではP_2円である。

ここで、自分が住む地域で製造されたものしか購入できないという規制を撤廃するとしよう。これは、分断されていた2つの地域が1つの市場に統合されることを意味する。すると、以下の行為により、2地域の価格差は解消される。

①価格の低い地域の生産者が、価格の高い地域で自社の製品を販売する。
②価格の高い地域の消費者が、価格の安い地域に買いに行く。
③地域間の価格差を利用して利ざやを稼ぐ。つまり、第三者が安い地域で買って高い地域で売る(これを**裁定取引**という)。

以上の①~③の行為により、価格の低い大阪から価格の高い東京へ財が移動する。その結果、大阪では供給の減少により価格は上昇し、東京では供給の増

図1-2 東京と大阪を合わせた需要と供給

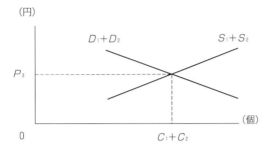

S_1+S_2：東京と大阪の供給を合計した供給曲線
D_1+D_2：東京と大阪の需要を合計した需要曲線

加により価格が低下する。よって、2地域間の価格差が縮小する。

そこで、東京と大阪の需要を合計した需要曲線（D_1+D_2）と、東京と大阪の供給を合計した供給曲線（S_1+S_2）を描いたのが図1-2である。

この需要曲線と供給曲線の交点の価格で、統合された市場における需要と供給が一致する。このときの価格 P_3 円を**均衡価格**という。

価格 P_3 円のとき、東京の消費量を C_1、大阪の消費量を C_2 とする。また、そのときの東京の生産量を X_1、大阪の生産量を X_2 とする。需給の一致により、

$$C_1+C_2=X_1+X_2 \tag{1.1}$$

が成立する。図1-1に描かれているように、価格 P_3 円において、東京での超過需要は C_1-X_1、大阪での超過供給は X_2-C_2 である。この両者の関係は、(1.1) 式より、

$$C_1-X_1=X_2-C_2 \tag{1.2}$$

となる。つまり、均衡価格において、東京の超過需要と大阪の超過供給が一致するわけである。

以上からわかるように、1つの市場において、1つの財に複数の価格がつくことはない。このことは、**一物一価の法則**と呼ばれる。

(2) 貿易による均衡価格の成立

次に、2国が貿易をするときにどのようなことが起こるかを考えてみよう。たとえば、ある自動車が、日本で120万円、アメリカで1万6000ドルだったとする。なお1ドル＝100円、日米間の輸送費が1台当たり5万円とする。

このとき、日本からアメリカへその車を輸出すると、そのコストは、自動車本体が1万2000ドル、そして輸送費が500ドルの計1万2500ドルとなる。アメリカでの価格が1万6000ドルであるので、輸出により3500ドルの利益が得られる。こうして、日本円に換算して160万円と120万円との価格差40万円が、輸送費5万円より大きいので、貿易が発生するわけである。

その結果、日本市場ではその車の供給が減少するため価格が上昇し、アメリカ市場ではその車の供給が増えるため価格が低下する。これにより価格が日本で130万円、アメリカで1万3500ドルとなれば、価格差は輸送費を上回らないので、これ以上の輸出は起きない。つまり、これが均衡価格となるのである。

したがって、貿易に関して、以下のことがいえる。

① 国際間の価格差が、貿易に伴う費用（輸送費・関税など）より大きいとき、貿易が生じる。
② **貿易財**については、原則として、一物一価の法則が成立する。つまり、貿易に伴う費用（輸送費・関税など）を除けば、世界のどこでも同じ価格であるはずである。
③ 輸入品に対し市場を開放すると、それと競合する財の国内価格は下がる。つまり、輸入規制が緩和されると、消費者と外国の生産者は利益を得る一方、その国の生産者は不利益をこうむる。いい換えると、輸入規制は、国内の生産者を保護する手段である。

2 なぜ日本の物価は高いのか

みなさんは、アジア諸国などへ海外旅行に行ったとき、物価が日本よりも低いことに気づいたことはないだろうか。ここでは、その理由を考えてみよう。

(1) 貿易財に一物一価の法則が成立しない理由

前節で述べたように、貿易財については、一物一価の法則により、理論上は世界のどこでも同じ価格になるはずである。しかし現実には、貿易財でも一物一価の法則が成立しない場合がある。その理由は、貿易に伴う費用（輸送費・関税など）に加えて、輸入規制（輸入数量制限など）、消費税率の各国間の差など、さまざまなものがある。また、日本の物価が高い理由として、流通市場の非効率性が指摘されている。これは、外国製品が港に着いたときには低価格なのに、一次卸し、二次卸しと経ていくうちに、そのマージンが付加されて、輸入品小売価格が高くなっていくというものである。さらに、海外ブランド品のメーカーが日本に輸入総代理店を置き、そこを通じてしか日本での販売を認めない場合には、その価格は海外より高くなる傾向にある。

(2) 非貿易財の存在

日本の物価が高いもう1つの理由は、貿易することができない財、つまり**非貿易財**の価格が高いからである。たとえば、土地は非貿易財である。また、サービスの多くや、水道、電気、電話、鉄道、高速道路などのインフラの多くは、非貿易財である。そのため、日本の地価は海外より高いが、外国から土地を輸入することはできない。また、途上国での散髪の料金が日本より低くても、散髪というサービスを輸入することはできない。さらに、日本の高速道路料金は高いが、外国から高速道路を輸入することもできない。いい換えれば、非貿易財については、一物一価の法則が成立しない。

ここで問題を1つ出したい。1年間（または一定期間）に国内で生産された財・サービスの**付加価値**[1]の合計額は、**国内総生産**（GDP: Gross Domestic Product）と呼ばれる。日本のGDPに占める製造業と農林水産業の比率は、それぞれ何パーセントだろうか。

この質問をする理由は、製造業と農林水産業でつくられる財のほとんどは貿

---

[1] 付加価値とは、企業などの経済主体による生産物の産出総額から、国内他社や外国企業から購入した原材料、燃料などの中間投入の金額を引いたものをいう。たとえば、ある企業の売り上げが10億円であり、原材料費が6億円、燃料費が2億円とすれば、この企業が生み出した付加価値は2億円である。

易財なので、貿易財を生産する産業がGDPに占める比率が高いかどうかが、日本の物価水準に影響を与えるからである。

答えは、2012年において、製造業が18.1%、農林水産業が1.2%である。一方、第3次産業はGDPの6割以上を占めている。第3次産業で生産されるサービスの多くが貿易できないので、日本で生産される付加価値の半分以上は非貿易財ということになる。そして、日本の非貿易財の価格は、諸外国よりも高い。よって、日本は、世界でも有数の物価の高い国となっているのである。

以上をまとめると、日本の物価が諸外国よりも高い理由は、第1に、貿易財において、一物一価の法則を妨げるいくつもの貿易障壁が存在することである。第2に、日本で生産される付加価値の半分以上が非貿易財であり、その価格が高いことである。

コラム

バラッサ＝サミュエルソン命題

先進国と発展途上国の労働生産性格差は、非貿易財（たとえば散髪）については小さいが、貿易財（たとえば自動車）については大きい。貿易財の価格がどの国においても同じであるならば、貿易財の労働生産性が高い国ほど、賃金水準が高いことを意味する。そして賃金水準が高い国ほど、非貿易財の価格も高くなる。したがって、1人当たりGDPが大きい国ほど、物価水準が高い傾向にある。これは、バラッサ＝サミュエルソン命題と呼ばれる。

3　物価下落の中国原因説

近年、中国から日本への輸入が急増している。中国の労働者の賃金は日本よりもかなり低いため、中国製品は、従来の国内製品より安価である。たとえば、ユニクロで販売されている製品の大半は中国製であり、100円ショップで売られている製品の多くも中国製である。また、電気製品や機械部品の輸入も増えている。こうしたことから、2003年頃、日本の物価水準が低下していく主要な原因が、中国からの輸入にあるといわれるようになった。

しかし、これに対し反論もなされた。2003年の中国から日本への輸入は8.7

兆円である。この値は日本の GDP の 1.8％でしかない。約 2％では物価に影響を与えられないというのである。この 2 つの意見は、どちらが正しいのだろうか。

筆者が大阪で企業への聞き取り調査をしていると、以下のような意見をしばしば耳にする。機械部品を製造している企業は、納入先の企業と値段交渉をする際に、価格を下げざるをえないという。というのは、もし値段引き下げに応じないと、納入先企業が取引をやめて、中国からの輸入部品に切り替えてしまうからである。また、たとえばユニクロがフリースを 1980 円で売り出すと、他の企業もその値段にあわせざるをえなくなる。つまり、ユニクロはアパレル業界において、プライスリーダーの役割を果たしているのである。これらのことが意味しているのは、中国からの輸入品は、たとえその金額が大きくなくても、国内で生産される製品の価格を低下させる効果をもつということである。いい換えれば、中国からの輸入品は、日本の製品価格に対する波及効果をもつ。

ただし、その波及効果がどれくらい大きいのか、数値で測定することは難しい。この点については今後の研究を待つしかない。しかしながら、中国からの輸入が日本の物価下落に寄与している可能性は十分あると考えられるのである。

―― 本章のまとめ ――
1. 国際間の価格差が、貿易に伴う費用（輸送費・関税など）より大きいとき、貿易が生じる。
2. 日本の GDP の半分以上は非貿易財が占めている。その価格が発展途上国よりも高いことが、日本の物価が発展途上国よりも高いことの大きな原因である。
3. 中国からの輸入額が日本の GDP に占める比率は小さいが、波及効果を考慮するとき、輸入額以上の影響を日本の物価に対して与える可能性がある。

●研究課題
1. 東京とニューヨークの物価水準を比べたとき、東京のほうが安い財と、ニューヨークのほうが安い財がある。その違いはどこからくるのか、考えてみよう。
2. 日本と外国の物価水準にどの程度の差があるのか調べてみよう。また、日本の

物価水準の低下は、消費者と生産者のそれぞれ立場からみて、望ましいことなのかどうかを議論してみよう。

■ **文献案内**

伊藤元重『グローバル経済の本質国境を越えるヒト・モノ・カネが経済を変える』ダイヤモンド社、2003年。
　グローバル化がわたしたちの生活にどのような影響を与えるかを、身近なテーマから論じている。
アジア太平洋資料センター編『徹底解剖100円ショップ日常化するグローバリゼーション』コモンズ、2004年。
　100円ショップで売られる商品が、どこで生産され、流通しているのかを具体的に調査している。
小峰隆夫『貿易の知識』第3版、日経文庫、2012年。
　輸出・輸入はどのようにして決まり、それが経済にどんな影響を及ぼすのかをわかりやすく解説している。

第2章
為替レートと外国為替市場

　本章から3つの章にわたって、為替レートにかかわる内容を説明する。為替レートとは、2つの通貨間の交換比率である。この値は、貿易や金融取引など国家間の経済活動にとってきわめて重要である。また、その変動は、多くの経済活動にプラスまたはマイナスの影響を与えるとともに、さまざまなリスクを生じさせるため、貿易や金融取引などに直接関与していない多くの人々の生活にまで、少なからぬ影響を与える。本章では、外国為替市場において為替レートの値はどのように決まるのか、それが経済活動にどのような影響をもたらすかをみていくことにしよう。

本章のポイント

1. 為替レートの値は、円と外貨（外国通貨）を交換する際に、その需要と供給を一致させるように決まる。そのときの需要と供給はどのように生じるのかを学ぶ。
2. 為替レートの変動が、企業の利益、人々の消費、国全体の景気などに与える影響を考える。
3. 戦後の為替相場制度の歴史を振り返り、日本の固定相場制がなぜ崩壊したのかを理解する。

1　為替レートの決定

　新聞・テレビなどで、現在の為替レートは1ドル＝102円26～28銭、1ユーロ＝138円15～19銭などと報道されるのをみたことがあるだろう。こうした為替レートがどのように決まるかを考えてみよう。

第Ⅰ部　基礎理論

図2-1　為替レートの決定

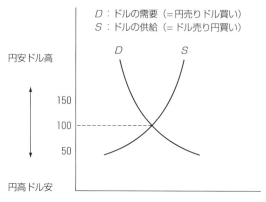

(1) 外国為替市場

いま、円をドルに交換すること、つまり円売りドル買いを、ドルの需要と呼ぶ。そして、ドルを円に交換すること、つまりドル売り円買いを、ドルの供給と呼ぶ。為替レートの値は、図2-1のように、外国為替市場において、ドルの需要と供給を一致させるように決まる。

外国為替とは、他国との貿易や投資などの取引を行なう際に、直接現金を送付するかわりに手形や小切手を使って決済する仕組みである。為替手形などを売買するときの通貨間の交換比率が、外国為替相場、つまり為替レートである。

外国為替市場といっても、そのための建物があるわけではない。日本の各企業が行なっている外国為替の売買が、現実には1つの市場を形成している。それが、東京外国為替市場と呼ばれている。

(2) 為替レートの変動

為替レートは、ときに円高へ、ときに円安へと不安定に変動する。ドルの需要が増加すれば、あるいはドルの供給が減少すれば、円安ドル高となる（図2-2）。逆に、ドルの需要減少や供給増加が起こると、円高ドル安となる（外国為替の需要と供給については第3節を参照）。ドルの需要と供給の額はつねに変化す

図 2-2　為替レートの変化

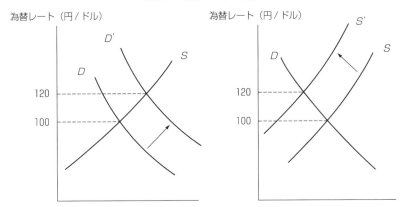

コラム

ドルの需要曲線が右下がりとなる理由

　ドルの需要曲線が右下がりとなるのは、円高になるほどドルの需要が高まるためである。これは、円高になるほど輸入が増えるとともに、将来円安になるだろうという予想が高まるので、ドル建て資産への投資が拡大するからである。また、円高により海外生産が拡大するので、そのための対外直接投資もドルの需要を増加させる。他方、ドルの供給曲線が右上がりとなるのは、円安になるほどドルの供給が高まるためである。これは、円安になるほど輸出が増えるとともに、将来円高になるだろうという予想が高まるので、円建て資産への投資が拡大するからである。ただし、ドルの需要曲線が右下がりになるかどうかについて、厳密には、需要の価格弾力性（価格の1％の変化が需要量を何％変化させるかという比率）の観点から議論する必要があり、供給曲線が右上がりになるかどうかも供給の価格弾力性に依存する。

るため、為替レートもそれを反映して刻々と変化するのである。

　このため、1990年4月に1ドル＝159.28円となったが、1995年4月には1ドル＝79.75円に達している。つまり、5年間で2倍の円高になった。その後、1998年8月に1ドル＝147.64円といったん円安になるが、再び円高が進んで1999年11月に1ドル＝101.25円となった。2000年代に入ってからも為替レートは頻繁に変動し、2007年10月の1ドル＝117.83円から、2008年3月の1ドル＝95.77円へと、わずか5カ月で円が23％も急騰した（図2-3参照）。さ

図 2-3 円の対ドル為替レート

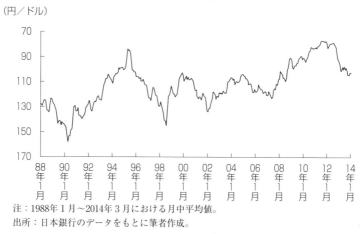

注：1988 年 1 月〜2014 年 3 月における月中平均値。
出所：日本銀行のデータをもとに筆者作成。

らに、安倍晋三首相が提唱する経済政策、いわゆるアベノミクスの影響により、野田首相（当時）が衆議院解散を表明する前日である 2012 年 11 月 13 日の終値は 1 ドル＝79.37 円だったのが、2013 年 5 月 17 日に一時 1 ドル＝103.18 円となり、6 カ月で 23％も下落した。そして、2014 年 11 月 19 日に一時、1 ドル＝118.35 円となり、1 ドル＝79.37 円と比べて 33％の円安となった。これは、日本銀行の追加的金融緩和措置、アメリカの金利上昇、アメリカの中間選挙における共和党の大勝、日本の 2014 年 7〜9 月期の GDP 成長率（速報値）が年率で －1.6％だったことに加えて、前日に日本の消費税率引き上げの先送りが発表されたためである。

(3) **さまざまな為替相場制度**

為替レートの制度は、国ごとにさまざまである。それを大きく分けると、為替レートの決定を外国為替市場での需要と供給の均衡に委ねる**変動相場制**、為替レートをあらかじめ決められた水準に固定する**固定相場制**、そしてその中間的制度がある。

変動相場制には、**完全な変動相場制**と、**管理変動相場制**（管理フロート制）がある。完全な変動相場制とは、政府が外国為替市場にいっさい介入しないものである。アメリカの為替相場制度はこれに近いと考えられる。管理変動相場

制とは、政府が為替レートの動きを管理するために、適宜外国為替市場に介入して外貨の売買を行なうものである。日本の為替相場制度はこれに近い。

固定相場制には、**ペッグ制、カーレンシーボード制、通貨同盟**などがある。ペッグ制とは、自国通貨の為替レートを、単独通貨（ドル、ユーロなど）に固定するものである。戦後の日本は、ドルとの固定相場制である**ドル・ペッグ制**をとっていた。また、多くの発展途上国が、自国と経済関係の強い国の通貨とのペッグ制をとっている。カーレンシーボード制とは、自国の通貨量を、次章で説明する外貨準備額に連動させるもの、通貨同盟とは、複数の国が共通通貨を導入するものである。ヨーロッパでは、1999年より、11カ国が**ユーロ**を導入した[1]。

中間的制度には、**ターゲットゾーン制、バスケット・ペッグ制、クローリング・ペッグ制、アジャスタブル・ペッグ制**などがある。ターゲットゾーン制とは、ある一定範囲での為替レートの変動は認めるが、その範囲を超えようとすると政府が介入するもの、バスケット・ペッグ制とは、複数の通貨の組み合わせ（通貨バスケット）に自国通貨を固定するものである。貿易相手国が多様化している国にとっては、1つの通貨に固定するよりも、バスケット・ペッグ制のほうが望ましいと考えられている。クローリング・ペッグ制とは、通貨を固定する相手国とのインフレ率格差（2国間の物価上昇率の差）に応じて、為替レートを頻繁に変更するもの、アジャスタブル・ペッグ制とは、固定相場制をとりながら、その為替レートを必要に応じて調整するものである。

国際通貨基金（IMF）は2013年に、世界各国・地域の通貨制度を調べた。それによると、変動相場制は日米など65カ国・地域、固定相場制は香港など25カ国・地域、中間的制度は82カ国であった。

2　為替レートの経済活動への影響

(1) 円高の影響

為替レートの変動は、経済活動にどのような影響を与えるだろうか。それを

---

1) その後ユーロ参加国は増加し、2014年1月時点で、EU加盟国28カ国中24カ国となった。

表 2-1　円高の経済活動への影響

1．企業への影響 ・輸出企業の利益が減少する。 ・輸入品と競合する製品を生産する企業の利益が減少する。 ・輸入品を購入あるいは販売する企業の利益が増加する。 ・海外生産のコストが低下する（よって海外投資を増加させる）。 ・海外資産の円建ての評価額が低下する。
2．消費者への影響 ・輸入品価格が低下する。 ・海外での買い物や海外留学の費用が低下する。
3．経済全体への影響 ・短期的には、企業業績悪化や生産額減少により、景気が悪くなる。 ・長期的には、日本企業の国際競争力を高める可能性がある。

まとめたのが表2-1である。この表は円高の影響を示したもので、円安のときは逆の影響が生じる。

　まず、企業への影響を与えてみよう。円高になると、輸出企業の利益が減少する。たとえば、1ドル＝100円だったものが1ドル＝90円になったとしよう。すると、財を輸出するときの収入が、1ドルの売り上げにつき100円から90円へと減少してしまう。こうして、輸出企業の利益は円高によって減少するわけである。事実、1円円高になるごとに、トヨタ自動車の年間営業利益が400億円減少し、ホンダの年間営業利益が120億円減少するといわれている（『日本経済新聞』2014年9月2日付）。

　加えて、円高によって収入が減った結果、収入がその財の生産コストを下回るときは、輸出価格（ドル建て）を上昇させるか、あるいは輸出を停止せざるをえない。これは、企業の利益と生産額・雇用数の減少をもたらす。

　また、円高になると、輸入品の価格が低下する。1ドル＝100円から1ドル＝90円になれば、1ドルの財を購入するのに、以前は100円を払わなくてはならなかったものが90円ですむ。こうして輸入品販売量が増えるので、輸入品と競合する製品を生産する企業にとっては、売れ行きが悪くなったり、製品価格が低下したりすることがある。この結果、その企業の利益と生産額・雇用数が減少するわけである。

　反対に、海外から原材料などを輸入している企業にとっては、円高になると原材料のコストが低下するわけであるから、その企業の利益は増加することに

なる。実際、1円円高になるごとに、日本製紙の年間営業利益が8億円増加し、明治ホールディングス（乳製品や菓子原料を輸入している）の年間営業利益が3億円増加するといわれている（『日本経済新聞』2014年9月2日付）。また、輸入品を販売する会社にとっては、輸入品価格が下がるわけであるから、国内での売れ行きがよくなって利益が増加する。

　この結果、同じ業種の企業でも、生産や貿易のあり方により、円高の影響が異なる。ソニーは、スマートフォンをすべて海外で生産して日本へ輸入しているなどの理由により、1円円高になるごとに、年間営業利益が30億円増加するといわれている。一方、東芝は、半導体メモリの主力商品を国内で生産して輸出しているなどの理由により、1円円高になるごとに、年間営業利益が30億円減少するといわれている（『日本経済新聞』2014年10月6日付）。

　さらに、円高は企業の立地や投資行動も変化させる。たとえば1ドル＝200円から1ドル＝100円へと2倍の円高になれば、海外での労働者の賃金、地代、電気代、部品代などは、円に換算すれば半額になる。これにより海外で生産するコストが国内よりも低くなれば、工場が海外へ移転され、その結果、これまで日本が輸出していた財が、逆に日本へ輸入されることになる。さらに、外国の株や債券、不動産などの円に換算した価格も低下するので、海外投資が増加する傾向も生じるわけである。

　海外資産の価値へも、円高は影響を及ぼす。たとえば、1980年代前半、多くの日本企業が、国内よりも利子率・投資収益率の高い海外の債券や株式・不動産などへ投資していた。ところが、1985年9月20日に1ドル＝242.53円だったレートが、1988年1月4日には1ドル＝120.45円となり、たった2年で2倍の円高になった。そのため、保有していた海外資産の価値が、円に換算すると半分になり、多額の為替差損をこうむった。

　次に、消費者への影響を考えてみよう。円高になると、輸入品を安く買えるほか、海外旅行や留学の費用も安くすむ。つまり消費者の購買力が高まる。

　最後に、経済全体に対する円高の影響について考えてみよう。円高によって多くの国内企業の業績が悪化し、そして国内の生産額と雇用数が減少することで、短期的には日本の景気が悪くなる。しかし長期的には、円高により原材料や部品などの調達費用が低下するわけであるから、日本企業の国際競争力を高

(2) 2012年11月以降の円安の影響

　円安が起これば、この逆の動きとなる。そのため、2012年11月以降の円安により、2013年には、多くの企業の業績が前年とは大きく変化した。

　輸出企業は、円安により、輸出から得られる収入が増加する。そのため、2013年に自動車や電機、機械などの大手企業は、その多くが利益を増加させた。たとえば、パナソニックとシャープは、2012年度に多額の赤字を計上したが、2013年度には黒字となった。また、円安により、外国人にとって、日本に滞在する際の費用が低下するため、日本を訪れる外国人観光客数が増加した。よって、国内観光業界の収入が拡大した。

　一方、円安は、輸入品の円建て価格を上昇させる。つまり、円安によって輸入物価が上昇する。これゆえ、輸入品を原材料として財やサービスを提供する企業は、円安によって生産コストが上昇する。その結果、海外から原材料を輸入し、国内向けに財やサービスを提供する企業は、2013年にその多くが利益を低下させた。たとえば、原油を原料としてプラスチック製品をつくる企業や、燃料を大量に消費するトラック運送業や漁業などでは利益が減少した。さらに、電力料金が上昇したため、電力を多用する産業では大幅な利益減となった。

　みずほ銀行産業調査部の推計では、10円円安になれば、東京証券取引所などでその株式が売買されている上場企業は全体で、年間営業利益が約1.9兆円増加する。一方、非上場企業は、年間営業利益が約1.3兆円減少する（みずほ銀行産業調査部, 2013, pp.35-36）。つまり大企業は、輸出企業を多く含むため、円安によって利益を増加させる傾向にある。これに対し中小企業は、輸出企業が少ない。また、コスト上昇を価格に転嫁することが、大企業に比べて難しいので、輸入する原材料やエネルギーの価格上昇の影響を大きく受ける。そのため、円安によって利益を減少させる傾向にあるのである。

　なお、円安に伴い輸出企業の業績の改善が予想されると、その企業の株式価格が上昇する。このことは、その企業の株式を保有する人々からみれば、資産価値の上昇を意味する。すると、その人々は消費を増加させる。2013年4月頃、このことが1つの要因となって、デパートなどで宝飾品や高級腕時計の売

り上げが増加した。つまり、多くの資産をもっている人々や、宝飾品などを取り扱っている小売業は、円安の恩恵を受けたのである。

(3) **円安による景気拡大効果の弱まり**

　日本経済全体でみれば、円安は景気拡大をもたらす傾向にある。ただし、円安による景気拡大効果は、かつてに比べて弱くなってきている。つまり、円安が日本の景気を拡大させる力が小さくなりつつある。

　その原因の第1は、輸出品の高付加価値化が進んだことにより、輸出企業が、円安局面でも値下げをしなくなったことである。かつての日本企業は、円安になるとドルでの製品価格を低下させて、輸出数量（＝生産量）を拡大させる傾向にあった。しかし近年、日本企業の輸出品は、製品の高付加価値化が進んでいる。たとえば、トヨタ自動車の輸出台数に占める高級車レクサスの比率は、2007年の15％から2014年1～7月の23％へ上昇した。これは、トヨタ自動車が大衆車の海外生産を推し進めたためである（『日本経済新聞』2014年9月29日付）。こうした輸出品の高付加価値化に伴い、ブランド価値を維持するために、日本企業は値下げをしなくなってきている。これゆえ、円安になっても輸出数量があまり増加しない。この結果、円安が起こるとき、輸出企業の収入は増加しても、輸出企業へ部品を納入する企業の収入はさほど増加しない。また、生産量があまり増加しないので、各企業が設備投資額を大きく増加させることもない。それゆえ、かつてのように、円安のメリットを多くの企業が享受する状態にならない。

　原因の第2は、生産拠点を海外へ移しすぎたことである。ある企業が1つの製品の生産拠点を国内と海外の両方に所有していれば、円高のときには海外で生産し、円安のときには国内で生産することで、為替変動に応じた対応ができる。ところが、日本では長年に渡り円高が進んでいたため、それに苦しめられた多くの輸出企業が、いくつかの製品の生産拠点をすべて海外に移転し、国内生産をやめた。こうした企業は、円安になっても、設備や人材などの理由により、その製品の生産を国内で再開することができない。これゆえ、円安でも国内生産や輸出が増えにくくなっているのである。さらに、そうした企業が海外の自社工場で生産した製品を国内に逆輸入する際、円安により輸入コストが上

昇するので、その利益が減少することとなる。

　原因の第3として、円安による個人消費への悪影響が強まっていることが挙げられる。原因の第1のところで述べたように、円安にもかかわらず、そのメリットを多くの企業が享受する状態にならないため、多くの人々の所得はさほど増加しない。一方、円安になれば輸入する原材料、燃料、食品、製品などの価格が上昇するので、円安は物価水準を高める。しかも、原因の第2として述べたように、いくつかの製品の生産拠点が海外に移転したため、円安になっても輸入品が購入され続けるようになっていることは、円安による物価上昇効果をかつてよりも強める可能性がある。これらの結果、人々の所得の上昇率よりも物価水準の上昇率のほうが高くなる、つまり実質所得が低下するということが起きている。所得が低下すれば消費量が減るので、それが景気に悪影響を及ぼしているのである。

3　外国為替の需要と供給

　円高や円安といった為替レートの変動は、外国為替に対する需要と供給の変化によって生じる。そこで、日本とアメリカの取引を例に、外国為替の需要と供給がどのように生じるのか、その仕組みについて説明しよう。

(1)　需要と供給の発生
貿　　易
①日本の輸入に伴うドルの需要

　日本の商社がアメリカからレモンを輸入するとしよう。その契約がドル建てのとき、日本の商社は、輸入代金を支払うために、円を売ってドルを買う。他方、契約が円建てのとき、アメリカの輸出業者は、輸出代金を円で受け取るが、この会社はレモン農家などへの支払いのためにドルが必要なので、受け取った円を売ってドルを買うことになる。

　このように、日本が輸入をすれば、その契約がドル建てか円建てかを問わず、円売りドル買いが行なわれることになる[2]。よって、外国為替市場でドルの需要が生じるわけである。

②日本の輸出に伴うドルの供給

　日本の自動車会社がアメリカへ自動車を輸出するとしよう。その契約がドル建てのとき、日本の自動車会社は、輸出代金をドルで受け取る。しかしこの会社は、従業員に賃金を支払ったり部品企業に代金を支払ったりするために、ドルではなく円が必要なので、受け取った輸出代金のドルを売って円を買う。他方、契約が円建てのとき、アメリカの輸入業者は、輸入代金を支払うために、ドルを売って円を買う。

　このように、日本から輸出をすれば、その契約がドル建てか円建てかを問わず、ドル売り円買いが行なわれる。よって、外国為替市場でドルの供給が生じる。

　貿易額は、さまざまな要因で変化する。たとえば、アメリカ製品が日本で人気となれば、日本の輸入が増加するし、アメリカの景気がよくなれば、日本の輸出が増加する。そして、為替レートの変動も貿易額を変化させる。円高になれば輸入が増加し、円安になれば輸出が増加するわけである。

直接投資

①日本からアメリカへの直接投資に伴うドルの需要

　直接投資とは、経営に参加するという目的で外国へ投資することである。たとえば、日本のある企業がアメリカに工場を設立しようとする。このとき、日本企業は、円を売ってドルを買い、そのドルで、アメリカに土地を買い、工場を建て、現地の人々を雇う。このように、外国に子会社を設立したり、外国の株式、土地、建物などの資産を購入したりして、日本から外国へ投資する際に、円売りドル買いが行なわれる。つまり、ドルの需要が生じるのである。

②アメリカから日本への直接投資に伴うドルの供給

　アメリカのある企業が、日本企業の株式を購入して、子会社化しようとするとしよう。このとき、アメリカ企業は、ドルを売って円を買い、その円で、日

---

2) 2013年下半期、日本の貿易取引通貨は、取引金額の規模でみると、輸出において、アメリカドル53.4%、円35.6%、ユーロ6.1%、その他4.9%である。また、輸入において、アメリカドル74.1%、円20.6%、ユーロ3.5%その他1.8%である。日本のアジア向け貿易でも、アメリカドルが輸出の53.6%、輸入の73.2%を占めている（財務省，2014）。

本企業の株式を買い、日本人の従業員を雇う。このように、ドルをもつ経済主体が、日本に子会社を設立したり、日本の株式、土地、建物などの資産を購入したりして、外国から日本へ投資をする際に、ドル売り円買いが行なわれる。つまり、ドルの供給が生じる。

　直接投資額は、さまざまな要因で変化する。たとえば、アメリカの景気が回復するだろうという期待が高まれば、日本からアメリカへの直接投資が増加するし、日本の景気が回復するだろうという期待が高まれば、アメリカから日本への直接投資が増加する。そして、為替レートの変動も直接投資額を変化させる。円高になれば、対外直接投資が増加するわけである。

資産運用目的の外国投資

　外国への投資には、経営権の取得を目的としない、資産運用目的の投資も存在する。これは、**証券投資**、あるいは**ポートフォリオ投資**と呼ばれる。株式や債券などへのこうした投資に伴い、ドルの需要や供給が生じる。たとえば、先に述べたように、2008年3月までの5カ月で23％もの円高が起こった。これは、サブプライムローン問題（第10章付論参照）によってアメリカの景気が悪化したので、資産運用目的でアメリカの株式に投資していた多くの投資家が、その株式を売って現金（ドル）に交換し、さらにそのドルを売って円を買ったことが大きな原因である。

　また、国内金利と外国の金利に差があるとき、金利の低い国から高い国へと投資が起こるのに伴い、ドルの需要や供給が発生する。たとえば、アメリカの金利が上昇し、日本の金利との差が開くと、日本からアメリカの債券などへの投資が起こる。その際、円を売ってドルを買い、さらにドルでアメリカの債券を買うので、ドルの需要が生じる。逆に、日本銀行が政策金利を引き上げれば、日本の債券の金利が上昇するので、債券を買うために日本への資金流入が増加する。すると、日本の債券を買う際にドルを売って円を買わなくてはならないので、円高になる。さらに、日本銀行が政策金利を実際に引き上げなくても、引き上げるという予想がなされるだけで、日本への資金流入が増加し、円高になるのである。このように、資産運用目的の投資によって莫大な金額の資本が日本に流出入することで、ドルの需要や供給が生じる。

他方、為替レートなどの変動を予想することで利益を上げようとする行為、いわゆる投機も、ドルの需要や供給を生じさせる。その例を説明しよう。現在、1ドル＝100円であるとする。ここで、ある投機家が、1カ月後に1ドル＝110円という円安ドル高になることを予想したとしよう。ドル高を予想するなら、ドル高が起こる前に円を売ってドルを買っておけばよい。よってこの投機家は、100円を売って1ドルを買う。1カ月後、予想が当たり1ドル＝110円とドル高になったとき、1ドルを売って110円を買う。これにより、10円の利益を得るわけである。逆に、予想が外れて1ドル＝90円とドル安になれば、10円の損失となる。

政府介入

　為替レートが変動するとき、その動きを抑えるために政府が外国為替市場で外貨を売買することで、外貨の需要や供給が生じる。たとえば、2003～04年春に円高ドル安が進んだとき、それが景気に悪影響を与えるのを防ぐために、政府は約35兆円の円売りドル買いを行ない、円高の進行を止めようとした。

(2)　為替レートにおける不確実性

　このように、ドルの需要と供給はさまざまな要因から生じる。ここで重要なことは、為替レートの変動に大きな影響を与えているのはどの要因かということである。

　2013年4月の世界の外国為替取引額は、1日当たり5.3兆ドルである。一方、2012年の1年間における財の貿易額は18兆ドル、サービス貿易額は4.4兆ドル、直接投資額は1.4兆ドルである[3]。ここからわかるように、貿易や直接投資のための外国為替取引は、世界の外国為替取引額のうちのごくわずかでしかない。世界の外国為替取引の大半は、資産運用目的なのである。

　資産運用目的での外国為替取引は、その時々の経済状況や、世界各国の景気や金利の変動、あるいは投資家の予想の変化などの影響を強く受ける。そのため、短期間に巨額の国際資本移動が発生する。このことが、為替レートが大き

---

[3]　外国為替取引は国際決済銀行による。また、貿易・投資額は日本貿易振興機構編（2013）による。

くそして不安定に変動する原因となっている。

　その一例が、先にも述べた、アベノミクスによって引き起こされた円安である。2012年11月に野田首相（当時）が衆議院解散を表明すると、すぐに円安の動きが起こった。これは、多くの人々が以下のような予想をしたからである。次の総選挙では、自民党が勝つ。自民党が勝つと、首相になるであろう安倍氏がアベノミクスを実行する。アベノミクスにより物価上昇が起こる。物価上昇は、すなわち通貨価値の下落なので、多くの人が円を売る。円売りが増えると、円安になる。このような予想に基づき、円安になる前に円を売ったほうがいいと思った多くの人が円を売ったため、実際に円安となった。すなわち、アベノミクスはまだ実施されていなかったのに、それが為替レートに影響するだろうという人々の予想によって、実際の為替レートが変動した。しかも、アベノミクスが目標としていた物価上昇率は2％だったにもかかわらず、6カ月後には20％を超える円安となったのである。

　為替レートの急激な変動に関して、日本のある輸出メーカーのエンジニアは次のように嘆いている。「私たちは1パーセント、2パーセントのコスト削減のために必死で努力しているのに、為替レートは簡単に10パーセントも20パーセントも動いてしまう。為替レートが経済の実体を反映しているようにはとても思えない」（伊藤, 2007, p.26）。とくに、先にも述べたように、1985年9月から1988年1月までの2年あまりで2倍の円高になった。これが日本の輸出産業に大きな打撃を与えることとなる。

　同様に、2007年からの円高も、日本の輸出産業にとって不利にはたらいた。図2-4にあるように、2007年から2012年までの間に、円はドルに対し約5割高くなっている。同じ期間に、韓国の通貨ウォンはドルに対し約2割安くなっている。よって、円はウォンに対し約8割高くなったのである。これは、日本企業からみれば、韓国製品の価格が5年間で半分近くに下がったことを意味する。こうした為替レートの変動は、日本製品の国際競争力を低めるとともに、韓国製品の国際競争力を高めることとなる。

　現在の日米間の為替レートの動きはあまりに不確実性が大きすぎるため、経済活動への悪影響が大きく、何らかの改善が必要だと考えられる。さらに、1980年代以降世界において通貨危機がいくつも発生したことにより、現在の

図 2-4 日本円と韓国ウォンの為替レートの推移

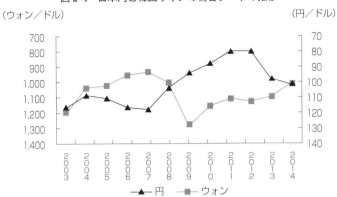

注：各年の平均値。2014年については7月8日の値。
出所：IMF（2014）*International Financial Statistics* をもとに筆者作成。

国際金融システムに欠陥があると考えている人は少なくない。ただし、次節で説明するように、戦後の固定相場制（戦後直後〜1973年）は崩壊してしまったので、それと同じものをつくっても再び崩壊してしまう可能性が高い。

そこで現在、多くの研究者が、新たな国際通貨制度を研究中である。マッキノンと大野健一は、為替レートの変動が一国の経済にとっての最大の撹乱要因であると考えている。そこで、第4章で説明する購買力平価を用いて為替レートのゾーンを設けて、そこから為替レートが乖離したときには両国政府が協調介入を行なうアジャスタブル・ペッグを提唱している（マッキノン／大野，1998）。また、このほかにも、さまざまな案が提唱されている。

4　戦後の固定相場制

日本は戦後、固定相場制をとっていた（1949〜71年8月は1ドル＝360円、1971年12月〜73年2月は1ドル＝308円）。西欧諸国も同じくドルとの固定相場制をとっていた。このようなドルを中心とする通貨体制は、**ブレトンウッズ体制**と呼ばれる。ここでは、この体制が崩壊するまでの間、日本の固定相場制がどのような経過をたどったのかを説明しよう。

(1) 固定相場制の変遷

戦後しばらくの間は、日本政府が外貨の集中管理を行なっていた。企業が輸出して得た外貨を、政府が外国為替銀行を通じて買い取る。他方輸入に関しては、企業に対し、政府が許可した輸入量に必要な分だけの外貨を外国為替銀行を通じて売却する。このとき、売買価格は1ドル＝360円に固定されていた。

1959年、政府は、1ドル＝360円の上下0.5％の範囲で自由に変動することを認めた。そして1963年には、その変動幅を0.75％へ拡大した。つまり、為替レートが1ドル＝360円の上下0.75％の範囲（357.3～362.7円）で自由に変動することができるようになったのである。そして、これ以上に円高になりそうになると、政府が外国為替市場でドル買いを行ない、また円安になりそうになるとドル売りを行ない、つねに為替レートをこの範囲内に保つようにしていた。

1960年代前半、日本は輸入超過であった。そのためドルの需要が供給を上回り、円安の動きが強まって、円はしばしば1ドル＝362.7円を超えて安くなりそうになった。すると政府[4]は、外国為替市場で、所有するドルを民間銀行などに売って円を買った。つまり、ドルの供給を増やして、円安を防ごうとしたのである。

1960年代後半になると、輸出が急増したため、今度は輸出超過に転じた。このためドルの供給が需要を上回り、円が1ドル＝357.3円を超えて高くなりそうになった。すると政府は、今度は円を売ってドルを買った。つまり、ドルの需要を増やして、円高を防ごうとしたのである。

(2) ニクソンショック

ブレトンウッズ体制において、アメリカは、各国政府が要求すればいつでも、アメリカの保有する金を1オンス当たり35ドルで売却するという方針をとっていた。このことは、アメリカが巨額の貿易黒字を維持しているかぎり、問題はなかった。ところが、1960年代以降、アメリカでは貿易黒字が減少する一方、外国投資が増加した。さらに、ベトナム戦争などで、アメリカ政府は多額

---

[4] 外国為替市場への介入の時期や金額については、大蔵省が日本銀行との協議のもとに内容を決定し、それを実際に行なうのは日本銀行の役割であった。

のドルを海外で支出した。このため、アメリカの国際収支赤字が拡大した。

他方フランスは、伝統的に、アングロサクソン諸国が国際通貨システムを支配していることに反感をもっていた。そのためフランス政府は、保有するドルを金に交換することにつとめた。この結果、アメリカ政府の金保有額は、1950年の200億ドル相当から、1970年末には111億ドル相当へと減少した。

そこで1971年8月15日、ニクソン大統領が、金とドルとの交換の一時停止とともに、アメリカへの輸入品に対し10%の輸入課徴金を課すとの措置を発表した。この事態はニクソンショックとも呼ばれ、日本にとって晴天の霹靂のような出来事だった。翌日より、西欧諸国は外国為替市場を閉鎖した。その後、外国為替市場を再開したが、各国政府は市場介入を行なわず、変動相場制へと移行したのである。

ところが、日本銀行は唯一、8月17～27日、外国為替市場を再開した。このとき多くの市場関係者が、近いうちに円が切り上げられるだろうと予想していたため、市場では多額のドル売り円買いが起こった。それに対し日銀は、固定レートを維持するためにドルを買い続けた。その結果、11日間で日銀の保有する外貨は約39億ドル増加する。しかし、市場で売られたドルの額は膨大であったため、日銀のドル買いは、固定レートを守るという観点からはまったく無効であったのである。当時の政府・日銀の行動を、小宮隆太郎は「国際金融史上類例のない錯誤」と指摘している（小宮, 1988, p.6）。

(3) 固定相場制の一時的な復活と再度の崩壊

この結果日本は変動相場制へ移行したが、12月18日に成立したスミソニアン協定[5] により、固定相場制が一時的に復活する。円はドルに対して16.88%切り上げ（通貨の対外価値を引き上げること）の1ドル＝308円となり、他の西欧諸国の通貨も切り上げられた。また、各通貨の対ドルレートは、その平価の上下2.25%の範囲内に置かれることが決まり、金1オンス＝38ドルと定められた。

しかしその後、ドル売りの激しい通貨投機が起こり、1973年2～3月にか

---

5) ワシントンのスミソニアン博物館で開催された10ヵ国蔵相会議により結ばれた協定。

けて固定相場制が再び崩壊した。これ以降、固定相場制に戻ることなく、変動相場制が続いている。

　先に述べたように、固定相場制が崩壊した根本の原因は、アメリカの巨額の国際収支赤字にある。しかし、ブレトンウッズ体制において、固定レートを維持する責任は、アメリカではなく各国政府に課されていた。よって各国政府は、固定レートを守るために、外国為替市場に介入し、ドルの売買を行なっていた。つまりアメリカは、膨大な国際収支赤字を生み出すことによってドルの評価を下げたにもかかわらず、固定レートを維持する責任を負わなかったのである。ここに、ブレトンウッズ体制の根本的な矛盾があったといえよう。

参考文献
伊藤元重（2007）『経済の読み方予測の仕方』光文社。
日本貿易振興機構編（2013）『ジェトロ世界貿易投資報告　2013年版』日本貿易振興機構。
小宮隆太郎（1988）『現代日本経済』東京大学出版会。
財務省（2014）「貿易取引通貨別比率」。
マッキノン、ロナルド／大野健一（1998）『ドルと円日米通商摩擦と為替レートの政治経済学』大野健一訳、日本経済新聞社。
みずほ銀行産業調査部（2013）『みずほ産業調査』Vol. 42、5月。

本章のまとめ

1．為替レートの値は、円と外貨を交換する際に、その需要と供給を一致させるように決まる。
2．外国為替の需要と供給は、貿易、直接投資、資産運用目的の外国投資などによって生じる。世界の外国為替取引のうち、資産運用目的がその大半を占めていることは、為替レートが大きくそして不安定に変動する原因となっている。
3．円高は輸出企業の利益を減少させ、輸入企業の利益を増加させる。消費者にとって円高は望ましい。また、円高により、短期的には日本の景気が悪くなりうるが、長期的には日本企業の国際競争力を高める可能性がある。
4．戦後日本はドルとの固定相場制を採用していた。しかし、1971年のニクソンショック後、変動相場制へ移行する。その後、固定相場制は一時的に復活するが、1973年に再び変動相場制へ移行することとなる。

●研究課題

1. 各国の金利の変動や物価水準の上昇などの出来事が、為替レートをどう変動させるかをまとめてみよう。
2. 為替レートの変動が各企業の収益にどのような影響を与えるのか、産業ごとに調べてみよう。

■ 文献案内

角川総一『時代即応版 為替が動くとどうなるか』明日香出版社、2007年。
　為替レートの動く理由やその影響を、わかりやすく説明している。
秦忠夫・本田敬吉『国際金融のしくみ』第3版、有斐閣、2007年。
　為替レートに関する理論、制度、現状を解説している。
岩本沙弓『為替と株価でわかる景気の大原則』翔泳社、2009年。
　為替レートや株価の変動がどのように起こり、それにより誰が利益を得ているのかを、具体的に説明している。

第3章

国際収支と為替レート

　日本ではこれまで、輸出額が輸入額を超過する貿易黒字が続いてきたが、近年は輸入額が輸出額を上回る貿易赤字となっている。このことは、日本の貿易および資本移動のあり方に大きな変化が生じていることを示している。また、日本とアメリカ、中国では、貿易や資本移動のパターンに大きな違いがある。本章では、こうした変化や各国の違いが生じる理由を考えてみよう。

本章のポイント

1．日本、アメリカ、中国の国際収支がどのような特徴をもつのかを学ぶ。
2．日本では2005年以降、所得収支黒字が貿易黒字を上回るようになった。このことは何を意味するのかを考える。
3．各国の為替レートに関する政策が国際収支とどのように関連しているのかを理解する。

1　日本の国際収支

　貿易や資本取引など、一定期間（1年、3カ月など）における一国の資金の流出入を表わすのが**国際収支表**である[1]。日本の国際収支表から、わが国の対外取引にどのような特徴があるのかをみてみよう[2]。

---
[1] 2014年より、日本の国際収支関連統計の見直しがなされる。従来の投資収支と外貨準備増減を統合して金融収支という項目をつくり、一方で資本収支の項目を廃止するなど、主要項目の組み替えが行われる。ただし、本書執筆時点で2014年の国際収支表が未発表であることと、わかりやすさの観点から、ここでは従来の国際収支表を使って説明する。
[2] 表3-1において、日本とは、日本の居住者である人、企業、日本政府を意味する。日本企業の海外子会社は、非居住者であるため、この表では外国に含まれる。

第3章 国際収支と為替レート

表3-1 2010年の日本の国際収支表

(兆円)

財輸出　63.92	貿易収支　7.98 (貿易黒字が7.98)	貿易・サービス収支 6.56	経常収支 17.89 (経常収支黒字が　17.89)
財輸入　55.94			
サービス受け取り　12.40	サービス収支　−1.41		
サービス支払い　13.82			
外国が日本へ支払う、貸し付け・債券・株式などの利子・配当　15.95		所得収支 12.41	
日本が外国へ支払う、貸し付け・債券・株式などの利子・配当　3.54			
外国から日本への贈与　0.89		経常移転収支 −1.09	
日本から外国への贈与、無償援助、国際機関への出資など　1.98			
外国から日本への直接投資　−0.11		直接投資の収支 −5.05	資本収支 −17.70 (資本収支赤字が　17.70)
日本から外国への直接投資　4.94			
外国から日本への証券投資　9.82		証券投資の収支 −13.25	
日本から外国への証券投資　23.07			
日本と外国金融機関の間の金融派生商品購入代金支払と商品受取の差額　35.22		金融派生商品の収支 1.03	
外国と国内金融機関の間の金融派生商品販売代金受取と商品支払の差額　34.19			
その他投資(外国からの借り入れなど)　11.90		その他投資の収支 0.00	
その他投資(外国への貸し付けなど)　11.90			
その他資本収支　　0.43			
外貨準備増減(増加分は負の値で表示)			−3.79
誤差脱漏(統計上の誤差など)			−3.60

注：四捨五入のため、受取額と支払額の差が収支の値と合わない場合がある。
出所：『国際収支統計季報』2012年7〜9月号より筆者作成。

(1) 国際収支表の項目

　表3-1において、**経常収支**は、貿易・サービス収支、所得収支、経常移転収支に分けられる。このうち、**貿易・サービス収支**は、貿易収支とサービス収支に分けられる。**貿易収支**とは、財の輸出と輸入の差額である。また**サービス収支**とは、外国映画をみる、海外旅行をする、外国の輸送会社を利用する、外国へ特許使用料を払うなどの、受け取り・支払いの差額である。**所得収支**とは、外国が日本へ支払う、貸し付け・債券・株式などの利子・配当などの値と、日

31

本が外国へ支払う、貸し付け・債券・株式などの利子・配当の値の差額である。**経常移転収支**とは、外国への贈与、無償援助、国際機関への出資などの差額である。

　資本収支とは、資本取引についての収支である。これは、直接投資、証券投資などの収支に分けられる。

　外貨準備増減とは、政府が保有する外貨建て資産の増減である。つまり、政府が手持ちの円を売って購入したドル、ユーロなどの外貨や、その外貨の保有による利子収入などである。たとえば、円高の進行を止めようとして政府が円売りドル買いを行なうと、外貨準備は増加する[3]。

(2) 経常収支、資本収支、外貨準備増減の関係

　原理的には、経常収支＋資本収支の値と、外貨準備増減×(－1)の値は、等しくなる。つまり、現在の日本のように、経常収支黒字が資本収支赤字を上回るときには、その差額が外貨準備増減になる。というのは、収支とは外貨の受取額と支払額の差、いい換えれば、外貨売り円買いの金額と円売り外貨買いの金額の差額である。したがって、経常収支＋資本収支の額がゼロでないということは、外貨を売る額と買う額に差が生じていることを意味する。政府による外貨の売買がその差を埋めているわけである。これが外貨準備増減である。裏を返せば、外貨準備増減がゼロのときは、外貨の需給に応じて為替レートが変動することにより、貿易額や投資額が変化して、外貨の売買額が一致するように調整される。その結果、経常収支黒字＋資本収支赤字の値がゼロになるはずなのである。

　なお、国際収支表においては、誤差脱漏を含むので、

　　経常収支＋資本収支＋外貨準備増減＋誤差脱漏＝0

となる[4]。

---

[3]　日本政府は、外貨準備でアメリカ国債を購入している。よって、日本政府はアメリカの財政赤字を資金面で支援する役割を果たしていることとなる。

[4]　この式は、厳密には複式計上の原則から説明される。詳しくは、日本銀行国際収支統計研究会（2000）pp. 22-34参照。

2　主要国の国際収支の特徴

　1990年代～2000年代において、日本、アメリカ、中国の国際収支の傾向をまとめたのが表3-2である。

日　本

　日本は、経常収支黒字、資本収支赤字となる傾向にある。つまり、マクロ経済的にみるならば、輸出や海外生産によって外貨を貯めて、それを海外に投資している状態である。ただし、経常収支黒字は、近年減少傾向にある。2007年の経常収支黒字は対GDP比で4.9%だったが、2013年には0.7%へと大きく減少している（図3-1）。

表3-2　日本、アメリカ、中国の国際収支の傾向

	経常収支	資本収支	外貨準備
日本	黒字	赤字	増加
アメリカ	赤字	黒字	増加／減少
中国	黒字	黒字	増加

　注：ただし中国は、2014年の途中から、資本収支赤字、外貨準備減少である。
　出所：IMF, *International Financial Statistics* 各号をもとに筆者作成。

図3-1　日本の経常収支の対GDP比（1966～2013年）

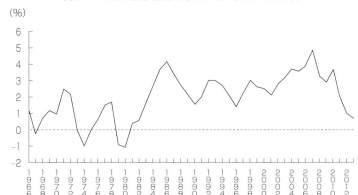

　出所：日本銀行「国際収支統計月報」より筆者作成。

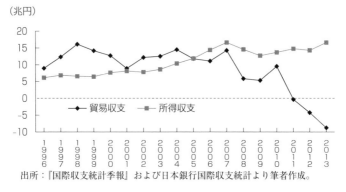

図3-2 日本の貿易収支と所得収支の推移（1997～2013年）

出所：『国際収支統計季報』および日本銀行国際収支統計より筆者作成。

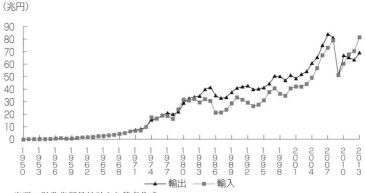

図3-3 日本の輸出入総額の推移（1950～2013年）

出所：財務省貿易統計より筆者作成。

　経常収支は、先に説明したように、貿易収支や所得収支などに分けられる。貿易収支については、図3-2にあるように、日本ではこれまで貿易黒字が続いてきたが、2011年以降、貿易赤字となっている。日本の輸出額は長年拡大を続け、2007年に83.9兆円と過去最高を記録したが、アメリカでリーマンショックが起こった2008年と、翌2009年には減少した。その後回復したが、2011年の東日本大震災の影響もあり、かつての水準には戻っていない。一方、輸入額は、2009年に大きく減少したものの、その後急激に回復して2013年に81.2兆円と過去最高となった（図3-3）。

　日本が近年貿易赤字となった大きな要因の1つは、エネルギー価格の上昇で

ある。日本は、火力発電用の天然ガス、原油などを輸入している。とくに東日本大震災以降、原子力発電所の操業停止に伴い、その輸入量が増加している。これらのエネルギーの価格上昇が、輸入額の増加をもたらした。

　だが、日本が貿易赤字となったのには、そうした短期的な要因だけではなく、中長期的な要因が存在する。その1つは、日本企業による海外生産の拡大である。日本企業が海外に工場を建設し、そこで生産した財を日本へ輸入すれば、日本の輸入が拡大する。つまり、国内生産が輸入に代替されるのである。こうした輸入増加が、貿易赤字の1つの要因である。

　その象徴といえるのが、日産マーチの海外生産である。2010年、日産自動車はマーチの国内生産を中止し、タイで生産したものを輸入しはじめた。日本の自動車メーカーが海外で生産した自動車を輸入することはこれまでもあったが、マーチのような主力車種の生産がすべて海外に切り替えられたのは、これがはじめてである。日産が国内生産を中止した理由の1つは、長期的な円高の進行である。円高により、国内生産に比べて海外生産のコストが低下したため、生産拠点を発展途上国へ移転して、逆輸入するという選択肢をとった。

　よって、長期的な円高の進行は、日本企業の海外生産拡大の大きな原因である。さらに、東日本大震災とその後の電力不足も、工場の海外移転を促した。

　このほかにも、日本が貿易赤字となった要因として、日本企業の国際競争力の低下がしばしば指摘されている。韓国や中国などの企業の台頭により、日本企業の製品が、外国において以前ほどの優勢性を保てなくなった。さらに、2010年以降、韓国メーカーのスマートフォンが日本市場で人気となるなど、日本市場でも韓国などの企業の製品が大きく売れるようになった。このことが、輸出の伸び悩みと輸入拡大をもたらした。

　一方、所得収支黒字は拡大傾向にある。図3-2にあるように、2008～09年にはやや落ち込んでいるが、その後もとの水準に回復している。

　所得収支黒字が拡大傾向にある理由は、日本企業による海外での生産活動の拡大や、日本から海外への証券投資の拡大に伴う、日本企業が海外で得る利子・配当収入の増加である。多くの日本企業が、海外に子会社をつくったり、あるいは海外の企業を買収してそれを子会社にしたりしている。また、資産運用目的で海外の株式や債券など購入している。よって、そこから得る利子・配

当収入が増加することとなる。

　このように、日本企業による海外生産拡大によって、貿易赤字拡大と所得収支黒字拡大が同時に起こっているのである。これは、日本が貿易だけでなく、投資や海外生産で利益を得る国へ変化しつつあることを意味している。

　ただし、貿易赤字の要因の1つとなった、日本企業による海外での生産活動の拡大は、製造業の企業にとって、日本の企業立地環境がよいものではないことを意味する。このことは、企業立地環境を改善していくために、法人税率の引き下げなどといった措置が必要であることを示唆している。

アメリカ

　アメリカは、経常収支赤字、資本収支黒字であるため、輸入超過によって自国が生産する金額以上の財を消費し、そのための資金を海外からの投資でまかなっている状態である。したがって、もし海外からの資本流入がなければ、国内は資金不足に陥ることになる。ある試算によれば、1年間外国人によるアメリカ国債購入がなければ、長期金利が1.5％上昇したであろうといわれている（Warnock and Warnock, 2005）。そうなれば、銀行の貸出金利や債券の利回りが上昇するので、企業の設備投資や個人向け融資が減少し、景気が悪化していたはずである。

中　　国

　中国は、大幅な輸出超過であるとともに、世界から大量の直接投資を受け入れている。このため、経常収支と資本収支がともに黒字である[5]。つまり貿易と投資の両方において、外貨が中国に支払われている。よって外国為替市場でドル売り人民元買いが増加し、図3-4にあるように、ドルの供給曲線が右へシフトする。このまま市場にまかせておけば、人民元の対ドル為替レートが大幅に上昇し、景気に悪影響を与えるはずである。そこで中国政府は、外国為替市場に介入して多額の人民元売りドル買いを行ない、ドルの需要曲線を右にシフ

---

5) 中国は、外国への証券投資などの拡大により、2014年第2四半期以降、資本収支赤字となった。そして同年7月以降、外貨準備が減少している。減少の大きな原因は、中国政府がドル売り人民元買いを行ない、人民元の為替レートの急激な下落を防いでいることである。

図 3-4 中国政府による外国為替市場への介入

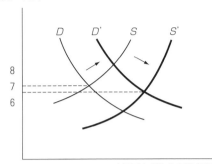

$S \rightarrow S'$：輸出と資本流入の増加により、ドルの供給曲線 S が右シフト
$D \rightarrow D'$：中国政府による介入により、ドルの需要曲線 D が右シフト

トさせることで、人民元の対ドル為替レートの上昇を緩やかなものにしている。

このドル買いに伴い、中国政府の外貨準備高が急増し、2013年末時点で3兆8200億ドルとなった。これは外貨準備高として世界最大である。この外貨準備高のうち、アメリカ国債は1兆2700億ドルである。これは、アメリカ国債全体の3.6%に相当する。

このように中国がアメリカ国債を大量に保有していることは、アメリカ経済にとって大きなリスクとなりうる。というのは、もし中国政府がアメリカ国債を大量に売却すれば、アメリカ国債の価格が低下する。国債価格の低下は、すなわち、国債の金利の上昇を意味する。アメリカ国債の金利が上昇すれば、アメリカ国内における銀行の貸出金利や民間社債の金利が上昇する。これが民間投資を抑制するので、アメリカ経済に悪影響を与える。よって中国は、アメリカとの関係が悪化した際には、アメリカ国債の売却を示唆することで、アメリカに圧力をかけることができるのである。

ただし、アメリカ国債の市場価格が低下すれば、それは中国政府の保有する資産価値が低下することを意味する。さらに、アメリカの景気が悪化すれば、中国からアメリカへの輸出が減少するので、中国の景気も悪化する。そのため、中国政府がアメリカ国債を大量に売却することを容易にできるわけではない。

とはいえ、中国政府は、それを実行しようと思えばいつでもできる。したがって、中国がアメリカ国債を大量に保有していることは、アメリカにとってのアキレス腱であるといえよう。

参考文献
日本銀行国際収支統計研究会（2000）『入門　国際収支』東洋経済新報社。
Warnock, Francis E. and Veronica Cacdac Warnock (2005) "International Capital Flows and U. S. Interest Rates," *Board of Governors of Federal Reserve System International Finance Discussion Papers*, No. 840, September.

本章のまとめ

1. 日本は、経常収支黒字、資本収支赤字であるため、マクロ経済的にみるならば、輸出などによって外貨を貯め、それを海外に投資している状態である。
2. 日本では 2005 年以降、所得収支黒字が貿易黒字を上回っている。これは、日本が貿易だけでなく、投資や海外生産で利益を得る国へ変化しつつあることを意味している。
3. 中国は経常収支と資本収支がともに黒字である。中国政府は、外国為替市場に介入して多額の人民元売りドル買いを行ない、人民元の対ドル為替レートの上昇を緩やかなものにしている。

●研究課題
1. 1980 年代、日本は、貿易黒字額が大きすぎるとアメリカから批判された。貿易黒字額が大きいことは悪いことなのかどうか、議論してみよう。
2. アメリカへの資本流入が減るとどのようなことが起こるか、考えてみよう。

■ 文献案内

伊藤元重・財務省財務総合政策研究所編『日本の国際競争力』中央経済社、2013 年。
　日本の国際収支動向に影響を与える原因や、国際競争力強化における課題について検討している。

日本銀行国際収支統計研究会『入門国際収支』東洋経済新報社、2000 年。
　国際収支表の見方やその意味を、わかりやすく説明している。

第3章　国際収支と為替レート

第3章付論　日本企業の世界販売シェア

日本が貿易赤字となった要因の1つとして、日本企業の国際競争力の低下が指摘されている。そこで、世界における日本企業の販売シェアの変化をみてみよう。

テレビ（受信機などの周辺機器を含む）の世界販売シェアの推移

凡例：―□― 韓国　―●― 日本　―◆― 中国　―×― オランダ　―▲― アメリカ

出所：経済産業省（2013）第Ⅲ-3-2-98図を一部修正。

最初の図は、2011年のテレビの世界販売額上位15社のうち、5カ国の企業について、世界市場におけるその販売シェアを国ごとに表示したものである。この図が示すように、2007年に、韓国勢が日本勢を追い抜いた。2011年の世界シェアは、韓国勢が23.4％、日本勢が19.3％、中国勢が10.8％である。

次の図は、2011年のカメラおよびビデオカメラの世界販売額上位15社のうち、3カ国の企業について、その販売シェアを国ごとに表示したものである。日本勢のシェアは2000年代に一貫して高まっており、2011年には70％に達している。

その次の図は、乗用車および小型トラックの世界販売シェアを、国別に表示したものである。日本勢のシェアは、2012年に30.3％と世界最大である。

家電製品は、入力信号のデジタル化が進んでいる。こうしたデジタル家電は生産技術をさほど必要としないため、技術力の劣る企業でも比較的容易に生産できる。すなわち、輸入などによって必要な部品をそろえることができれば、それを組み立てるのは難しくない。よって、韓国や中国などの企業は、日本製品よりも低価格ながら、品質は日本製品とほぼ同じか、あるいは日本製品にさほど劣らない製品を開

第Ⅰ部 基礎理論

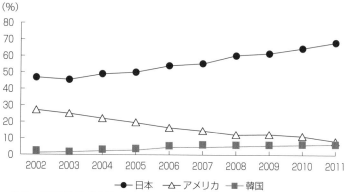

カメラおよびビデオカメラの世界販売シェアの推移

出所：経済産業省（2013）第Ⅲ-3-2-96 図を一部修正。

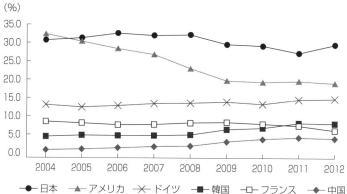

乗用車および小型トラックの世界販売シェアの推移

出所：経済産業省（2013）第Ⅲ-3-2-100 図を一部修正。

発・生産できる。このことが、テレビにおいて韓国や中国の企業のシェアが上昇している原因の1つである。さらに、この結果、世界市場における家電製品価格が急速に低下した。このため日本企業は、シェア低下と価格下落により利益をあげにくくなっている。

一方、カメラや乗用車においては、日本企業のシェアが低下していない。これらの財では日本企業が技術的優位性を保っていることが、その一因である。

参考文献
経済産業省（2013）『通商白書2013』勝美印刷。

第4章
長期における為替レートの決定

　これまで説明してきたように、活発な国際資本移動に伴い、為替レートは資産運用目的の外国投資の影響を受けて不安定に変動する。しかしながら、過去40年の為替レートの軌跡をたどれば、ドルに対して円高が進む傾向にある。これは、財の輸出入という経常取引が、長期的には為替レートの決定に影響をもたらすからである。すなわち、為替レートの決定メカニズムを考える際には、短期と長期で分けて論じる必要がある。そこで本章では、長期的な視点から為替レートにかかわる事柄を考えてみよう。

―― 本章のポイント ――
1. 為替レートの長期的な趨勢がどのように決まるのかを学ぶ。
2. 物価水準の変化を取り除いた為替レートの動きをみる方法を検討する。
3. 将来の為替レートを予想できるのか否かを考える。

1　為替レートの長期的決定

　円対ドルの為替レートは、1971年半ばまで1ドル＝360円だったが、2014年半ばには1ドル＝100円前後となり、3倍以上の円高となっている。また、2011年10月31日には一時、1ドル＝75.32円となった。このように長期的には円高が進んでいることは、図4-1においても確認できる。
　なぜ長期的には円高が進むのか。この問題を検討するには、購買力平価という概念が有用である。

図 4-1 円の対ドル為替レートの推移

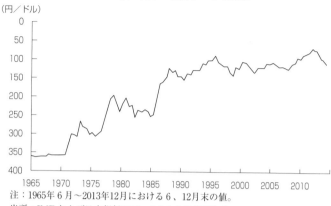

注:1965年6月～2013年12月における6、12月末の値。
出所:IMF および日本銀行のデータをもとに筆者作成。

(1) 購買力平価

購買力平価(PPP: Purchasing Power Parity)とは、2つの国における物価水準から計算される為替レートである。わかりやすくするために、ハンバーガーの例をあげてみよう。2007年7月において、マクドナルドのビッグマックの価格は、日本で280円、アメリカで3.41ドルである。

$$\text{ビッグマックに基づく購買力平価} = \frac{\text{日本での価格280(円)}}{\text{アメリカでの価格3.41(ドル)}} = 82.1$$

ビッグマックの購買力平価は、日本の価格(円)とアメリカの価格(ドル)を同じにする為替レートであり、1ドル=82.1円となる。つまり、アメリカで1ドル分のハンバーガーを消費するのと同じ購買力を日本で実現するためには、82.1円が必要ということである。

ハンバーガーの例が理解できたところで、実際の日常生活について考えてみよう。わたしたちはさまざまな財・サービスを消費するので、購買力平価は、日本とアメリカの物価水準を比較することによって計算される。これは、外国為替市場で決まる実際の為替レートよりも、わたしたちの生活実感に近いものといえる。

OECD(経済協力開発機構)によれば、2011年の購買力平価は1ドル=

107.5円であった。他方、実際の為替レートは1ドル＝79.8円である[1]。よって、実際の為替レートは、購買力平価よりも2割以上過大評価されていることになる。裏を返せば、日本の物価は、アメリカより2割以上高いのである。

この値を用いて、両国の所得水準を比較してみよう。2011年において、アメリカの1人当たりGDPは4万9782ドルである。一方、日本の1人当たりGDPは、368万円である。これを実際の為替レート（1ドル＝79.8円）で計算すると4万6155ドルとなり、アメリカの1人当たりGDPの93％に相当する。それに対し、購買力平価（1ドル＝107.5円）で計算した日本の1人当たりGDPは3万4262ドルであり、アメリカの69％でしかない。つまり購買力平価でみれば、日本とアメリカの1人当たりGDPには大きな差があることになる。

(2) 貿易財の購買力平価

購買力平価と実際の為替レートが乖離する大きな原因は、非貿易財の存在である。つまり、日本で生産・消費されるサービスの多くは貿易できないので、アメリカとの価格差が存在しても、それが解消されないのである。そこで今度は、一般的な物価水準ではなく、貿易財の価格を用いて、購買力平価を計算してみよう。

図4-2は、1973年を基準時点にして、日米の貿易財の購買力平価と、実際の為替レートの値の推移を描いたものである。この図が示すように、10年以上の期間でみれば、実際の為替レートは、貿易財の購買力平価に沿って動いている。つまり、「円高の長期的な趨勢は、貿易財（国際取引される財）についての購買力平価（PPP）の動きで決まっている」（吉冨, 1998, p.189）のである。

(3) 長期的に円高となる理由

では、貿易財の購買力平価は、なぜ円高になっていくのだろうか。

貿易財についての購買力平価とは、日本の貿易財価格（円）をアメリカの貿易財価格（ドル）で割った値である。

---

[1] 名目為替レートと1人当たりGDPの出典はIMF（2013）、購買力平価の出典はOECD（2013）。

図 4-2 貿易財の購買力平価と実際の為替レートの推移

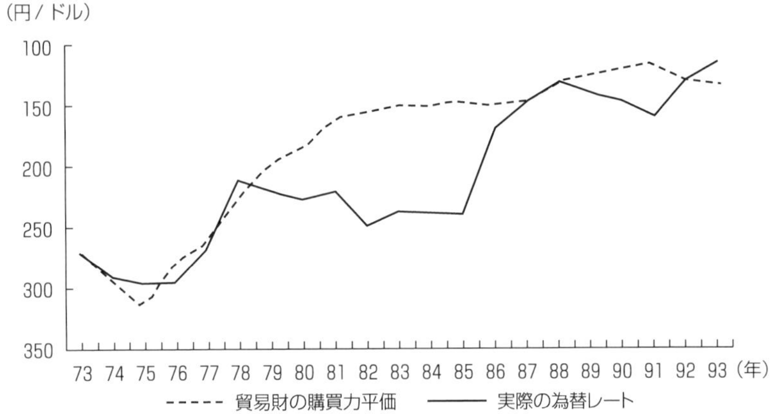

（円／ドル）

----- 貿易財の購買力平価　　――― 実際の為替レート

出所：大蔵省（1994）第 3-1-1 図。

$$貿易財の購買力平価 = \frac{日本の貿易財価格（円）}{アメリカの貿易財価格（ドル）}$$

　この値が低下する（つまり円高になる）ということは、日本の貿易財の価格が、アメリカの貿易財の価格に比べて低下していることを意味する。この「変化を生み出した最大の要因は、日本の輸出財産業における著しい労働生産性上昇であった」（吉川，1999，p.105）。労働生産性とは、1 人の労働者が生み出す付加価値（＝金額）である。労働生産性が高いほど多くの財が生産されるので、1 製品当たりの生産コスト（単価）が下がり、よって財価格も低くなる。つまり、日本の労働生産性上昇率がアメリカよりも高かったため、日本の貿易財価格の上昇速度がアメリカの貿易財価格に比べて遅くなり、よって、購買力平価が低下したのである。
　したがって、長期的に円高が進んだのは、日本の輸出財産業における労働生産性の上昇率がアメリカよりも高かったからである。すなわち、日本の輸出企業による品質向上とコストダウンの取り組みが、円高をもたらしたといえる。このことは、輸出企業にとっては、必ずしも喜ばしいことではない。なぜなら、日本の各企業は、円高による売上金額の低下に苦しめられてきたからである。そこで、利益をあげるためにコストダウンをはかり、自社製品の価格を下げよ

うとつとめてきた。ところが、企業が価格を下げたため日本の貿易財全般の物価水準が低下し、円高がさらに進んだわけである。つまり、円高を克服するための取り組みがさらなる円高を招くという、皮肉な結果がもたらされたのである。

これに加えて、ある産業の生産性上昇率によって円高が進むとき、その速度についていけない他の産業は競争力を失うことになる。歴史的にみれば、鉄鋼産業における生産性上昇が円高を招くことによって繊維産業が国際競争力を失い、その後、自動車産業や電気機械産業における生産性上昇が円高を招くことによって今度は鉄鋼産業が国際競争力を失った。また、日本の農業も、工業のような高い労働生産性上昇を実現できなかったため、円高による輸入農産物の増大によって厳しい状況に置かれている。

2 実質為替レート

円高が貿易にどのような影響を与えるかは、両国の物価上昇率にも依存する。そこで、為替レートの変化から物価変動の影響を除いた実質為替レートについて説明しておこう。これは、輸出競争力の変化を測る指標として用いられる。

(1) 実質為替レート

ある時点で、1ドル＝100円であるとする。このとき、ある企業が価格20ドルの財をアメリカへ輸出すれば、2000円の収入となる。

1年後、1ドル＝90円へと円高になったとしよう。このとき、財の価格が20ドルのままならば、日本円での収入は1800円であり、収入減となる。ここで、この企業が値上げをすれば、輸出競争力が低下することになる。

しかし、円高と同時に、アメリカで物価全般に対する11％のインフレが起きており、価格が22.2ドルになっていたとしよう。すると、日本円での収入は、22.2×90＝1998円となり、以前とほぼ変わらない。つまり、円高になっても、外国の物価が上昇するならば、輸出競争力は低下しないのである。

そこで、物価変動の影響を除いた為替レートを、**実質為替レート**と呼ぶことにしよう。これは、次のように定義される。

第Ⅰ部　基礎理論

$$\text{実質為替レート} = \text{名目為替レート} \times \frac{(1+\text{相手国の物価上昇率})}{(1+\text{自国の物価上昇率})}$$

上の例では、1ドル＝100円から1年後に1ドル＝90円になった。この間のアメリカの物価上昇率が11％、日本の物価上昇率が0％であったならば、実質為替レートは

$$90 \times (1+0.11) \div (1+0) = 99.9 \text{（円）}$$

である。この値は、基準時点の為替レートである1ドル＝100円とほぼ同じである。これに対し、実際の為替レート（1ドル＝90円）は名目為替レートと呼ばれる。つまり、この間の名目為替レートは上昇したが、実質為替レートはほぼ不変であったといえるのである。

(2) 実質為替レートからみた日本の輸出競争力の変化

2000年2月末から2013年12月末までの14年間における、名目および実質為替レートの推移を描いたのが図4-3である。2000年2月末における為替レートは、1ドル＝110.27円であった。そして2013年12月末には、1ドル＝105.30円である。よって名目為替レートは、この間に約5円の円高になっている。ところが、2000年2月末の為替レートを基準としたとき、2013年12月末の実質為替レートは1ドル＝145.22円である。つまり、実質為替レートは、この間に約30円の円安になっている。

名目為替レートと実質為替レートの間に差がある理由は、日米の物価上昇率に違いがあるからである。この14年間に、日本では物価水準が1.5％下落したのに対し、アメリカでは物価上昇が35.9％上昇した。したがって、日米間で37.4％の差が発生している。

まとめると、2013年12月末時点において、14年前と比べると、名目為替レートが円高になっている。これは一見すると、日本の輸出競争力が低下しているように思える。しかし、実質為替レートが円安になっているので、実際には日本の輸出競争力は向上しているということになる。

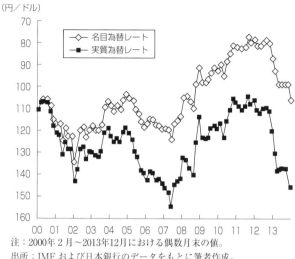

図4-3 円の対ドル実質為替レートの推移

注：2000年2月〜2013年12月における偶数月末の値。
出所：IMFおよび日本銀行のデータをもとに筆者作成。

(3) 為替レート変動への企業による対策

それでもなお、名目為替レートの変動は企業の収益に大きな影響を与える。第2章で述べたように、2007年10月の1ドル＝117円台から2008年3月の1ドル＝95円台へと、5カ月で23％の急激な円高となった。よって、**想定為替レートを1ドル＝115円程度に設定していた多くの日本企業は、大幅な減収となるとともに、生産計画の見直しを迫られた。このように、急激な名目為替レートの変動によってもたらされた不確実性が、企業の経済活動を不活発にする恐れがあるのである。

こうした為替レートの変動への対策をとっている企業もある。たとえば東芝は、2007年頃、「ドル・円の社内の輸出入の貿易収支を十年かけて均衡」させることにより、円ドルレートの変動による損失をほぼゼロにした。つまり、輸出額と輸入額を均衡させることにより、ドルでの輸出額と輸入額の和がゼロとなるので、為替レートの変動の影響を受けないのである[2]。他の日本企業も、この方法を採用しつつある。

---

[2] 『日本経済新聞』2008年1月20日付。ただし、東芝はヨーロッパとの貿易も拡大しているので、ユーロの変動リスクも考慮しなくてはならないという問題点は依然として残る。

3 実効為替レート

これまで2国間の為替レートを問題にしてきたが、日本の貿易相手国はアメリカだけではない。よって為替レートは複数存在しており、ときには、ドルに対し円高が進んでいても、他の通貨に対しては円安に進むことがある。実際、ユーロに対しては、2000年10月25日の1ユーロ＝90円から2007年7月10日に1ユーロ＝170円へと、約47％の円安となった。このように、複数の通貨との間の為替レートがそれぞれ動くとき、それを全体的に把握して、日本の輸出競争力がどう変化しているのかを把握する必要がある。そのために用いられるのが、実効為替レートである。

いま簡単な例として、日本の貿易相手国が、アメリカ、ユーロ使用国、イギリス（ポンド）の3カ国・地域だけだとする。そして貿易額において、アメリカの比率が50％、ユーロ圏の比率が30％、イギリスの比率が20％であるとする。1年後、ドルに対し16％の円高、ユーロに対し20％の円安、ポンドに対し5％の円安になったとしよう。その変化の影響を、日本との貿易額の大きさに応じてウェイト付けして計算する為替レートの指数をつくる。基準時点での指数を100であるとすると、1年後の指数は、

$$100 \times (1 + 0.16 \times 0.5 - 0.2 \times 0.3 - 0.05 \times 0.2) = 100 \times 1.01 = 101$$

となり、1％の円高になっていることがわかる。

このように、円と各通貨との為替レートの変化を、日本と当該相手国・地域の貿易額の占める比率によるウェイトで加重平均し、指数化したものを、実効為替レートという。

実効為替レートには、名目為替レートを用いて計算する**名目実効為替レート**と、実質為替レートを用いて計算する**実質実効為替レート**がある。対外競争力を判断する際には、後者のほうがより正確である。

図4-4は、日本銀行が計算した実質実効為替レートの推移である。この指数は、数値が大きいほど円高になり、輸出競争力が低下していることを表わす。この図が示すように、日本の輸出競争力は、1ドル＝79円台を記録した1995

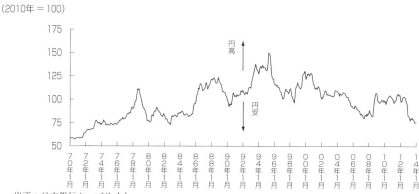

図 4-4　実質実効為替レートの推移

出所：日本銀行ウェブサイト。

年4月頃に大きく低下したものの、その後は改善している。

また、2013年後半の実質実効為替レートは、1983年以降では最も円安の水準にある。つまり、輸出競争力が向上する一方、輸入には不利になっているのである。

4　為替レートの予想はできるか

　次に、将来の為替レートを予想できるか否かについて検討してみよう。結論からいえば、それは難しい。前章で述べたように、外国為替取引の大半は資産運用目的である。そのため為替レートは、財価格における国家間の比率よりも、資産価格における比率を表わすという性格が強い。人々は将来の資産価格に対する予想に基づいて資産を売買するため、資産価格自体も予想にそって動く。つまり、為替レートは人々の予想にそって動くことになる。そのため、為替レートを予想するためには、人々の予想の動きを予想する必要がある。これは、株価の動きを先読みしにくいのと同様に、難しいことである。

　予想の動きを予想することが難しいことは、次の例からもわかるだろう。いま、2カ月後に円高になると多くの人が予想したとする。すると、円高になる前に円を買えば利益が出るはずなので、多くの投資家がドル売り円買いを行なう。ところが、そうすると、2カ月後ではなく、現時点で円高になってしまう。

ということは、2カ月後に円高になるという人々の予想によって、現時点で円高になることをあらかじめ予想すべきだということになる。このような予想に対する予想はきわめて難しいため、為替レートの予想は難しいのである。

　逆にいえば、人々の予想を変化させることができれば、利益を得ることができる。世界には、巨額の為替取引を通じて為替相場を変動させるだけでなく、それを通じて人々の予想を変化させ、結果として多くの利益を得ている企業が多数存在する（第8章・第10章参照）。同時に、その動きに惑わされて、為替取引を通じて損失をこうむっている企業や人々も存在している。

　為替レートの動きに関する経済学の理論的研究も、予想に成功しているとはいえない。ミーズとロゴフは、さまざまな為替レート理論を用いて将来の為替レートの動きを説明できるかを検証したところ、1年までの予想期間ではランダムウォーク・モデルに勝るものはないと結論づけた。ランダムウォークとは、次に現われるものの確率が不規則（ランダム）に決定されるという動きである。つまり為替レートは、短期的には不規則に動いているのである（Meese and Rogoff, 1983）。

5　ドル安の可能性

　今後の為替レートの動きについて、長期的趨勢としては、為替レートが購買力平価にそって変化していくであろうと考えられる。しかし短期的には、為替レートを大きく変動させる要素が存在する。なかでも注目すべきは、アメリカの巨大な経常収支赤字によって誘発されるドル安の可能性である。

　1997～98年のアジア通貨危機でみられたように、ある国が経常収支赤字を持続すると、海外からの信頼が低下し、ついには膨大な資本流出が起こって為替レートが大幅に下落する。このような事態が、世界経済において何度も起きている。そして、近年のアメリカの経常収支赤字は、アジア通貨危機に見舞われた国々以上の規模である。

　この膨大な経常収支赤字がドル安をもたらすのではないかという不安が1つの原因となって、ドル離れの動きがみられるようになった。世界各国の外貨準備に占めるドルの比率[3]は、2001年6月の73%から、2013年9月の61.4%へ

と低下している。他方、世界各国の外貨準備に占めるユーロの比率は、1999年の発足時における18%から、2009年に約28%へと上昇したが、2013年9月には24.2%へと低下した[4]。

また、サウジアラビア、クウェート、バーレーン、カタール、アラブ首長国連邦、オマーンで構成される湾岸協力会議が、ドルとの固定相場制を放棄するのではないかという観測も存在する。これらの諸国は、原油価格高騰で得た巨額の資金を、主にドルで運用している。その国々がドルとの固定相場制を放棄し、そしてその資金をドル以外の通貨で運用するようになれば、ドル売り他通貨買いが増加してドル安が進む可能性がある。

さらに、ドル安がアメリカ経済の悪化を誘発する可能性がある。ドル安はアメリカの輸出企業の景気を改善させる反面、輸入物価上昇をもたらすことにより、アメリカのGDPの7割を占める個人消費を鈍らせる。加えて、ドル安が起こると外国からアメリカへの資本流入が減少する恐れがあり、それはアメリカの経済活動を鈍らせる。そのため、1995年に就任したルービン財務長官は「強いドルは国益」と繰り返し発言し、資本流入を維持しようとした（水野, 2007, p.34）。このように、アメリカ経済は多くの不安定要因を抱えているのである。

参考文献
大蔵省（1994）『平成6年度経済白書』大蔵省印刷局。
水野和夫（2007）『人々はなぜグローバル経済の本質を見誤るのか』日本経済新聞出版社。
吉川洋（1999）『転換期の日本経済』岩波書店。
吉冨勝（1998）『日本経済の真実』東洋経済新報社。
IMF（2013）*International Financial Statistics Yearbook*, IMF.
Meese, Richard A., and Kenneth Rogoff (1983) "Empirical Exchange Rate Models of the Seventies: Do They Fit Out of Sample?" *Journal of International Economics*, 14.
OECD（2013）*Stat Extracts, National Accounts*, OECD.

---

3) 正確には、外貨準備の通貨構成が公表されている国々の外貨準備におけるドルの比率。
4) 近年におけるユーロの比率低下の原因は、ヨーロッパの債務問題や景気悪化のために、ユーロの為替レートが下落することを各国が懸念しているからであろう。また、2013年9月において、世界各国の外貨準備に占める日本円の比率は3.86%である。

第I部　基礎理論

本章のまとめ

1. 長期的な為替レートの趨勢は、貿易財についての購買力平価の動きで決まってくる。対ドル為替レートにおいて長期的に円高が進む理由は、日本の輸出財産業における労働生産性の上昇率が、アメリカよりも高いからである。
2. 物価水準の変化を取り除いた為替レートを、実質為替レートという。実質為替レートが円安に動いているとき、日本の輸出競争力は向上している。
3. 為替レートを予想するためには、人々の予想の動きを予想する必要がある。そのため、為替レートを予想することは難しい。
4. アメリカの膨大な経常収支赤字がドル安をもたらすのではないかという不安が1つの原因となって、世界でドル離れの動きが生じている。

●研究課題

1. 為替レートの変動に対し、各企業はどのような対応策をとっているのか、調べてみよう。
2. 固定相場制と変動相場制は、日本にとってどちらが望ましいか、考えてみよう。

■ 文献案内

白井早由里『入門　現代の国際金融――検証　経済危機と為替制度』東洋経済新報社、2002年。
　為替レートの決定理論などを、数式と図を使って説明している。

田中素香・岩田健治編『現代国際金融』有斐閣、2008年。
　為替レートと国際金融に関する現代の諸問題を包括的に論じている。国際金融論の基礎理論を理解している人向け。

尾河眞樹『本当にわかる為替相場』日本実業出版社、2012年。
　外国為替取引に長年かかわってきた実務家が、外国為替市場の見方をわかりやすく解説している。

第4章付論 日本の労働生産性

　本章第1節で、日本の輸出財産業における労働生産性の上昇率がアメリカよりも高かったことが、長期的に円高が進んだ理由であると論じた。では、産業全般に関して、日本の労働生産性が外国と比べてどの程度の水準なのか。それを統計からみてみよう。

　ある産業で生み出された付加価値の合計額を、その産業の労働者数で割り、さらに1人当たり労働時間で割れば、その産業において1人の労働者が1時間に生み出した付加価値額が求められる。この値を、各国間で比較する。

　なお、以下の計算では、実際の為替レートではなく、購買力平価を用いる。購買力平価は、各国の物価水準の違いを考慮しているので、わたしたちの生活実感に近い値を導き出すことができる。

製　造　業

　まず、製造業についてみてみよう。以下の表が示すように、日本の製造業における労働生産性は、アメリカよりも低いだけでなく、ドイツとフランスよりも低い。ただし、産業別では、一般機械のように、アメリカを超える労働生産性をもつものもある。

各国製造業の労働生産性におけるアメリカとの比率（2009年）

(％)

日本	ドイツ	イギリス	フランス	韓国
69.9	77.0	63.4	74.3	47.8

注：韓国は2007年の値。
出所：経済産業省（2013）第Ⅰ-1-3-2図をもとに筆者作成。

わが国製造業の主要産業の労働生産性におけるアメリカとの比率（2009年）

(％)

化学	金属	一般機械	電気機器	輸送用機器
92.6	80.1	114.1	47.7	100.5

出所：経済産業省（2013）第Ⅰ-1-3-3図をもとに筆者作成。

非製造業

次に、非製造業についてみてみよう。以下の表が示すように、日本とアメリカの差は、製造業よりも大きい。また、日本はドイツ、フランス、そしてイギリスに劣る。とくに、飲食・宿泊においてアメリカの労働生産性の約4分の1でしかない。

各国非製造業の労働生産性におけるアメリカとの比率（2009年）

(％)

日本	ドイツ	イギリス	フランス	韓国
53.9	87.6	67.9	76.2	36.6

注：韓国は2007年の値。
出所：経済産業省（2013）第Ⅰ-1-3-5図をもとに筆者作成。

わが国非製造業の主要産業の労働生産性におけるアメリカとの比率（2009年）

(％)

電気・ガス・水道	建設	卸売・小売	飲食・宿泊	運輸・倉庫	金融・保険
38.1	84.4	41.5	26.5	61.7	71.2

出所：経済産業省（2013）第Ⅰ-1-3-6図をもとに筆者作成。

以上の値が示すように、製造業では、日本の労働生産性は、業種によってはアメリカと同じか、それを上回るものがある。一方、非製造業では、アメリカやヨーロッパ主要国よりもかなり低い。日本人は、世界的にみても最も労働時間の長い国民の1つだが、労働から稼ぎ出す金額は、各国と比べて高くないのである。そのため、とくにサービス業において、労働のあり方を効率化し生産性を高めることが求められる。

参考文献
経済産業省（2013）『通商白書2013』勝美印刷。

第5章
リカード・モデル

　前章では為替レートの決定についての基本的な考え方を学んだ。次に、貿易に関する理論をみてみよう。貿易理論が説明しなくてはならない重要な問題は、「各国間のどのような違いが貿易を生み出すのか？」「貿易をすることはその国に利益をもたらすのか？」ということである。伝統的な貿易理論は、その答えを導き出すために、比較優位という考え方を用いる。そこで本章では、両国の労働生産性の違いから比較優位を説明するリカード・モデルについて考察しよう。

本章のポイント
1. 2人で働くとき、どのような分業の仕方が望ましいのかを考える。
2. 貿易がその国にどのような利益をもたらすかを学ぶ。
3. リカード・モデルによる貿易利益の説明は、現実の世界にあてはまるか否かを検討する。

1　分業の利益

　いま、陶芸をするベテランと新人の2人が、花瓶と茶碗を製作するとしよう。新人は1つの作品をつくるのに、ベテランよりも時間はかかるが、同じ質の作品をつくることができるものとする。

　各人が花瓶1個と茶碗1個の製作に必要な時間は、以下となっている。

ベテラン	
花　瓶	2時間
茶　碗	1時間

新人	
花　瓶	6時間
茶　碗	2時間

　ベテランと新人は、それぞれ30時間の作業をする。ベテランは、30時間をすべて花瓶製作に費やせば15個の花瓶を、30時間をすべて茶碗製作に費やせば30個の茶碗をつくれる。あるいは、花瓶を12個、茶碗を6個つくるという組み合わせも可能である。同じく新人も、30時間を使って花瓶と茶碗の製作のさまざまな組み合わせが可能である。

　以下では、満足度のことを、**効用**という言葉で表現する。ここで、2人はその30時間をどのように使うのが、最も効用が高くなる時間の使い方なのかを考えてみよう。なお、2人にとって、花瓶と茶碗の片方のみをたくさん消費するより、両方を同じ数消費するほうが、その効用が高いと仮定する。

【ケース1　ベテランと新人が自分の作品のみを消費する場合】

　ベテランと新人がともに、自分が製作した作品のみを消費する。このとき、各人の消費量（＝生産量）は、以下のとおりである。

　　ベテラン：花瓶10個、茶碗10個
　　新　　人：花瓶 4個、茶碗 3個

【ケース2　ベテランがつくった花瓶と新人がつくった茶碗を交換する場合】

　ベテランは花瓶のみをつくり新人は茶碗のみをつくる。この場合、生産量は以下のようになる。

　　ベテラン：花瓶15個
　　新　　人：茶碗15個

　次に、互いに製作した作品を交換する。ベテランは花瓶4個を、新人の茶碗10個と交換する。このとき、2人の消費量は以下のとおりとなる。

　　ベテラン：花瓶11個、茶碗10個
　　新　　人：花瓶 4個、茶碗 5個

ケース1に比べて、ベテランの消費量は花瓶1個増加し、新人の消費量は茶碗2個増加した。よって、2人の効用はともに、ケース1のときよりも高い。

今度は、製作する作品を入れ替えて、効用が高まるか否かを考えてみよう。

【ケース3　ベテランがつくった茶碗と新人がつくった花瓶を交換する場合】

ベテランは茶碗のみをつくり、新人は花瓶のみをつくる。この場合、生産量は以下のようになる。

　　ベテラン：茶碗30個
　　新　　人：花瓶　5個

次に、互いに製作した作品を交換する。ベテランは茶碗10個を、新人の花瓶4個と交換する。このとき、各人の消費量は以下のとおりとなる。

　　ベテラン：花瓶4個、茶碗20個
　　新　　人：花瓶1個、茶碗10個

ケース1に比べて、2人とも、茶碗の消費量は多いが花瓶の消費量は少ない。片方のみをたくさん消費するより、両方を同じ数消費するほうが効用が高いと仮定しているので、ケース3における2人の効用は、ケース1のときよりも低い。当然、ケース2のときの効用よりも低い。

以上から、ケース2のとき、2人の効用が最も高いことがわかった。つまり、各人が異なる財の製作に特化し、それを交換したほうが、交換のないときより効用が高い。また、特化の仕方も重要である。ベテランが花瓶、新人が茶碗に特化すべきであり、逆の場合は特化しても効用が高くならない。

そこで、望ましい特化の仕方はどのように決まるのか、また、特化するとなぜ効用が高まるのか、という問題が生じる。結論を先回りしていえば、特化の仕方を決めるのは、各人が作品をつくるのに必要な時間数の比である。つまり、2，1，6，2の値自体ではなく、その比2／1，6／2が重要なのである。この時間数の比は、茶碗1個と比べた花瓶1個の生産コストであり、これを花瓶の**比較生産費**と定義する。ベテランが1個の花瓶をつくるのに必要な時間は、茶碗の2倍（2／1＝2）である。これを生産コストという観点から考えれば、花

瓶1個は茶碗2個分の時間をかけてつくっているので、コストは2倍ということになる。ゆえに、ベテランにとって、茶碗に対する花瓶の比較生産費は2である。いい換えると、30時間という限られた時間のなかで、ベテランが花瓶生産を1個増やせば、茶碗の生産が2個減るので、花瓶1個は茶碗2個を犠牲にして製作されていることになる。

　同様に考えると、新人にとって、1個の花瓶をつくるのに必要な時間は、茶碗の3倍（6／2＝3）である。つまり、花瓶1個は茶碗3個分の時間をかけてつくっているので、コストは3倍である。ゆえに、新人にとって、茶碗に対する花瓶の比較生産費は3である。いい換えると、30時間という限られた時間のなかで、新人が花瓶生産を1個増やせば、茶碗生産が3個減るので、花瓶1個は茶碗3個を犠牲にして製作されていることになる。

　以上からいえるのは、ベテランの花瓶の比較生産費は2であるのに対して、新人の花瓶の比較生産費は3であるため、新人のほうが、ベテランよりも、花瓶の比較生産費が大きい。これは、花瓶1個を製作する際に犠牲にする茶碗の個数が、ベテランよりも新人のほうが大きいことを意味する。このように考えると、新人は大きな犠牲を払ってまで花瓶をつくるのではなく茶碗製作に専念し、他方ベテランは花瓶製作に専念すれば、各人が花瓶と茶碗の両方を製作するよりも効率的な生産が可能となることになる。したがって、比較生産費の小さい財の生産に特化するのが、望ましい分業の仕方である。

　さて、これまでは茶碗に対する花瓶の比較生産費を検討したが、逆に、花瓶に対する茶碗の比較生産費という点から考えても、まったく同じ結論が得られる。つまり、花瓶の比較生産費と茶碗の比較生産費は、コインの表裏の関係にある。また、2人の比較生産費が同じであれば、どちらかの財の生産に特化してさらに交換を行なっても、お互いに高い効用を得られない。

　要点1　花瓶の比較生産費は、新人よりベテランのほうが小さい。このとき、ベテランは花瓶に比較優位をもつと表現する。
　要点2　ベテランが花瓶に比較優位をもつとき、新人は茶碗に比較優位をもつ。それゆえ、ベテランが花瓶に比較優位をもつことを説明できたときは、新人が茶碗に比較優位をもつと結論づけてよい。

要点3　どんなに生産性の低い人も、いずれかの財に比較優位をもつ。
要点4　各人が比較優位をもつ財の生産に特化し、その財を交換すると、分業しないときよりも双方の効用が高まる。

以上の理論モデルは、**リカード・モデル**と呼ばれる[1]。このモデルは、さまざまな事例に応用が可能である。たとえば、ある会社において、上司と秘書が、一定金額の取引にかかる時間と、一定量の文章のワープロ作業にかかる時間は、以下となっている。

上司	
取　引	2時間
ワープロ	1時間

秘書	
取　引	12時間
ワープロ	2時間

上司と秘書は、2つの仕事をどう分業すべきだろうか。答えは、秘書はワープロ作業に特化し、上司が取引に特化することである。その理由は、ワープロ作業に対する取引の比較生産費は、上司にとって2、秘書にとって6となり、取引の比較生産費は秘書より上司のほうが小さいからである。したがって、上司はワープロ作業を秘書にまかせ、取引に専念したほうがよい。この分業により、会社の業務遂行が効率化されるわけである。

2　貿易への適用

リカード・モデルは、本来、2国間の貿易のあり方を説明するモデルである。そこで今度は、このモデルを使って貿易について考えてみよう。いま、A国（先進国）とB国（途上国）が、ともに第1財と第2財を生産しており、各財1単位の生産に必要な労働量が次のようであったとする。

A国	
第1財	1人
第2財	2人

B国	
第1財	2人
第2財	8人

---
[1]　リカード・モデルに基づく理論は、日本においてしばしば、比較生産費説と呼ばれる。

このとき、比較生産費は以下となる。

	A国	B国
第2財に対する第1財の比較生産費	$\frac{1}{2}$	$\frac{2}{8}=\frac{1}{4}$
貿易がないときの相対価格 （P_1：第1財価格、P_2：第2財価格）	$P_1 : P_2 = 1 : 2$	$P_1 : P_2 = 1 : 4$

(1) 各国はどの財を輸出するか

第2財に対する第1財の比較生産費は、A国では$1/2$、B国では$1/4$であり、B国はA国よりも第1財の比較生産費が小さい。ゆえに、B国は第1財に比較優位をもち、A国は第2財に比較優位をもつことになる。すると、各国は比較優位をもつ財を生産・輸出し、比較劣位財を輸入するので、A国は第2財を輸出し、B国は第1財を輸出することになるわけである。

(2) 価格差が生み出す国家間の貿易

国内価格と国際価格が異なるとき、貿易が行なわれることを説明しよう。A国内の両財の相対価格が$P_1 : P_2 = 1 : 2$、世界市場での相対価格が$P_1 : P_2 = 1 : 3$とする。このとき、ある企業が、A国から世界市場へ第2財1個を輸出して、世界市場で第1財3個と交換する。次に、第1財3個をA国へ輸入して、A国内で第2財1.5個と交換する。すると、この取引により、その企業は第2財0.5個を貿易の利益として得ることができる。

要点5 国内価格と国際価格が異なるとき、貿易が生じる。

上記の説明では、A国を先進国、B国を途上国と想定しており、A国は第1財・第2財の両方において、B国よりも少ない人数で生産が可能である。つまりA国は、両方の財において、B国よりも労働生産性が高い。このことを絶対優位という。いい換えると、B国は両財において絶対劣位をもつ。しかし、労働の国境を越えた移動が不可能という仮定のもとでは、すべての生産をA国で

> **コラム**
>
> ### 江戸時代末期における金の海外への流出
>
> 　江戸時代末期、日本が鎖国をやめて西欧諸国と貿易をするようになって以降、日本から海外へ金が大量に流出した。その原因は、当時の金と銀の価格比率が、日本では1対4であったのに対し、海外では1対15だったので、この価格差を利用して、外国人が大量の銀貨を日本に持ち込んで金貨と交換したからである。そこで幕府は、金の海外流出を防ぐため、小判を改鋳して粗悪なものをつくり、金貨の価値を下げたが、それは物価を高騰させることになった。このことが、庶民が攘夷を支持する原因の1つとなった。

行なうことはできない。そのため、絶対優位の考え方よりも、比較優位の考え方のほうが、効率的な分業パターン、すなわちどの国が何を生産するべきかという問題の解決には有効なのである。B国は、両財において絶対劣位をもつものの、第1財に比較優位をもつため、その生産に特化し輸出することとなる。

要点6　すべての財に絶対劣位をもつ国でも、輸出財をもつ。

(3) 国際価格の決定

閉鎖経済

　貿易がない経済を、**閉鎖経済**（closed economy）という。このとき、第1財と第2財の相対価格は、次のようになる。

　　A国内の相対価格　　$P_1 : P_2 = 1 : 2$　より、$P_1/P_2 = 0.5$
　　B国内の相対価格　　$P_1 : P_2 = 1 : 4$　より、$P_1/P_2 = 0.25$

開放経済

　貿易が可能な経済を、**開放経済**（open economy）という。閉鎖経済から開放経済へ移行するとき、国内相対価格は次のように変化する。

　閉鎖経済のもとでは、A国における第1財と第2財の相対価格 P_1/P_2 は、B国のそれよりも高い。そのため貿易が可能なら、A国はB国から第1財を輸入する。逆に、B国はA国から第2財を輸入する。これにより、A国内では、

第 I 部　基礎理論

第 1 財の輸入→第 1 財供給量が増加→第 1 財価格が低下
第 2 財の輸出→第 2 財供給量が減少→第 2 財価格が上昇

となり、P_1 が低下し P_2 が上昇するので、A 国内の相対価格 P_1/P_2 は 0.5 → 0.49 → 0.48 →……と低下していく。

他方、B 国内では、

第 2 財の輸入→第 2 財供給量が増加→第 2 財価格が低下
第 1 財の輸出→第 1 財供給量が減少→第 1 財価格が上昇

となり、P_1 が上昇し P_2 が低下するので、B 国内の相対価格 P_1/P_2 は 0.25 → 0.26 → 0.27 →……と上昇していく。

こうして、両国間の価格差は、貿易が拡大するにつれて次第に狭まっていく。そしてついにそれが両国間で同じ値になったとき、それ以上外国から輸入をしようとはせず、貿易量が確定する。このときの相対価格を国際価格という。つまり国際価格は、2 国の市場の統一価格である。

したがって、国際価格は、閉鎖経済における両国の価格の間にくる。つまり

$$\frac{1}{4} < \frac{P_1}{P_2} < \frac{1}{2}$$

の範囲の値となるわけである。

要点 7　国際価格の値は、閉鎖経済における 2 国の相対価格の間にくる。

(4) 貿易利益

では次に、貿易利益について考えてみよう。

A 国・B 国ともに、人口が 10 人であると仮定する。

閉鎖経済

A 国では、10 人の労働者を、第 1 財に 2 人、第 2 財に 8 人配分する。第 1 財 1 個の生産には 1 人の労働者が、第 2 財 1 個の生産には 2 人の労働者が必要

なため、A国の第1財と第2財の生産量（＝消費量）は、$(X_1, X_2) = (2, 4)$ となる。

B国では、10人の労働者を、第1財に2人、第2財に8人配分する。第1財1個の生産には2人の労働者が、第2財1個の生産には8人の労働者が必要なため、B国の第1財と第2財の生産量（＝消費量）は、$(X_1, X_2) = (1, 1)$ となる。

開放経済

貿易が可能であり、そして両財の国際価格が、$P_1 : P_2 = 1 : 3$ であると仮定しよう。

A国では、10人の労働者全員が、比較優位財である第2財の生産に従事する。このとき、A国の生産量は $(X_1, X_2) = (0, 5)$ となる。

B国では、10人の労働者全員が、比較優位財である第1財の生産に従事する。このとき、B国の生産量は $(X_1, X_2) = (5, 0)$ となる。

そして、A国の第2財1個と、B国の第1財3個を交換すれば、

A国の消費量 $(X_1, X_2) = (3, 4)$
B国の消費量 $(X_1, X_2) = (2, 1)$

となる。

閉鎖経済と開放経済の消費量の比較

	閉鎖経済	開放経済
A国の消費量	(2, 4)	(3, 4)
B国の消費量	(1, 1)	(2, 1)

この表からわかるように、閉鎖経済に比べて、開放経済では両国とも消費量が拡大する。よって、開放経済は閉鎖経済よりも望ましいといえる。

ここで重要なのは、貿易により生産と消費の分離が可能となることである。閉鎖経済では、一国の生産量と消費量は一致する。しかし開放経済では、それらが一致する必要はない。そのため、各国が比較優位をもつ財の生産に特化し、

それを貿易すれば、より効率的な生産が可能となるのである。

また、貿易が両国ともに利益をもたらすことに意義がある。もし一方の国が利益を得て、もう一方の国が不利益をこうむるときには、損失をこうむる国は貿易を行なおうとしないであろう。

3　貿易利益の図解

本節では、貿易利益への理解をさらに深めるために、図を使って説明してみよう。

閉鎖経済

A国は労働者が10人なので、生産可能な財の組み合わせは、(第1財の生産量、第2財の生産量) = (10, 0), (8, 1), (6, 2), (4, 3), (2, 4), (0, 5) などである。座標平面上でこれらの点を結んだ線を、**生産可能性フロンティア**と呼ぶ。これは、

$$1 \times X_1 + 2 \times X_2 = 10 \quad \text{または} \quad X_2 = -\frac{1}{2}X_1 + 5$$

となる。A国は、生産可能性フロンティアの線上あるいはその左下の領域の財の組み合わせのいずれかを選び、生産・消費することが可能である。

A国は、図5-1の生産可能性フロンティアの線上あるいはその左下の領域のうち、最も効用が高い点を消費点として選ぶ。そこで、この国が第1財2個、第2財4個を生産・消費する点を選んだとしよう。

開放経済

いま、貿易が可能であるとする。A国は比較優位をもつ第2財の生産に特化するので、A国の10人の労働者が第2財を5個生産し、生産量は (X_1, X_2) = $(0, 5)$ である。

ここで、両財の国際価格が、$P_1 : P_2 = 1 : 3$ であると仮定しよう。つまり、両国とも、第2財を1個輸出するごとに第1財を3個輸入でき、また第1財を

図 5-1 閉鎖経済

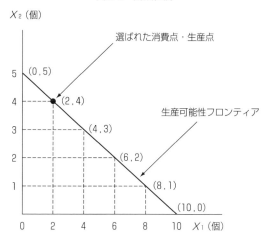

1個輸出するごとに第2財を1/3個輸入できる。

するとA国は、消費可能な財の組み合わせとして、$(X_1, X_2) = (0, 5)$, $(3, 4)$, $(6, 3)$, $(9, 2)$, $(12, 1)$, $(15, 0)$ などの点を選択できる。これらを結んだものが、**予算制約線**である。数式で表わすと、

$$X_2 = -\frac{1}{3}X_1 + 5$$

となる。

A国は、図5-2の予算制約線の線上あるいはその左下の領域の財の組み合わせのなかから、最も効用が高い点を選ぶ。そこで、A国が第1財3個、第2財4個を消費する点を選んだとしよう。すると、生産量 $(X_1, X_2) = (0, 5)$ と消費量 $(X_1, X_2) = (3, 4)$ の差を埋めるために、この国は第2財を1個輸出し、第1財を3個輸入することになる。

閉鎖経済と開放経済の比較

開放経済時の予算制約線は、生産可能性フロンティアの右上に位置する。つまり、開放経済時には、閉鎖経済時よりも所得が上昇し、閉鎖経済時には不可能であった消費量が可能となるのである。図5-3が示すように、A国の効用を

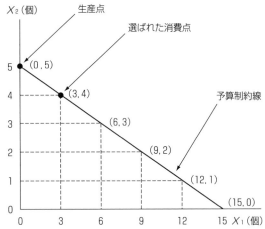

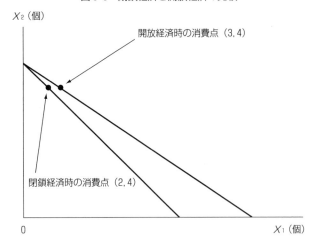

最大化する消費量は、閉鎖経済時に (2,4)、開放経済時に (3,4) である。閉鎖経済に比べて開放経済では消費量が拡大するので、効用が高い。つまり、A国は貿易により利益を得るわけである。

貿易利益は、**特化の利益**と**交換の利益**とに分けることができる。特化の利益とは、各国が比較優位をもつ財の生産に特化することにより、閉鎖経済時より

も所得（GDP）が上昇することによる利益である。また交換の利益とは、交換（つまり貿易）することにより、貿易開始前には実現しえなかった消費の組み合わせを実現できることによる利益である。

> 要点8　開放経済時は、閉鎖経済時よりも所得が上昇し、閉鎖経済時には不可能であった消費量が可能となる。

したがって、理論上は、国際競争力のない産業を関税や輸入数量制限で保護するよりも、その産業の生産をやめて輸出財の生産に特化するほうが望ましいということになる。

4　リカード・モデルの現実妥当性

それでは、リカード・モデルはどの程度うまく実際の国際貿易を説明できるのであろうか。これまで説明したように、リカード・モデルでは、関税や輸入数量制限をなくして自由貿易を行なえば、その国の所得が上昇し、効用が高まることになる。本節では、この理論を現実世界にあてはめて検討してみよう。

リカード・モデルの結論
　閉鎖経済から開放経済へ移行すると、その国の所得（GDP）が上昇し効用が高まる。よって、各国は比較優位財の生産に特化し、比較劣位財を輸入すべきである。つまり、保護貿易よりも自由貿易が望ましい。

しかし、この結論を現実世界にあてはめようとすると、いくつかの問題点が発生する。

(1)　問題点1　農業国が抱える問題

リカード・モデルによれば、農業国は農産物を輸出し、工業生産は放棄して輸入するのが望ましい。しかし、時間的な経過を考慮したとき、農業国が工業生産を放棄したほうがよいとは、必ずしもいえないことを説明しよう。

戦後、先進工業国は大きく経済成長したが、多くの途上国は取り残された。その理由の1つは、工業部門の成長率が農業部門よりも高いので、競争力のある工業部門をもつ国、あるいはその育成に成功した国のほうが、経済成長を実現しやすいからである。

なぜ工業部門のほうが、農業部門よりも成長率が高いのか。それには、農産物の供給側と需要側のそれぞれに原因がある。供給側の原因とは、工業は農業よりも生産性成長率が高い傾向をもつことである。他方、需要側の原因とは、経済成長に伴ってエンゲル係数が低下することである。つまり、家計の所得が2倍になっても2倍の量の食事をとれないので、所得が上昇したからといって、家計の食料支出が同じ比率で上昇するわけではないのである。以上の原因により、長期的な経済成長という視点からは、農産物輸出国よりも工業品輸出国のほうが有利となり、農業国における工業生産の放棄は適切ではないということになる。

まとめると、農産物に比較優位をもつ国は、閉鎖経済から開放経済へ移行し、農産物生産に特化することにより、国民所得を上昇させることができる。しかし、長期的に高い経済成長を実現するためには、農産物に比較優位をもつ国であっても、農産物に完全特化して工業品をまったくつくらなくてよいというわけではない。むしろ、農産物を輸出して国民所得を上昇させる一方で、工業部門を育成し、比較優位産業へと変えていくべきなのである。

(2) 問題点2　工業国が抱える問題①

2008年時点で、日本におけるコメ（精米）の関税率は778%である。つまり、海外で100円のコメが、港に入ったとたんに878円になる。このため、コメ輸入量は日本のコメ消費量のうちのわずかでしかない。ここで関税を大幅に引き下げれば、コメ輸入量が増加し、その結果、日本国内のコメ価格が下がる。それは日本の農家の経営に大きな打撃となり、多くの農家が離農することになる。よって、国内農業を保護するために関税をかけているのである。ところが、リカード・モデルに従えば、日本は農産物の輸入への関税をなくし、輸入を自由化すべきということになる。つまり、実際の農業政策は、リカード・モデルの提唱するものとは大きく異なっているのである。これはなぜであろうか。

リカード・モデルにおいては、失業者がいないことが仮定されている。つまり、開放経済時に比較優位産業への完全特化がなされる際、労働者の産業間での移動がスムーズに起きて、比較劣位産業から離職した労働者の全員が、比較優位財産業で雇用されることを仮定しているわけである。この仮定から、自由貿易が望ましいという結論が導かれている。

しかし実際には、農業に長く従事していた人が、工業やサービス産業において雇用される保証はない。なぜなら、産業ごとに生産現場の状況がかなり違うので、農業に長く従事していた人が他業種にすぐに適応できるとは考えにくいからである。ゆえに、コメの関税率を急激に引き下げれば、現実には、農家やその周辺産業に携わる人々の失業を招くこととなろう。

まとめると、関税率の漸進的低下と同時に、10年や20年のタイムスパンで農業人口を減らし、その分他の産業の労働者を増やすように産業構造を変えていくというのは適切な政策であるが、関税率の急激な低下は、経済や社会に混乱をもたらすといえる。

(3) 問題点3　工業国が抱える問題②

農業は、食料生産以外にも重要な役割を果たしている。たとえば、水田は洪水を防ぐ機能をもつ。山間部に水田が存在しなければ、大雨の際に洪水が発生する恐れがある。こうした食料生産以外の役割を、**農業の多面的機能**という。具体的には、洪水・土砂崩壊の防止、生物多様性の保全、地域社会の維持活性化、伝統文化の保存等々があげられる。これらを考慮すれば、農業を存続させる意義は大きい。2001年に出された三菱総合研究所の報告書は、農業の多面的な機能に対する評価額が年間約8兆円にのぼると試算している（表5-1）。

また、農業は**食料安全保障**の観点からも重要である。世界的な戦争や大飢饉が起これば、農産物の輸入ができなくなる事態が生じる可能性がある。こうした非常事態に備えるために、つねに一定水準以上の食料生産能力を維持する必要がある。ところが、2012年度における日本の食糧自給率は、カロリー換算で39％、金額ベースで68％、そして穀物のみだと重量ベースで27％でしかない。こうした低水準の自給率への危機感から、主食であるコメについては高い関税を課して保護し続けるべきであるとしばしば主張されている。しかし他方

第Ⅰ部　基礎理論

表 5-1　農業の多面的機能

項　目（機　能）	評価手法	評価額
洪水防止機能	代替法	3兆4,988億円／年
河川流況の安全機能	代替法	1兆4,633億円／年
地下水涵養機能	直接法	537億円／年
土壌浸食（流出）防止機能	代替法	3,318億円／年
土砂崩壊防止機能	直接法	4,782億円／年
有機性廃棄物処理機能	代替法	123億円／年
気候緩和機能	直接法	87億円／年
保健休養・やすらぎ機能	トラベルコスト法	2兆3,758億円／年

注：直接法は、地価の変化や被害額などを評価する手法である。また、代替法とは、妥当な代替財を用いたときの費用を、トラベルコスト法とは、レクリエーション地への旅行費用と訪問頻度を、試算・評価する手法である。
出所：三菱総合研究所（2001）より筆者作成。

で、日本が積極的に市場を開放し、農産物を輸入して各国との緊密な外交関係を築くことこそが、本当の食料安全保障であると主張する意見も存在する。

したがって、リカード・モデルの結論は、現実世界を抽象化した理論モデルから得られたものであることを認識する必要がある。

参考文献
三菱総合研究所（2001）「地球環境・人間生活にかかわる農業及び森林の多面的な機能評価に関する調査研究報告書」三菱総合研究所。

本章のまとめ

1. 比較生産費とは、一国内における各財の生産コストの比率である。各国は、他国に比べて比較生産費が小さい財に比較優位をもつ。
2. 閉鎖経済から開放経済へ移行すると、その国の所得（GDP）が上昇し、効用が高まる。よって、各国は比較優位財の生産に特化し、比較劣位財を輸入すべきである。つまり、保護貿易よりも自由貿易が望ましい。
3. リカード・モデルは、時間的な経過を考慮せず、また失業者がいないことなどが仮定されているため、その結論は、必ずしも現実世界にあてはまらない点がある。

●練習問題

1. A国には労働者20人、B国には労働者30人がいる。A国では、第1財を1個生産するのに労働者5人、第2財を1個生産するのに労働者2人を必要とする。B国では、第1財を1個生産するのに労働者10人、第2財を1個生産するのに労働者3人を必要とする。A国とB国の間に貿易が行なわれたとき、各国はどの財を輸出するか。
2. 一般に、発展途上国の労働者の賃金は、先進国に比べて低い。低賃金労働をもつ国から財を輸入することで、先進国の効用が高まるか否かを答えよ。

■ 文献案内

山澤逸平『国際経済学』第3版、東洋経済新報社、1998年。
　1970～80年代における日米間の輸出品目の変化を、リカード・モデルを多数財に発展させたモデルに、労働生産性上昇率、賃金上昇率、為替レートの値を代入することで実証している。

南亮進『日本の経済発展』第3版、東洋経済新報社、2002年。
　明治時代以降の日本の経済発展と貿易の変化を説明している。

竹森俊平『国際経済学』東洋経済新報社、1995年。
　中級レベルの貿易論の教科書。貿易理論についてより深く勉強したい人向け。

第Ⅰ部　基礎理論

第6章
ヘクシャー゠オリーン・モデル

　前章で学んだリカード・モデルは、各国の特性の相違を労働生産性に集約し、比較生産費の差に基づいた国際分業パターンの決定を示したうえで、貿易がその国に利益をもたらすことを明らかにした。しかし、現実の世界では、労働以外にも、資本、土地、技術、資源など、数多くの生産要素が存在する。そこで、リカード・モデルと異なり、2つの生産要素が存在するモデルをつくったのがスウェーデンの経済学者ヘクシャーとオリーンである。さらに、リカード・モデルが、国際間の生産技術の違いを貿易の起こる源泉とみなすのに対し、ヘクシャー゠オリーン・モデルは、国家間における生産要素の賦存比率の違いによって貿易が生じると考える。本章では、リカード・モデルと並ぶ国際貿易の代表的なモデルである、ヘクシャー゠オリーン・モデルについて考察しよう。

　本章のポイント
1．国内に存在する資本と労働の量の比率が各国間で異なることから、貿易が起こることを理論的に学ぶ。
2．貿易によって一国の所得は上昇するのか、また、すべての国民の所得が上昇するのかを考える。
3．ヘクシャー゠オリーン・モデルの結論は、現実の世界にあてはまるか否かを検討する。

1　ヘクシャー゠オリーン・モデルの考え方

　本題に入る前に、生産要素を用いて国や財の性質を表わしてみよう。リカード・モデルと違って、ヘクシャー゠オリーン・モデルは、生産要素には労働の

ほかに資本が存在するという設定である。つまりこのモデルは、2要素経済モデル（2財×2生産要素×2国のモデル）である。ここでの資本とは、機械などの生産設備を意味している。

(1) **資本豊富国と労働豊富国**

2つの国のうち、労働者1人当たりの資本量が大きい国を**資本豊富国**、小さい国を**労働豊富国**と呼ぶ。

　　資本豊富国：2国のうち、労働者1人当たり資本量が大きいほうの国
　　労働豊富国：2国のうち、労働者1人当たり資本量が小さいほうの国

たとえば、A国に6000億円の資本と20万人の労働者、B国に2000億円の資本と10万人の労働者が存在しているとする。このとき、2つの生産要素量の比率は、

　　A国：労働者1人当たり資本300万円
　　B国：労働者1人当たり資本200万円

となる。この値は**要素賦存比率**と呼ばれる。上の例では、A国の労働者1人当たり資本量がB国より大きいため、A国が資本豊富国で、B国が労働豊富国となる。ここで注意しなければならないのは、たんに労働者の数ではなく、労働者1人当たり資本量が低い国が、労働豊富国になるということである。

資本豊富国、労働豊富国という概念は相対的なものである。たとえば、日本と中国を比較すると、日本は資本豊富国、中国は労働豊富国である。他方、中国とネパールを比較すると、中国は資本豊富国で、ネパールは労働豊富国である。つまり、ある国が資本豊富国なのか労働豊富国なのかは、比較する国によって異なるのである。新聞などで、日本は資本豊富国であると書かれていることがよくあるが、これは暗黙のうちに日本を発展途上国と比較している。

(2) **資本集約財と労働集約財**

2つの財のうち、生産の際に労働者1人当たり資本量が大きいほうの財を**資本集約財**、小さいほうの財を**労働集約財**と呼ぶ。

資本集約財：2 財のうち、生産の際の労働者 1 人当たり資本量が大きいほうの財
　労働集約財：2 財のうち、生産の際の労働者 1 人当たり資本量が小さいほうの財

　たとえば、生産の際に、第 1 財では資本 8000 万円と労働者 20 人、第 2 財では資本 1000 万円と労働者 10 人が必要だとする。このとき、2 つの生産要素量の比率は、

　第 1 財：労働者 1 人当たり資本 400 万円
　第 2 財：労働者 1 人当たり資本 100 万円

となる。この値は**要素集約度**と呼ばれる。この例では、第 1 財の労働者 1 人当たり資本量が第 2 財より大きいため、第 1 財が資本集約財で、第 2 財が労働集約財となる。ここでも注意しなければならないのは、たんに資本量ではなく、労働者 1 人当たり資本量が大きい財が資本集約財になるということである。

　資本集約財、労働集約財という概念も相対的なものである。たとえば、鉄鋼製品と家電製品を比較すると、鉄鋼製品は資本集約財、家電製品は労働集約財である。他方、家電製品と繊維製品を比較すると、家電製品は資本集約財、繊維製品は労働集約財である。つまり、ある財が資本集約財なのか労働集約財なのかは、比較する財によって異なる。この考え方に従うと、農業では他の財に比べて土地が大量に必要とされるため、農産物は土地集約財であるということができる。また、医薬品の開発には他の財に比べて多額の研究費用が必要とされるため、医薬品は技術集約財であるということができる。

(3)　ヘクシャー＝オリーン・モデルの仮定

　ヘクシャー＝オリーン・モデルは、国家間の要素賦存比率の違いにより、2 つの国の間で貿易が発生することを説明する理論である。その際、リカード・モデルと異なり、2 つの国の技術水準は等しいと仮定する。よってこのモデルは、同一の技術をもつ国の間でも貿易が発生することを説明するものである。

モデルの仮定

　前述したように、リカード・モデルは、2つの国の技術水準が異なるときの貿易の発生を説明する。それに対しヘクシャー＝オリーン・モデルは、技術水準が等しい2国間で、要素賦存比率の違いにより、貿易が発生することを説明する。このモデルでは、一国内に2つの階級、すなわち資本家と労働者が存在すると仮定する。

　資本家は資本（機械設備）を所有する。各企業は生産を行なうために、資本家から資本を借り、労働者を雇う。その際、企業は資本家に資本レンタル料（資本を借りる際のレンタル料）を支払い、労働者に賃金を支払わなくてはならない。資本レンタル料と賃金の値は、国内での需要と供給の関係からそれぞれ決まってくる。企業の利潤は、生産した財の販売収入から、資本レンタル料と賃金を引いた値となる。

　さらに、仮定として、
① 2国の生産技術は同一であり、また生産要素は同質である。
② 財1単位当たりの生産コストは、生産量が拡大しても不変である。これを**規模に関する収穫一定**と呼ぶ。
③ 各産業において、企業の参入・退出は自由である。
④ 資本と労働が産業間を移行する際、コストがかからず、また、各生産要素は完全雇用される。

などがあげられる[1]。

　このうち、仮定④についてもう少し詳しく説明しておこう。まず、資本と労働が産業間を移行する際にコストがかからないという仮定のもとでは、異なる産業における賃金や資本レンタル料に差額がなくなるはずである。たとえば、鉄鋼産業で働く労働者の賃金が1日8000円のとき、繊維産業に従事する労働者の賃金も1日8000円となる。その理由はこうである。もし2つの産業の間に賃金差があれば、移行のコストが生じないのだから、労働者全員がただちに賃金の高いほうへ転職するであろう。そうすると、賃金の低い産業は労働者をとどめるために賃金を上げざるをえず、他方賃金の高い産業は、就業希望者が

---
1) そのほかの重要な仮定として、両国の需要パターンは同一である、各財への支出割合は所得の大きさに依存しない、生産要素は国際的に移動できない、などがある。

多いので賃金を下げることになる。この結果、最終的に両産業の賃金が均一化することになるのである。同様のことは、資本レンタル料についても生じる。

また、各生産要素は完全雇用されるという仮定は、ある産業で資本や労働者があまった場合には、そのすべてがもう1つの産業に投入され、失業者や資本の余剰が発生しないことを意味する。

だが現実には、労働者が他の産業へ移る際には新しい産業での職業訓練が必要であるし、たとえばアパレル企業で使わなくなった機械設備が家電企業へ移されて使用されるということもほとんど起こらない。また、失業者が存在しないというのも、非現実的であろう。このように考えると、ヘクシャー＝オリーン・モデルは、産業間移動が調整コストなしにスムーズに行なわれるような世界を想定し、上記の仮定が実現するような長期のスパン、いわば数十年のスパンにおける経済の動きを分析するモデルと捉えることができる。

2 ヘクシャー＝オリーン・モデルの定理

ヘクシャー＝オリーン・モデルには、4つの重要な定理がある。ヘクシャー＝オリーン定理、要素価格均等化定理、ストルパー＝サミュエルソン定理、リプチンスキー定理である。本節では、これらの定理を順番にみていこう。

(1) ヘクシャー＝オリーン定理

いま、第1財は資本集約財、第2財は労働集約財である。第1財の価格を P_1、第2財の価格を P_2 とする。1人の労働者の得る報酬は賃金 w（円）、1単位の資本の得る報酬は資本レンタル料 r（円）である。なお、以上の賃金と資本レンタル料を、**要素価格**と呼ぶこととする。この2国が、閉鎖経済の状態から開放経済の状態へ移行する場合を考えてみよう。

①資本豊富国は労働豊富国よりも資本が豊富で労働が希少である。需要と供給の関係により、希少な要素の価格は高くなり、豊富な要素の価格は低くなる傾向にある。そのため閉鎖経済時には、資本豊富国は w が高く r が低い傾向にあり、労働豊富国よりも賃金レンタル比率 w/r が高い。

② w/r が高いほど、第1財（資本集約財）と第2財（労働集約財）の価格

比 P_1/P_2 は低い。なぜなら、労働集約財は、資本集約財より生産に用いる労働の比率が高いので、w が高く r が低ければ、その生産コストは資本集約財に比べて高くなるからである。

③したがって、閉鎖経済時には、資本豊富国は労働豊富国よりも P_1/P_2 が低い。つまり、資本豊富国は相対的に第1財が安く、労働豊富国は相対的に第2財が安い。

④ここで貿易が開始されると、資本豊富国は第1財を輸出し、労働豊富国は第2財を輸出する。

以上より、どの国がどの財を輸出するかが明らかとなった。これがヘクシャー＝オリーン定理と呼ばれるものである。

ヘクシャー＝オリーン定理：各国は、自国内に豊富に存在している生産要素を集約的に用いて、生産する財に比較優位をもつ。

日本と中国の間では、日本（資本豊富国）が生産機械（資本集約財）を輸出し、中国（労働豊富国）が繊維製品（労働集約財）を輸出している。ヘクシャー＝オリーン定理は、日中間でなぜそうした財が輸出入されるかを説明することができる。

なお、資本豊富国が第1財を、労働豊富国は第2財を輸出する結果、資本豊富国において、第1財は供給量減少により国内価格が上昇し、第2財は供給量増加により国内価格が下落する。他方、労働豊富国において、第1財は供給量増加により国内価格が下落し、第2財は供給量減少により国内価格が上昇する。こうして、最終的に P_1/P_2 は両国で等しくなる。

(2) 要素価格均等化定理

次に、貿易による要素価格の変化について考えるために、**要素価格フロンティア**と呼ばれるものを説明しよう。要素価格フロンティアとは、ある財の価格が与えられたとき、その財の生産によって利潤も損失も生じない要素価格の組み合わせを表わす点を結んだものである。

いま、第1財を生産する際、要素価格が図6-1aのB点（賃金500、資本レン

第Ⅰ部　基礎理論

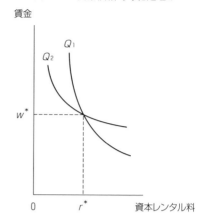

図 6-1a　要素価格均等化定理 a

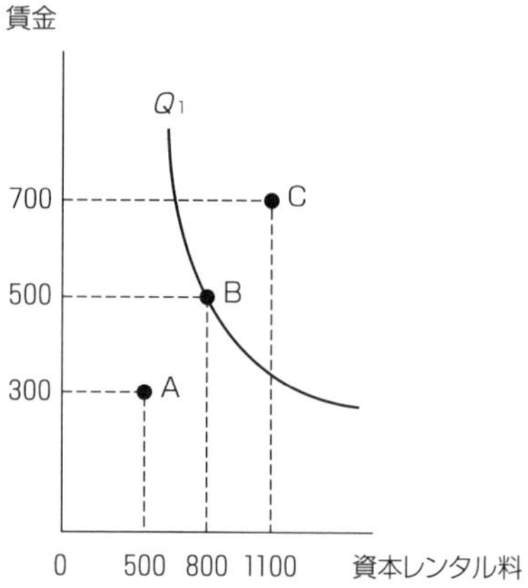

図 6-1b　要素価格均等化定理 b

タル料 800）で示される値であれば、各企業は利潤も損失もなく生産ができるとする。さらに、利潤も損失もなく生産ができる要素価格の値は、B点以外にも無数にあるはずである。それらの点を結んだのが、要素価格フロンティア Q_1 である。

　ここで、もしも要素価格がA点（賃金 300、資本レンタル料 500）で示される値であったとすれば、各企業に利潤が発生するため、企業の新規参入が起こる。すると生産増加によって生産要素の需要が増加し、要素価格が上昇する。この結果、要素価格が長期的には Q_1 上のどこかの点に位置することとなる。逆に、要素価格がC点で示される値であったとすれば、各企業に損失が発生するため、企業の退出が起こる。すると、生産量縮小により生産要素の需要が低下し、要素価格が下落するので、長期的には同じく Q_1 上に位置することとなる。

　さて、第1財と第2財がともに生産されているとき、労働と資本は、2財のどちらの生産に従事しても同一の報酬（要素価格）を得る。なぜなら、前述のように、2つの産業間で要素価格が異なるならば、産業間で要素価格が均等化するまで、要素価格の高い産業へ生産要素が移動するからである。よって、一国内の要素価格は、図 6-1b において、Q_1 と第2財の要素価格フロンティア Q_2 の交点 (w^*, r^*) になる。

　すでに確認したとおり、貿易が行なわれると、2財の相対価格 P_2/P_1 は2

78

国間で均等化する。また、2国の技術水準は等しいと仮定してあるので、その生産関数はまったく同じである。したがって、両国の要素価格フロンティアも同一となる。そして、上述のように、各国内の要素価格フロンティアが交わるところで、国内の要素価格が決められるわけであるから、両国の要素価格フロンティアが同一であれば、両国の要素価格は等しくなることになる。これが要素価格均等化定理と呼ばれるものである。

要素価格均等化定理：貿易により、生産要素の価格は国家間で均等化する。

たとえば、日本と中国が同じ生産技術をもつとしよう。要素価格等化定理によれば、貿易が行なわれると、閉鎖経済時に比べて、資本豊富国では賃金が低下し資本レンタル料が上昇する。また、労働豊富国では賃金が上昇し資本レンタル料が低下する。つまり、日本の賃金が下がり、中国の賃金が上昇することになるわけである。

(3) **ストルパー＝サミュエルソン定理**

しかし現実には、各国の技術水準は同一ではないのが一般的である。そこで今度は、技術水準が同一かどうかを問わない一般的な場合において、国内価格の変化が要素価格に与える影響をみることとしよう。

図6-2において、Q_1は資本集約財の要素価格フロンティア、Q_2は労働集約財の要素価格フロンティアである。このとき、Q_1とQ_2の交点はE点であり、賃金はw、資本レンタル料はrである。

いま、労働集約財について、外国から安価な財が輸入されるなどの理由により、その財の価格が下落したとしよう。このとき、Q_2が左下方へシフトしてQ_2'となる。その理由はこうである。要素価格フロンティアは、その財の生産によって利潤も損失も生じない要素価格の組み合わせである。財価格が下落したとき、要素価格が以前と同じであれば、企業は損失を出してしまうから、損失を生まないためには、要素価格のどちらか、または両方が低下する必要がある。ゆえに財価格が下落すると、要素価格フロンティアも左下方へシフトするわけである。

図 6-2 ストルパー＝サミュエルソン定理

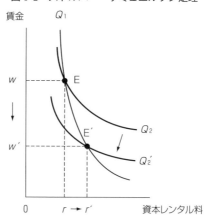

よって、図6-2にあるように、要素価格フロンティアの交点はE点からE′点へ移動するので、賃金はwからw'へと下落し、資本レンタル料はrからr'へと上昇する。このとき、賃金下落率は、財価格下落率よりも大きい。なぜなら、財価格が低下し資本レンタル料が上昇するならば、賃金は財価格を超える比率で下落しないかぎり、生産が不可能だからである。

したがって、仮に、労働集約財の国内価格が20％下落したとしよう。すると、賃金が30％下落する一方、資本レンタル料が10％上昇するといったことが起こるのである。

以上のことは、次のように考えることもできる。労働集約財の価格が下落すれば、その生産によって損失が発生するので、生産量が低下する。すると、あまった資本と労働が、資本集約財産業に移動し、その生産が拡大する。資本集約財産業は資本を比較的多く生産に用いるので、生産拡大により資本の需要が高まり、資本レンタル料が上昇する。他方、労働は比較的必要とされないので超過供給となり、賃金が低下する。これが、ストルパー＝サミュエルソン定理と呼ばれるものである。

> ストルパー＝サミュエルソン定理：財の価格低下は、その財の生産に集約的に用いられる生産要素の価格を財価格低下率以上に下落させ、集約的に用い

られていない生産要素の価格を上昇させる。

　現在、日本は中国から、労働集約財である衣類や農産物を大量に輸入しており、その結果、日本国内の衣料品価格や農産物価格は下落傾向にある。ストルパー＝サミュエルソン定理によれば、それは賃金低下を引き起こすことになる。先進国の労働者の一部が保護貿易主義を支持し、**世界貿易機関（WTO: World Trade Organization）**での貿易自由化交渉に強く反対する理由の１つは、このことへの危惧であろう。この定理は、貿易と所得の関係という重要な事柄を説明しているわけである。

⑷　リプチンスキー定理

　今度は、生産要素量の変化が生産量に与える影響を考えてみよう。資本集約財の生産量を X_C 個、労働集約財の生産量を X_L 個とする。いま、ある国の労働者数が1500人、資本集約財と労働集約財１単位を生産するのに必要な労働者数が、それぞれ５人、20人とすれば、その国の労働力の制約は、

$$5X_C + 20X_L \leq 1500 \text{（人）} \tag{6.1}$$

となる。また、その国の資本量が1000万円、資本集約財と労働集約財１単位を生産するのに必要な資本が、それぞれ10万円、５万円とすれば、その国の資本の制約は、

$$10X_C + 5X_L \leq 1000 \text{（万円）} \tag{6.2}$$

となる。(6.1)、(6.2) はそれぞれ、以下のように書き換えることができる。

$$X_C \leq 300 - 4X_L \tag{6.3}$$
$$X_C \leq 100 - 0.5X_L \tag{6.4}$$

　(6.3) は、$X_C = 300 - 4X_L$ よりも下の領域であり、(6.4) は、$X_C = 100 - 0.5X_L$ よりも下の領域である。よって、(6.3) と (6.4) の両方を満たす範囲は、図6-3のAEBと原点0を結んだ四角形である。また、屈折した線AEBは、その国において最大限生産可能な財の量の組み合わせを表わしている。つ

図6-3 リプチンスキー定理

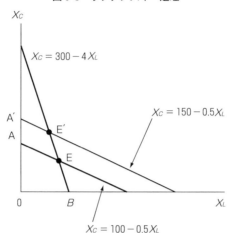

まりAEBが生産可能性フロンティアとなる。ここで、この国がE点を生産点に選んだとしよう（生産点がどのように選ばれるかは、次の節で説明する）。

次に、資本蓄積が進むなどの理由により、この国の資本量が1500万円へと増加したとする。すると資本の制約は、

$$10X_C + 5X_L \leq 1500 \text{（万円）} \tag{6.5}$$

となる。(6.5)は以下のように書き換えることができる。

$$X_C \leq 150 - 0.5X_L \tag{6.6}$$

この結果、生産可能性フロンティアはA'E'Bへと拡大する。そこで、この国がE'点を生産点に選んだとしよう。

こうして、資本の増加に伴い、生産点がE点からE'点へと移動することになる。E'点はE点よりも左上にあるので、X_Cが拡大しX_Lが低下する。つまり、資本量の増加に伴い、資本集約財の生産量は拡大するが、労働集約財の生産量は低下するのである。

同じく、労働者数が増加した場合には、労働集約財の生産量は拡大するが、資本集約財の生産量は低下する。以上の内容が、リプチンスキー定理と呼ばれるものである。

リプチンスキー定理：一国において、ある生産要素の量が増加すると、その生産要素を集約的に用いて生産する財の生産量は増加し、その生産要素を集約的に用いて生産しない財の生産量は減少する。

3　貿易利益

ヘクシャ＝オリーン・モデルの基本的な考え方を学んだところで、次に、貿易によって一国が利益を得ることができるかどうかを考える。そこで図を用いて、閉鎖経済と開放経済の効用を比較してみよう。

その準備として、第5章にも登場した予算制約線を説明しておこう。予算制約線とは、ある予算額と財価格のもとで最大限消費可能な財の量の組み合わせを表わす点を結んだ直線である。たとえば、300円の予算で本とみかんを購入するとしよう。本1冊100円、みかん1個50円とする。このとき、消費可能な財の組み合わせは、本X冊、みかんY個とすれば、$(X, Y) = (3, 0)$, $(2, 2)$, $(1, 4)$, $(0, 6)$ である。これらの点を結んだのが予算制約線である（図6-4）。

この予算制約線の傾きは-2である。これは、2財の価格比が$100 \div 50 = 2$となるためである。また、予算額が増えれば、消費量が増加するので、予算制約線は右上にシフトする。したがって、予算制約線が右上に位置するほど、そ

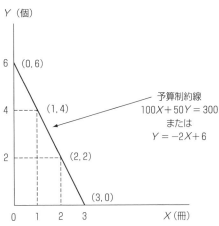

図6-4　予算制約線

第Ⅰ部 基礎理論

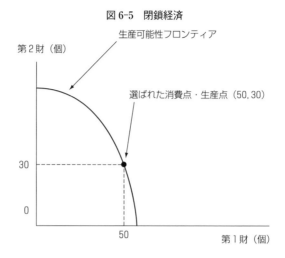

図6-5 閉鎖経済

の予算制約線は高い予算額を表わしている。

予算制約線が理解できたところで、閉鎖経済と開放経済の効用を比較してみよう。

閉鎖経済

図6-5は、閉鎖経済のときの一国の生産可能性フロンティアを描いている。この国は、生産可能性フロンティアの線上、あるいはその左下の領域のうち、最も効用が高い点を消費点として選ぶ。ここでは、この国が第1財を50個、第2財を30個生産・消費する点を選んだとしよう。

開放経済

開放経済における生産点と消費点をみつけるために、予算制約線を用いる。開放経済時、第1財価格を P_1、第2財価格を P_2 として、その価格比が P_1/P_2 だとする。この価格比で、この国は両財の輸出入が可能である。よって、この国の予算制約線の傾きは $-P_1/P_2$ になる。

この国は所得（GDP）を最大化したい。そのためには、予算制約線が最も右上にくるような生産点を選ばなければならない。すると、図6-6にあるように、生産可能性フロンティア上のあらゆる点のなかで、予算制約線が最も右上

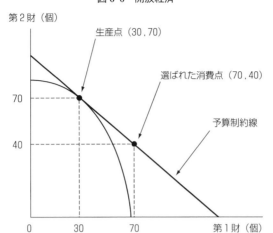

図 6-6　開放経済

にくる生産点は、生産可能性フロンティアと予算制約線が接するときの接点となる。その点では、生産量が第1財30個、第2財70個である。

この国は、予算制約線上の最も効用が高い点を、消費点として選ぶ。そこで、この国が第1財70個、第2財40個を消費する点を選んだとしよう。すると、このとき、生産量と消費量の差を埋めるために、この国は第2財を30個輸出し、第1財を40個輸入することになる。

閉鎖経済時と開放経済時の比較

閉鎖経済時と開放経済時とを比較すると、開放経済時の消費量 (70, 40) は、閉鎖経済時の消費量 (50, 30) より多いことがわかる。その理由は、開放経済時の予算制約線が、生産可能性フロンティアの右上に位置することにより、閉鎖経済時よりも所得が上昇し、閉鎖経済時には不可能であった消費量が可能となるからである。よって、開放経済時は閉鎖経済時よりも効用が高い。つまり、この国は貿易により利益を得ることになる。

また、閉鎖経済時と開放経済時の生産量を比べると、開放経済時には第2財生産量が増える。他方、第1財生産量は減少するものの、ゼロにならない。つまりこの国は、第2財生産に不完全特化するわけである[2]。リカード・モデルにおいては、各国は比較優位財の生産に完全特化し、比較劣位財の生産はゼロ

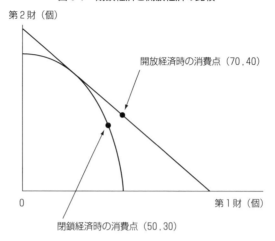

図6-7 閉鎖経済と開放経済の比較

となった。この違いに注意する必要がある。

貿易利益と所得分配

　ヘクシャー＝オリーン・モデルでは、上記のように、一国は必ず貿易利益を得るので、自由貿易が最も望ましいという結論になる。しかしながら、貿易によって得られる利益は、国民全体に平等にもたらされるわけではない。要素価格均等化定理で示されたように、開放経済へ移行すると、資本豊富国では、賃金が低下し、資本レンタル料が上昇する。また労働豊富国では、賃金が上昇し、資本レンタル料が低下する。よって、資本家と労働者のどちらもが所得が上昇するわけではない。一方の所得は上昇し、他方の所得は低下する。つまりこのモデルは、自由貿易へ移行すると、先進国において労働者の賃金が低下して所得格差が拡大するメカニズムを説明しているのである。ただし、国全体の所得は上昇するので、貿易利益が発生すると、結論づけられている。ゆえにこのモデルの背景には、最大多数の最大幸福、すなわち各人の効用の総和を最大化することを社会厚生の目的とする功利主義的基準があるわけである。

　また、以上の議論は、モデルのもつ多数の仮定に依存している。たとえば、

---

2) 不完全特化は、両国の要素賦存比率が一定の範囲内にあることを条件とする。したがって、2国間の要素賦存比率が大きく異なるとき、完全特化が起こりうる。

失業が存在しないことが仮定されているが、現実には失業が存在する。したがって、貿易によって国全体が豊かになったとしても、一部の労働者にとっては職を奪われるという事態が生じることがある。さらに、失業の発生などによって、一国の所得（GDP）が増加しない場合もありうる。

4 ヘクシャー＝オリーン・モデルの実証分析

　ここまでヘクシャー＝オリーン・モデルを説明してきたが、重要なことは、このモデルが現実の貿易パターンを説明することができるのかということである。そこで本節では、このモデルを実際の経済データと結びつけて検討してみよう。

(1) **レオンチェフ・パラドックス**
　戦後のアメリカは、生産のための機械設備を、他国とは比較にならないほど大量に所有していたことから、世界一の資本豊富国だと考えられていた。ヘクシャー＝オリーンの定理に従えば、資本豊富国であるアメリカは、資本集約財を輸出し、労働集約財を輸入するはずである。
　ところが、経済学者レオンチェフは1953年、アメリカは労働集約財を輸出し資本集約財を輸入しているという論文を発表した。つまり、ヘクシャー＝オリーンの定理から予想されるものと逆の結果が出たのである。これは**レオンチェフ・パラドックス**（逆説）と呼ばれている。
　レオンチェフは、1947年のアメリカの貿易財を調査し、輸出財（100万ドル）を生産するのに必要な資本および労働の大きさと、輸入競合財、つまり輸入財と競合する国内生産財（100万ドル）の生産に必要な資本および労働の大きさを比較した。その結果は表6-1のようになった。
　表6-1によれば、輸出財よりも輸入財のほうが資本・労働比率が高い。よってアメリカは、労働集約財を輸出して資本集約財を輸入していることになる。
　このパラドックスをどう理解すればいいのか。レオンチェフの論文が発表されて以降、これについてさまざまな議論がなされた。レオンチェフ自身は、アメリカの労働者は他国の労働者より3倍効率的かもしれないと示唆した。つま

表6-1 アメリカの輸出財と輸入競合財の資本・労働比率

	輸出財	輸入競合財
資本（1947年価格、1,000ドル）	2,551	3,091
労働（人）	182	170
資本・労働比率（＝資本／労働）	14.0	18.2

出所：Leontief（1953）より筆者作成。

り、実質的な労働量が、名目的な労働量の3倍存在すると考えれば、労働集約財を輸出することはおかしくない、というわけである。しかし、アメリカの資本財も他国の資本財と比べて生産性が高いと思われるので、この説明は説得力をもたなかった。

このパラドックスの原因として、以下のことがあげられる。第1に、ヘクシャー＝オリーン・モデルの仮定の非現実性である。このモデルは、各国が同一の生産関数をもつと仮定しているが、実際には、アメリカと貿易相手国とで同じ財をつくる際の資本・労働比率が異なるということが考えられる。つまり、同じ種類の財であっても、輸入品は、アメリカ内で生産されるものよりも労働集約的に生産されている可能性があるわけである。第2に、生産要素として資本と労働のみをとりあげた点である。土地、技術、熟練労働者など、他の生産要素の存在は考慮されていないのである。第3に、関税が労働集約財の輸入量を低下させため、輸入競争財の資本・労働比率を計算する際、輸入競争財に占める労働集約財の比率が低下したことが考えられる。

第4に、レオンチェフの計算方法が理論的に正しかったのかどうかという問題がある。ヘクシャー＝オリーン・モデルから、貿易収支が均衡するという仮定を外してみよう。すると、資本豊富国の貿易財に含まれる資本と労働がともに輸出超過ならば、純輸出（輸出－輸入）における資本・労働比率が、生産要素賦存量の資本・労働比率より高く、そして生産要素賦存量の資本・労働比率が、消費する財に含まれる資本・労働比率より高いことになる。レオンチェフの使ったデータを用いて計算したところ、そのことがアメリカで成り立っていたという（Leamer, 1980）。この結果は、アメリカの貿易が、むしろヘクシャー＝オリーン定理の予測どおりであったことを意味する。

ところが、ブレチャーらは、労働を純輸出する国は、労働者1人当たり支出

が世界平均を下回ることを理論的に示した (Brecher and Choudhri, 1982)。現実には、アメリカの労働者1人当たり支出は世界平均より高かったため、これは新たなパラドックスの出現であった。こうして、レオンチェフ・パラドックスをめぐる議論はいまだ決着していない。

　また、ボーウェンらは、世界27カ国および12の生産要素のデータを用いて、各国の要素賦存量から、その国が各生産要素の輸出国なのか、それとも輸入国なのかを予測できるかどうかを実証した。その結果、8要素に関して、予想貿易パターンが現実の貿易パターンと一致する割合は70%未満であった。この結果も、ヘクシャー＝オリーン・モデルが予測する貿易パターンが、必ずしも実現していないことを示している (Bowen et al., 1987)。

(2) **貿易が賃金に与える影響**

　次に、貿易が賃金にどう影響するかについて考えてみよう。ストルパー＝サミュエルソン定理に従えば、日本が労働集約財である繊維製品や農産物などを輸入すると、労働者の賃金が低下することになる。しかし、実際の賃金決定は、景気、物価上昇率、労働市場の制度的特性などさまざまな要因の影響を受けるので、日本をはじめとする先進国では賃金低下が容易に起こるわけではない。

　そこで、先進国におけるホワイトカラーとブルーカラーの賃金格差に着目してみよう。1970年代はこの格差が縮小傾向にあったが、1980年代以降は拡大傾向にある。とくにアメリカとイギリスでは、その傾向が著しい (Freeman and Katz, 1994)。

　フィーンストラらの推定によれば、アメリカにおいて非生産労働者と生産労働者の賃金格差が拡大する要因としては、コンピューターへの設備投資によるホワイトカラーの生産性上昇の寄与度が35%、外国へのアウトソーシングによる輸入品価格の下落の寄与度が15%である (Feenstra and Hanson, 1999)。つまり、賃金格差の要因として、コンピュータの普及が大きいが、外国からの輸入拡大も影響していることがわかる。

　日本でも1980年代以降、製造業における学歴間の時間当たり賃金格差は拡大傾向にある。その要因として、佐々木仁と桜健一は、スキル偏向的技術進歩と、海外生産や輸入拡大などの経済グローバル化があることを明らかにした。

ここでいうスキル偏向的技術進歩とは、特定の技能・技術を有する労働者を相対的に多く用いるような技術変化であり、IT関連技術、高度な技術・熟練を要する製造設備、研究開発などが含まれる。

さらに、経済グローバル化が賃金格差拡大にもたらす影響のうち、非熟練労働者を相対的に多く有する業種から、熟練労働を相対的に多く有する業種への、業種間の需要シフトによる効果は、比較的小さいことが明らかとなった。むしろ、各業種内での熟練労働への需要シフトの効果が大きいことが示された。よって日本では、ストルパー＝サミュエルソン定理から推測されるような、輸入財価格低下による労働集約的産業の縮小を通じた学歴間賃金格差の拡大よりも、製造業全般における最終財・中間財の輸入拡大のほうが、賃金格差を拡大させる要因として重要である。つまり、低賃金労働力をもつ国からの製造品輸入の拡大が、日本の賃金格差を拡大させるのである（佐々木・桜, 2004）。

このことは、日本において、ストルパー＝サミュエルソン定理の説明する効果は現時点では大きくないものの、海外生産や輸入の拡大が賃金格差へ与える影響が無視できないことを意味している。

参考文献

佐々木仁・桜健一（2004）「製造業における熟練労働への需要シフト――スキル偏向的技術進歩とグローバル化の影響」日本銀行ワーキングペーパーシリーズ、No. 04-J-17。

Bowen, Harry P., Edward E. Leamer and Leo Sveikauskas (1987) "Multicountry, Multifactor Tests of the Factor Abundance Theory," *American Economic Review*, 77.

Brecher, Richard A. and Ehsan U. Choudhri (1982) "The Leontief Paradox, Continued," *Journal of Political Economy*, 90(4).

Feenstra, Robert C. and Gordon H. Hanson (1999) "The Impact of Outsourcing and High-Technology Capitalon Wages: Estimates for the United States, 1979-1990," *Quarterly Journal of Economics*, 114.

Freeman, Richard B. and Lawrence F. Katz (1994) "Rising Wage Inequality: the United States vs. Other Advanced Countries," in R. B. Freeman ed. *Working under Different Rules*, New York: Russell Sage Foundation.

Leamer, Edward E. (1980) "The Leontief Paradox, Reconsidered," *Journal of Political Economy*, 88(3).

Leontief, Wassily (1953) "Domestic Production and Foreign Trade: The American Capital Position Re-examined," *Proceedings of the American Philosophical Society*, 97(4).

第6章 ヘクシャー＝オリーン・モデル

―― 本章のまとめ ――

1. 国内に存在する資本と労働の量の比率が各国間で異なることにより、貿易が起こる。その結果、一国の所得が上昇し、閉鎖経済時には不可能であった消費量が可能となる。ただしその際、労働者と資本家のどちらか一方の所得が上昇し、他方の所得が低下するので、貿易によって得られる利益が国民全体に平等にもたらされるわけではない。
2. 中国からの衣類や農産物の輸入は、日本国内の衣料品価格や農産物価格を下落させる。それは、労働者の賃金を低下させる。
3. ヘクシャー＝オリーン・モデルの実証分析の結果は、このモデルの現実への説明力が必ずしも高くないことを示している。

● 練習問題

1. A国には資本3000億円と労働者2万人が存在し、B国には資本8000億円と労働者3万人が存在する。第1財は、その財200単位の生産に、資本60億円と労働者500人を用いる。第2財は、その財100単位の生産に、資本40億円と労働者80人を用いる。両国は、同一の技術と消費パターンをもつ。
   (1) この2国が貿易を行なうとき、各国はどの財を輸出するか。
   (2) 閉鎖経済から開放経済へ移行すると、A国内では、労働者と資本家の所得はどう変化するか。
2. 先進国における、農産物への輸入関税の引き下げと、農産物の不作によって、資本家の所得はどう変化するか。

■ 文献案内 ■

P・R・クルーグマン／M・オブズフェルド『クルーグマンの国際経済学　上　貿易編』山本章子訳、丸善出版、2014年。
　　ヘクシャー＝オリーン・モデルをはじめ、基本的な理論を説明する、アメリカで最も一般的な貿易論の教科書の1つ。ミクロ経済学の基礎を学んだ人向け。

阿部顕三・遠藤正寛『国際経済学』有斐閣、2012年。
　　貿易理論を、簡単な数式と図でわかりやすく説明する。また、各理論が現実においてどの程度有効であるかをデータで検証している。

第7章
規模の経済性と国際貿易

　これまでみてきたリカード・モデルやヘクシャー＝オリーン・モデルは、規模に関する収穫一定を仮定したうえで、技術や生産要素賦存の違いによって貿易が行なわれることを説明していた。つまり、各国は比較優位に従っていずれかの財の生産に特化し、その財を輸出する。そこから、自由貿易はその国に必ず利益をもたらすという結論が得られたわけである。しかしながら、規模に関する収穫一定という仮定は、現実世界においてはあてはまらない場合がある。そこで本章では、リカード・モデルやヘクシャー＝オリーン・モデルでは考慮されていなかった規模の経済性が、国際貿易に与える影響について説明しよう。

本章のポイント
1. 規模の経済性という概念を理解する。
2. 産業レベルの規模の経済性を仮定するときの貿易が、リカード・モデルやヘクシャー＝オリーン・モデルとどのように異なるのかを学ぶ。
3. 規模の経済性が存在するとき、貿易パターンがどのように決まるのかを考える。

1　規模の経済性

　伝統的貿易理論では、規模に関する収穫一定を仮定していた。しかし現実においては、規模に関する収穫一定、収穫逓増、収穫逓減の3つが存在する。これらは次のように定義される。

　規模に関する収穫一定：すべての生産要素をa倍すると、生産量もa倍とな

図 7-1 生産関係の形状

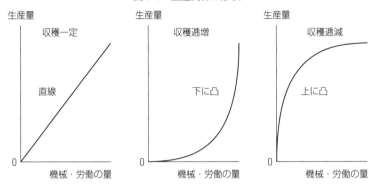

ること。

規模に関する収穫逓増：すべての生産要素を a 倍すると、生産量が a 倍以上となること。

規模に関する収穫逓減：すべての生産要素を a 倍しても、生産量が a 倍未満となること。

このことを理解するため、次の例を考えてみよう。

〈例1〉
　ある電気製品を100個生産するのに、機械100台と労働者100人が必要だとする。ここで、機械と労働の投入量をともに2倍（つまり、機械200個と労働者200人）にしたとしよう。そのとき、

①生産量が200個であれば、生産量は2倍→規模に関する収穫一定
②生産量が250個であれば、生産量は2.5倍→規模に関する収穫逓増
③生産量が160個であれば、生産量は1.6倍→規模に関する収穫逓減

それぞれの生産関数の形状は、図7-1のようになる。

　次に、平均費用という概念を説明しよう。**平均費用**とは、総費用（生産におけるすべての費用）を生産量で割った値である。つまり、製品1個当たりの費用である。生産量の増加に伴う平均費用の変化により、**費用一定、費用逓減、費**

第Ⅰ部 基礎理論

図7-2 平均費用曲線の形状

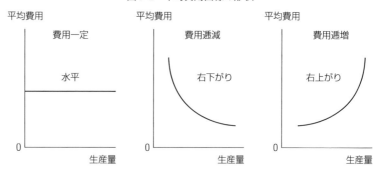

用逓増の3つが存在する。これらは次のように定義される。

費用一定：生産量が増加しても、平均費用が不変であること。
費用逓減：生産量が増加すると、平均費用が低下すること。
費用逓増：生産量が増加すると、平均費用が上昇すること。

このことを理解するため、次の例を考えてみよう。

〈例2〉
　ある電気製品を100個生産するための総費用が100万円であるとする。このとき平均費用は、100万（円）÷100（個）＝1万円である。ここで、この電気製品の生産量を200個へと増加させたとしよう。そのとき、

①総費用が200万円であれば、
　平均費用は200万（円）÷200（個）＝1万円→費用一定
②総費用が160万円であれば、
　平均費用は160万（円）÷200（個）＝8000円→費用逓減
③総費用が250万円であれば、
　平均費用は250万（円）÷200（個）＝1万2500円→費用逓増

それぞれの平均費用曲線の形状は、図7-2のようになる。
　費用逓減となるのは、たとえば、生産量 X（個）と生産の総費用 TC（円）

が $TC=A+BX$ という関係にあるとき、つまり総費用が、固定費用 A（円）と、生産量に比例した費用 BX（円）からなるときである。このときの平均費用 AC（円）は $AC=A/X+B$ となり、X の上昇とともに低下するので、平均費用曲線は右下がりとなる。

今度は、収穫逓増と費用逓減の関係を考えてみよう。

〈例3〉

例1において、機械100台と労働者100人の総費用を100万円とすれば、生産量が100個なので、平均費用は100万（円）÷100（個）＝1万円である。

次に、機械と労働の量を2倍にすると、総費用は200万円である。そのとき、

① 生産量が200個（規模に関する収穫一定）であれば、
　平均費用は200万（円）÷200（個）＝1万円→費用一定
② 生産量が250個（規模に関する収穫逓増）であれば、
　平均費用は200万（円）÷250（個）＝8000円→費用逓減
③ 生産量が160個（規模に関する収穫逓減）であれば、
　平均費用は200万（円）÷160（個）＝1万2500円→費用逓増

である。したがって、規模に関する収穫逓増のとき費用逓減となり、規模に関する収穫逓減のとき費用逓増となる。

規模に関する収穫逓増は、**規模の経済性**（economies of scale）とも呼ばれる。これは、生産規模が拡大すると平均費用が低下し、より経済的に生産できることを意味する。

> 要点　規模の経済性とは、生産量が拡大すると、製品1単位当たりの生産コストが低下することである。このとき、平均費用曲線は右下がりとなる。

2　規模の経済性の分類

規模の経済性は、それが1企業内ではたらくのか、それとも産業全体として

はたらくのか、あるいは、一時点ではたらくのか、それとも一定の期間を通じてはたらくのかによって分類できる。それぞれの内容をみてみよう。

(1) 企業レベルの規模の経済性

まず、**企業レベルの規模の経済性**（または内部的な規模の経済性：internal economies of scale）について説明しよう。これは、1企業の生産において、規模の経済性がはたらくことである。企業レベルの規模の経済性がはたらくとき、その企業は大量生産を行なう傾向にある。

鉄鋼や化学製品をつくる際には、生産設備の規模を拡大するほど熱効率がよくなり、平均費用が低くなる。そのため、小さなプラントを多数つくるよりも、巨大なプラントを少数つくる傾向にある。

また、生産の際に大規模な設備や多額の研究開発費を必要とする場合、固定費用（生産量の大きさにかかわらず発生する費用）が大きくなる。このときには、生産量が大きいほど、1単位の製品価格に上乗せする固定費用の金額は小さくてすむことになる。つまり、生産量が大きいほど、平均費用が低下するわけである。

企業レベルの規模の経済性に関する研究は古くから行なわれており、1970年代半ばの西ヨーロッパの乗用車メーカーの場合、生産規模が2倍になるごとに、単価が約10％低下する（Owen, 1983, p.75）。こうした規模の経済性により、現在では、一般に1つの自動車工場において年間10～20万台の生産量が採算ラインとなる。これよりも生産量が少ないと、規模の経済性の効果が小さいため、利益が得られないのである。

(2) 産業レベルの規模の経済性

次に、**産業レベルの規模の経済性**（または外部的な規模の経済性：external economies of scale）について説明しよう。これは、産業全体での生産量が大きいほど、その産業に属する各企業の平均費用が低下することであり、**マーシャルの外部性**と呼ばれることもある。

アメリカのカリフォルニア州にある**シリコンバレー**と呼ばれる地域には、情報技術（IT）企業が集積している。この地域にIT企業が集積する理由は、企

業間の情報交換や部品・中間財の調達がしやすいこと、熟練労働者が多数いるので採用がしやすいことなどにより、他の地域に比べて、各企業の平均費用が低いからである。スイスの時計産業、イタリア・ロマーニャ地方のセラミックタイル産業などでも、同様の現象が起きている。

　ここで注意しなければならないのは、産業レベルでの規模の経済性がはたらく産業であるということと、その産業に属する企業が生産量を増やしたときに、企業レベルの規模の経済性がはたらくかどうかということとは、別問題であるということである。いい換えれば、産業レベルでの規模の経済性は、産業にとっては内部的であるが、各企業にとっては外部的である。

(3) **動学的な収穫逓増**

　上記の企業レベルあるいは産業レベルの規模の経済性は、一時点における生産量の拡大に関する概念である。これに対し、累積生産量、つまり生産開始時点から現時点までの生産の合計量が大きくなるに従って生産性が高まることは、**動学的な収穫逓増**（dynamic increasing returns）と呼ばれる。これは、生産活動を通じた**学習効果**（learning by doing）により、その企業の生産効率が高まることから生じる。

　ボストン・コンサルティング・グループ（BCG）が開発した経験曲線によると、1企業に関して、累積生産量が2倍になると、平均費用が20〜30％低下する。これは、数多くの製品に関する過去のデータから経験的に導き出される事実である。平均費用が低下する要因としては、技術進歩による生産設備の改善や、製品の標準化などのハード面から、作業方法の改善その他のソフト面まで、さまざまなものがある。この事実に基づいてBCGは、長期的に高い利益をあげるために、シェア指向戦略を主張した。つまり、市場における自社製品のシェアを拡大させれば、累積生産量の拡大によって自社の生産コストが低下し、高い利益を得られると考えたのである（河合ほか，1989，pp.73-74）。

　半導体においても、学習効果などの理由により、一般に累積生産高が2倍になると平均費用が3〜4割低下する。これが、半導体価格が急速に低下していく大きな理由なのである。

3 産業レベルの規模の経済性が存在するときの貿易

前節まで、企業や産業レベルの規模の経済性について学んだ。規模の経済性が存在すると、それが貿易にどのような影響をもたらすのだろうか。本節では、産業レベルの規模の経済性をとりあげ、その影響についてみてみよう。

(1) 貿易政策の効果

産業レベルの規模の経済性が存在するとき、貿易政策の効果を考えてみよう。

図7-3は、セラミックタイルに関する世界価格と、インド市場の状況を表わしているとしよう。世界価格は P_W ドルであり、インド国内の需要曲線は D、供給曲線（平均費用曲線）は AC である。

インドのいくつかの企業が生産を行なうとき、生産開始時の平均費用は P_0 ドルである。この値は世界価格より高いので、各企業は赤字となる。

そこでインド政府が、セラミックタイルの輸入禁止措置をとる。するとインド企業のセラミックタイル生産が拡大し、インド国内の価格は、D と AC の交点で決まる P_I ドルとなる。つまり、輸入禁止措置のおかげで生産が拡大し、平均費用が低下したのである。

図7-3 産業レベルの規模の経済性と貿易政策

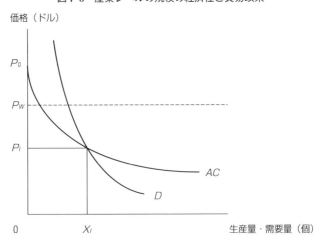

このあと、インド政府がセラミックタイルの輸入禁止を解除しても、世界価格よりも国内価格 P_1 ドルのほうが低いので、インド企業は生産・販売を継続することができる。つまり、産業レベルの規模の経済性が存在するとき、一時的な輸入禁止措置は、国内産業を育成するために有効である。

また、企業自身の取り組みにより、同じ効果を得ることも可能である。いくつかのインド企業が、一定額の赤字を出しても耐えうるほどに資金力に余裕があったとしよう。各企業は、価格 P_1 でセラミックタイルを生産・販売する。当初の平均費用は P_0 ドルであるから赤字になるが、生産量を拡大させ、X_1 となれば、価格と平均費用がともに P_1 となるので、赤字が解消される。生産量をさらに拡大させれば、平均費用が価格を下回り、利益を生むことになる。したがって、産業レベルの規模の経済性がはたらくとき、政策あるいは企業戦略などによって、その産業を国内で育成することができるのである。

(2) **保護貿易の有効性**

以上の分析の意味するところは重要である。リカード・モデルやヘクシャー＝オリーン・モデルでは、規模に関する収穫一定を仮定していた。そのときには、国際競争力のない産業を保護するよりも、自由貿易のほうが望ましいという結論が得られた。ところが、産業レベルの規模の経済性がはたらくときには、自由貿易よりも保護貿易のほうがその国にとって望ましい場合がある。つまり、規模に関する収穫逓増を仮定すると、伝統的貿易理論と異なる結論が得られる。

さらに、このとき国内で生産している財の価格が国際価格よりも低ければ、その財を輸出することが可能になる。つまり、その財の輸入国から輸出国へと転換し、貿易パターンが変化するのである。

したがって、産業レベルの規模の経済性が存在するとき、各国政府は保護主義的な貿易政策をとる傾向がある。ただし、歴史を振り返れば、多くの発展途上国が保護主義的貿易政策により工業化を進めたものの、結果として輸出拡大に成功しなかった国が多々ある。途上国の輸出拡大が難しい理由としては、品質が悪いこと、ブランドイメージがないこと、販売戦略が不足していることなどがあげられる。加えて、保護主義は他国の反発を招き、貿易摩擦を誘発することがある。このため、政策的な産業育成は慎重にすべきである。

第Ⅰ部 基礎理論

図 7-4 一国の生産可能性フロンティアの導出

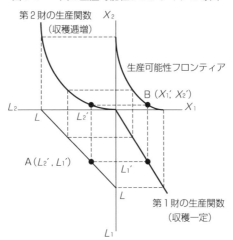

(3) 収穫逓増のときの生産可能性フロンティア

次に、産業レベルの規模の経済性が存在するとき、一国の生産可能性フロンティアがどのようになるかを考えてみよう。

いま、第1財（農産物）は収穫一定、第2財（工業品）は収穫逓増であるとする。第1財生産量を X_1（個）、第2財生産量を X_2（個）とする。また、この国の全労働量を L（人）とし、そのうち、第1財生産に L_1（人）、第2財生産に L_2（人）が従事する。

この国のすべての労働量 L を用いて、最大限生産可能な財の量の組み合わせとなる点を結んだものが、生産可能性フロンティアである。すなわち、L を、L_1 と L_2 とに、9対1、7対3、5対5、3対7、1対9などに分けるとき、それぞれの X_1 と X_2 の値を表わす点を図に描き、その点を結んだのが生産可能性フロンティアとなる。これは、図7-4のように、2つの産業の生産関数から得られる。

まず、X_1 を横軸、X_2 を縦軸にした座標平面をつくる。次に、縦軸を下に伸ばして第1財生産に用いる労働量 L_1 とし、また横軸を左に伸ばして第2財生産に用いる労働量 L_2 とする。すると、第4象限（右下）が第1財の生産関数、第2象限（左上）が第2財の生産関数になる。第1財の生産関数は直線、第2

財の生産関数は下に凸である。

ここで、第3象限（左下）に、$L_1 = L$ となる点と、$L_2 = L$ となる点を結ぶ、右下がりの斜め45度線を引く。そして、その線上のどこか1点を選び、その点をA点とする。A点の座標を (L_2', L_1') とすれば、斜め45度線上のどこにA点をとっても、$L_1' + L_2' = L$ が必ず成立する。つまり、この斜め45度線を用いると、全労働量 L を2つの産業に配分したときの L_1 と L_2 の値を表わすことができるわけである。

A点から縦と横に引いた点線をさらに延ばすと、2つの生産関数とぶつかる。その2つの交点と、A点とを頂点とする長方形を描くと、長方形の右肩の頂点であるB (X_1', X_2') は、第1財と第2財の生産量を表わすことになる。

こうした長方形をいくつも描き、その右肩の頂点であるB点を結んだものが、生産可能性フロンティアである。図7-4から確認できるように、この曲線は原点に対して凸である。産業レベルの規模の経済性が存在するとき、生産可能性フロンティアは原点に対して凸となるのである。

4　規模の経済性と貿易パターン

次に、一国の生産可能性フロンティアが原点に対して凸であるとき、貿易利益や貿易パターンがどのように決まるかを考えてみよう。

(1) **貿易利益**

一国が開放経済において、2財のうちのどちらかの生産に特化しているとする。図7-5aは第1財に特化したとき、図7-5bは第2財に特化したときである。このいずれも、閉鎖経済時の消費量に比べて各財の消費量が増加している。よって、閉鎖経済から開放経済へ移行すれば、効用が高まる。

ここで、第1財の生産に特化したときと、第2財の生産に特化したときを比べてみよう。図7-5bが示すように、第2財の生産に特化したときの予算制約線は、第1財の生産に特化したときの予算制約線よりも右上にくるので、所得が高く消費量が多い。よって、この国にとって、第2財の生産に特化したほうが効用が高い。

図 7-5a 第 1 財へ特化するとき

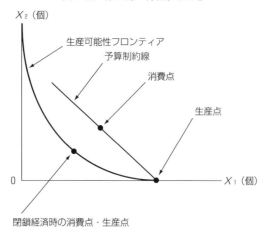

図 7-5b 第 2 財へ特化するとき

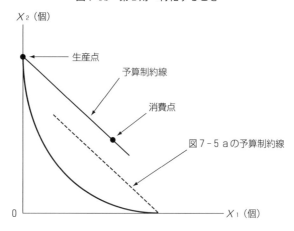

　ただし、以上の結論は、予算制約線の傾きに依存していることに注意する必要がある。第 6 章第 3 節で説明したように、予算制約線の傾きは 2 財の価格比によって決まり、2 財の価格比（P_1/P_2）の値が大きいときには、その傾きが垂直に近くなる。図 7-5 において、予算制約線の傾きが垂直に近くなれば、第 1 財の生産に特化したときの予算制約線が、第 2 財の生産に特化したときよりも右上にくる。そのときには、第 1 財の生産に特化したほうが効用が高いことになる。

(2) 規模の経済性により発生する貿易

では次に、貿易の発生理由について考えてみよう。リカード・モデルやヘクシャー゠オリーン・モデルにおいては、比較生産費や要素賦存比率の違いから貿易が発生する。裏を返せば、もし2国の比較生産費や要素賦存比率が同一であれば、貿易が起こらない。ところが、原点に対して凸である生産可能性フロンティアをもつとき、その結論が異なってくる。

いま、原点に対して凸である生産可能性フロンティアをもつ、まったく同一の2国が存在するとしよう。ここで、この2国が閉鎖経済から開放経済へ移行し、2国間で貿易が可能になったとする。

すると、2国のうち、何らかの理由によって収穫逓増財の生産量が上回ったほうの国では、もう一方の国と比べて収穫逓増財の生産コストが低いので、収穫逓増財を輸出し、それによって生産量が増加して、生産コストがさらに低下する。他方、収穫逓増財を輸入した国では、国内生産量が減少して生産コストがさらに上昇し、最終的にはその生産をやめて、もう一方の財の生産に完全特化することになる。結果的に、両国はそれぞれ、どちらかの財に特化して輸出する。こうして、比較生産費や要素賦存比率がまったく同じ2国どうしでも、産業レベルの規模の経済性が存在することによって、貿易が発生するのである。

　結論1　規模の経済性が存在するとき、比較生産費や要素賦存比率が同一の
　　　　2国間でも、貿易が発生する。

世界経済において、先進国どうしの貿易がさかんに行なわれている。先進国間では、比較生産費や要素賦存比率の差は比較的小さい。にもかかわらず、巨額の貿易が発生する理由の1つは、産業レベルの規模の経済性なのである。

また、産業レベルだけではなく、企業レベルの規模の経済性も、先進国間の貿易を生じさせる大きな要因である。たとえば、日本で大型自動車の生産が可能であるにもかかわらず、アメリカの大型車が輸入されるのは、企業レベルの規模の経済性が存在するため、アメリカ企業のほうが比較的低コストで生産しているからである。

(3) 貿易パターン

　リカード・モデルやヘクシャー゠オリーン・モデルでは、2つの国が貿易するとき、両国の比較生産費や要素賦存比率を比べることにより、貿易開始以前に、どちらの国がどの財の生産に特化し輸出するかという貿易パターンを予想できた。しかし、産業レベルの規模の経済性が存在するとき、比較生産費や要素賦存比率から貿易パターンを予測することはできない。つまり、ある国が、2財のどちらの財の生産にも特化する可能性があるのである。こうした状況で、国家間の貿易パターンは、いったいどのように決められるのだろうか。

　実際には、貿易パターンが歴史的経過によって決定されることがしばしばある。何らかの歴史的経過により、ある財がその地域で生産されていたとする。このあと、規模の経済性がはたらくことで、その地域に産業集積が起これば、ついには輸出財となるわけである。その一例をあげよう。1895年、アメリカジョージア州の小都市ダルトンに住むキャサリン・エバンズという10代の少女が、婚礼祝いにベッドカバーをつくった。それは、タフト（表面がタオル状あるいは毛足の長いボア状）が施され、当時としては珍しいベッドカバーであった。この頃、タフトの手工業は消滅しかけていたが、この婚礼祝いが発端となって、ダルトンは第2次大戦後、アメリカのカーペット産業の中心地となった。現在でも、アメリカのカーペット産業の上位20社のうち、6社がダルトンに、13社がダルトン周辺にあるという（Krugman, 1991, 邦訳 p.48）。歴史的偶然によって、この地域はカーペット産業の生産・輸出に特化したわけである。

　この例のように、何らかの歴史的経過によってある財が生産されるようになり、さらに規模の経済性がはたらいた結果、その地域に産業集積が起こり、ついには輸出財となることがある。また、前節で述べたように、政府の産業保護策によってある財の生産が拡大し、輸出財となる場合もある。

結論2　規模の経済性が存在するとき、貿易パターンは、歴史的偶然、あるいは政策的保護などによって決まることがありうる。

参考文献
河合忠彦ほか（1989）『経営学』有斐閣。

Krugman, Paul (1991) *Geography and Trade*, MIT Press.（北村行伸ほか訳『脱「国境」の経済学——産業立地と貿易の新理論』東洋経済新報社、1994年）

Owen, Nicholas (1983) *Economies of Scale, Competitiveness, and Trade Patterns with in the European Community*, Oxford, Clarendon Press.

本章のまとめ

1. 規模に関する収穫逓増がはたらくとき、国際競争力のない産業を保護貿易によって育成し、輸出産業にすることが可能である。つまり、その国の貿易パターンを政策によって変化させることができる。
2. 規模の経済性が存在するとき、比較生産費や要素賦存比率が同一の2国間でも、貿易が発生する。
3. 規模の経済性がはたらくとき、貿易パターンが、歴史的偶然によって決まることがある。

●練習問題

1. ある国の全労働量を L（人）とし、このうち第1財の生産には L_1（人）、第2財生産に L_2（人）が従事する。また、第1財生産量を X_1（個）、第2財生産量を X_2（個）とし、第1財の生産関数が $X_1 = L_1$、第2財の生産関数が $X_2 = (L_2)^2$ である。この国の生産可能性フロンティアを導出せよ。
2. ある財の生産量 X（個）と、その生産要素 M_1（個）、M_2（個）の間に、$X = M_1 \times M_2$ という収穫逓増の関係がある。また、この生産における総費用 TC（円）は $TC = w_1 \times M_1 + w_2 \times M_2$ である。ここで、2つの生産要素量の比率を一定のまま X を増加させるとき、平均費用が低下することを示せ。

■ 文献案内

P・クルーグマン『脱「国境」の経済学——産業立地と貿易の新理論』北村行伸他訳、東洋経済新報社、1994年。
　企業集積がなぜ起こるかを、数値例や数式などを用いて説明している。

W・ブライアン・アーサー『収益逓増と経路依存——複雑系の経済学』有賀裕二訳、多賀出版、2003年。
　規模の経済性についての研究書。大学院生向け。

第Ⅰ部　基礎理論

第8章
グローバル化と経済政策

ここまで、為替レートや貿易パターンがどのように決定されるのかをみてきた。次に、財政政策や金融政策などの経済政策について検討する。経済政策の重要な目標の1つは、景気変動をできるだけ少なくし、安定的な経済成長を実現することにある。ところが、グローバル化の進展に伴う国際資本移動や輸入の拡大により、経済政策の効果が低下または拡大することがある。そこで本章では、一国の経済が対外的に開かれていることによって、経済政策の効果がどのような影響を受けるかを考えてみよう。

本章のポイント

1. 国際資本移動や輸入の拡大が、財政政策や金融政策の効果にどのような影響を与えるかを学ぶ。
2. 巨額の国際資本移動が存在するもとで、政府による外国為替市場への介入政策が有効になる条件とは何かを検討する。

1　経済政策の効果

経済のグローバル化は、経済政策の効果を低下または増幅させる。本節では、国際資本移動や輸入の拡大により、財政政策や金融政策の効果がどのように変化するかをみてみよう。

(1) 国際資本移動と財政政策

はじめに、巨額の国際資本移動が存在するもとでの財政政策は、為替レートの変化を引き起こすことにより、その効果が低下することを説明する。

いま、景気が悪いとしよう。このとき、
　①政府が財政支出を拡大することにより、景気を刺激する。
　②それによって景気が回復し、国内資金需要が拡大する。
　③その結果、市場金利が上昇する。
となりうる。
　このとき巨額の国際資本移動が存在すると、
　④金利の上昇により、外国投資家などによる日本の債券の購入が増加する。
　⑤日本の債券の購入に伴い、ドル売り円買いが増加し、円高になる。
　⑥円高が輸出減少・輸入拡大をもたらし、景気回復が弱まる。
となる。
　このように、財政支出拡大により景気が回復しても、それが円高を引き起こせば、輸出減少・輸入拡大が生じて、景気刺激の効果が低下してしまうのである。
　では、これとは逆に、財政支出を縮小する場合はどのようになるだろうか。財政支出縮小は、景気に負の影響を与える。そうすると、国内資金需要の縮小を通じて、市場金利を低下させうる。ところが、金利低下→外国の債券の購入増加→円安→輸出拡大・輸入減少→景気を刺激する、となる。よって、政府が財政支出を縮小させても、円安を誘発するならば、景気への悪影響が緩和されるわけである。

(2) 国際資本移動と金融政策

　次に、巨額の国際資本移動が存在するもとでの金融政策は、為替レートの変化を引き起こすことにより、その効果が増幅されることを説明する。
　いま、景気が悪いとしよう。このとき、
　①日銀が通貨供給量拡大などの金融緩和策をとる。
　②それによって市場金利が低下する。
　③その結果、民間投資が増加し、景気を刺激する。
となりうる。
　このとき巨額の国際資本移動が存在すると、
　④金利の低下により、外国の債券の購入が増加する。

⑤外国の債券の購入に伴い、円売りドル買いが増加し、円安になる。
⑥円安が輸出拡大・輸入減少をもたらし、景気をさらに刺激する。

となる。

このように、景気刺激のための金融緩和策をとったとき、それが円安を引き起こせば、輸出拡大・輸入減少が生じて、景気刺激の効果が増幅されるのである。

これとは逆に、景気過熱を抑えるために、通貨供給量縮小などの金融引き締め策がとられる場合はどのようになるだろうか。金融引き締め策は、上記の金融緩和策と逆向きのメカニズムにより、金利上昇による民間投資減少だけでなく、金利上昇が円高を引き起こすことによる輸出減少・輸入拡大を通じて、景気過熱を抑制する。このときも、その効果が増幅されることが理解できよう。

(3) **輸入拡大と景気刺激策**

他方、国内総生産(GDP)に対する輸入の比率が高くなることも、景気刺激策の効果を低下させる。なぜなら、消費拡大の一部が輸入品購入に向けられるので、国内企業の売り上げ増加の効果が小さくなるからである。このメカニズムを、財政政策を例に説明しよう。

いま、政府が景気を刺激するため、財政支出を増やすとしよう。

①政府が国債を発行して1億円を調達し、その資金で道路を建設する。
②すると、建設会社やそこに建設資材を提供した企業に勤める人、あるいはそこに雇われた人たちの所得が、合計で1億円増加する。
③彼らがその2割を貯蓄し、残り8割を食事や洋服などに支出したとする。今度は、8000万円が支出されることにより、スーパーやレストラン、衣類販売店やそこに品物を販売した企業に勤める人たちの所得が、合計で8000万円増加する。
④彼らがその2割を貯蓄し、残り8割を食事や洋服などに支出したとする。今度は、6400万円が支出されることにより他の企業に勤める人の所得が、合計で6400万円増加する。
⑤彼らがその2割を貯蓄し……

こうして増加する所得額の合計は、1億+8000万円+6400万円+…=5億

円となる[1]。つまり、政府の1億円の支出はGDPを5億円上昇させるのである。

この原理を数式で表わしてみよう。GDPは、民間消費、民間投資、政府支出の和なので、Y：GDP、C：民間消費、I：民間投資、G：政府支出で表わせば

$$Y = C + I + G \tag{8.1}$$

である。消費が所得の8割であるので、$C = 0.8Y$とすると、

$$Y = 0.8Y + I + G \tag{8.2}$$

となる。ここで政府支出を$G + \Delta G$へと増加させれば、GDPも$Y + \Delta Y$へと増加するので、

$$Y + \Delta Y = 0.8(Y + \Delta Y) + I + (G + \Delta G) \tag{8.3}$$

となる。そして（8.3）式から（8.2）式を引くと、

$$\Delta Y = \Delta G \times 5$$

となり、GDP増加額（ΔY）が政府支出増加額（ΔG）の5倍となることが説明される。

ところが、上記の式では、貿易の存在が考慮されていない。その影響をみるために、今度は輸出と輸入の項を組み入れて、財政支出の経済効果を再度計算してみよう。

X：輸出、M：輸入とすれば、GDPは、

$$Y = C + I + G + X - M \tag{8.4}$$

である。

一般に、輸出額は、外国のGDPの増加に伴って拡大するが、日本のGDPが変化しても、その影響を直接には受けない。他方、輸入額は、日本のGDP

---

[1] $1 + 0.8 + 0.8^2 + 0.8^3 + \cdots\cdots = 1 \div (1 - 0.8) = 5$。

の増加に伴って拡大する。2006年における日本の輸入額は、GDPの13%に相当する金額であった。そこで (8.4) において、X をそのままにして、$M = 0.13Y$ とすれば、

$$Y = 0.8Y + I + G + X - 0.13Y \tag{8.5}$$

となる。ここで政府支出を増加させれば、GDPも増加するので、

$$Y + \Delta Y = 0.8(Y + \Delta Y) + I + (G + \Delta G) + X - 0.13(Y + \Delta Y) \tag{8.6}$$

となる。そして (8.6) 式から (8.5) 式を引くと、

$$\Delta Y = \Delta G \times 3.03$$

となり、GDP増加額は、政府支出増加額の3.03倍となる。

　まとめると、財政支出によるGDP拡大の効果は、貿易が存在しないときは5倍であるが、貿易が存在するときは3倍である。つまり、輸入の存在により、財政支出による所得拡大効果は低下する。その理由は、人々の支出の一部が輸入品の購入に向けられるので、国内の所得を上昇させる効果が海外へと流出してしまうためである。日本の輸入の対GDP比は年々上昇しているので、景気刺激策の効果は、今後ますます低下すると考えられる。

2　外国為替市場における政府介入の効果

　世界には、投資家や企業などから資金を集めて、国内外の株式や債券などに投資して利益を得ようとする、ヘッジファンドと呼ばれる投資会社が存在する。本節では、ヘッジファンドが国際金融市場において強い影響力をもつか否かをみていくことを通じて、外国為替市場への政府介入に対するグローバル化の影響を考えてみよう。

(1)　ポンド安の予想

　1992年、イギリスは欧州通貨制度に参加していた。欧州通貨制度は、各国間の為替レートをある一定の範囲内にしようとするもので、一種の固定相場制

である。

　当時ドイツは、インフレの発生を防ぐために、高金利政策をとっていた。他方、イギリスは不況にあったため、近いうちに金利を下げることが予想された。もしもイギリス政府が金利を下げれば、ドイツとの金利差が大きくなるため、多くの投資家がイギリスからドイツへ資本を移動させるだろう。そのとき投資家は、イギリスの通貨ポンドを売りドイツの通貨マルクを買うので、外国為替市場におけるポンドの対マルク為替レートは、ポンド安の方向に動こうとする。これに対し、イギリス政府はマルク売りポンド買いを行なうことでポンド安を防ごうとするが、民間の大量のポンド売りに比べれば、英国政府のもつ資金はわずかである。よって、イギリス政府がそのときの為替レートを維持できず、いずれポンド安になる。多くの人が、こう予想していた。

(2)　ヘッジファンドによるポンドの空売り

　そこで、ジョージ・ソロスが経営するヘッジファンドは、空売りという手法を使って、利益をあげようとした。その方法を、次の例で説明しよう。まず、ヘッジファンドが、100億ポンドという巨額の資金を借り入れる。そして、そのポンドを外国為替市場で売ってマルクを買う。そのときの為替レートが1ポンド＝2.80マルクであれば、280億マルクを所有することとなる。次に、この大量のポンドを売ったことにより、イギリス政府がポンドの対マルク為替レートを維持するのをあきらめ、その結果、ポンドの為替レートが下落して1ポンド＝2.65マルクとなったとしよう。ここでヘッジファンドは、265億マルクを売って100億ポンドを買い、借入金の返済にあてる。これにより15億マルクが残るので、そこから借り入れの利子および為替売買手数料を引いた金額が、ヘッジファンドの利益として得られるという仕組みである。

　1992年9月上旬、多くのヘッジファンドや銀行などが、ポンドの為替レートの下落を予想して、ポンド売りマルク買いを行なっていた。そして9月10日頃より、ソロスのヘッジファンドは、膨大な金額のポンド売りをはじめた。これに対抗するため、イギリス政府は、多額のマルク売りポンド買いを行なう。だが、民間のポンド売りは政府のポンド買いの金額を上回り、徐々にポンド安となっていった。15日夜、ポンドは、欧州通貨制度で定められた下限よりも

ポンド安である1ポンド＝2.778マルクまで下落した。

　翌16日の朝も、民間のポンド売りとイギリス政府のポンド買いが続いた。すると驚くべきことに、午前11時、イングランド銀行は公定歩合（中央銀行が民間銀行に貸し付けを行なうときの金利）を12％へ引き上げたのである。これは、ポンド建ての債券などの利率を高めることを通じて、ポンド買いを増やすことを狙ったものである。イギリス経済が、不況であるにもかかわらず公定歩合を引き上げたことは、ポンド安を防ぎ、欧州通貨制度から離脱しないという、イギリス政府の強い意志の現われであった。ところが、ポンド安になることに賭けて、すでに膨大な資金を投入していたヘッジファンドなどの機関投資家は、この勝負に勝つためにポンド売りを続けたため、ポンドの為替レートは下落し続けた。そこで午後3時、イングランド銀行は公定歩合を15％へ引き上げた。これによってポンド買いが増加し、ポンドの為替レートは一時的に上昇したが、その後再びポンド売りが増加し、為替レートは再度下落していった。結局、イギリス政府はポンド買いをやめ、ポンドの為替レート維持をあきらめざるをえなかった。その晩、イギリス政府は、欧州通貨制度からの離脱を宣言した。そして翌17日、公定歩合を10％に引き下げた。その日、1ポンド＝2.65マルクというポンド安となった。

　ソロスのヘッジファンドは、ポンドの下落により10億ドル相当の利益を得た。さらに、ポンド安に伴うイギリス、ドイツ、フランスの株や債券の価格変動を予想して投資していたため、あわせて20億ドル稼いだといわれる。他のヘッジファンドや銀行なども、それぞれ数億ドルの利益を得たという。他方、イギリス政府は、保有する多額のマルクを売ってポンドを買ったことで、為替レートの下落から莫大な損害を受けた[2]。

　この勝負においてヘッジファンド側が勝ったのは、多くの投資家たちがヘッジファンドと同じ行動をとったからである。というのは、もしポンドの為替レートが下がれば、ポンド建て資産の価値は低下する。よって投資家は、ポンドの為替レートが下がると予想するなら、下がる前に現金のポンドやポンド建て債券・株式を売るほうがいい。他方、ポンドの為替レートが下がらないと予想

---

[2]　皮肉なことに、イギリスは欧州通貨制度から離脱したあと、ポンド安と低金利政策により、景気が回復することになる。

するなら、そのままもち続ければよい。この勝負が行なわれている間に、多くの投資家がソロスの勝利を予想して自分の所有するポンド建て資産を売ったので、結果として大量のポンド売りが起こり、イギリス政府が対抗できなかったのである。

この事例からわかるように、投資家の予想が、為替レートの変動に大きな影響を与えるのである。

(3) 市場介入が有効となる条件

民間資本の資金量は、政府のそれをはるかに超える大きさであるので、政府が為替レートを制御することは容易ではない。しかしながら、外国為替市場への政府介入が、まったく効果がないわけではない。2003～04年春に円高が進んだとき、日本政府は1ドル＝100円を上回る円高を防ぐため、約35兆円の円売りドル買いを行なった。この円高阻止に向けた政府の強い意志が市場に伝わり、また日本銀行の量的緩和政策による低金利状態の継続が予想されたため、このときは1ドル＝100円を超えなかったのである。

この例から推測できるように、マクロ経済政策の修正の予想が伴うとき、外国為替市場への政府介入は有効である。たとえば、円高を防ぐための円売りドル買い介入は、将来金利を低下させる政策がとられると市場が予想するとき、効果的である。というのは、金利を低下させる政策がとられれば、金利の高い外国への資本流出が起こるので、円売りドル買いが増加し、いずれ円安になると考えられるからである。それゆえ、「原則的に介入政策は他の政策の補足手段でしかなく、為替レートを安定させるためには、各国が安定的なマクロ経済政策を行うことが最も基本的で有効な政策となるのである」（須田，1995, p. 260）。

参考文献
須田美矢子（1995）「マクロ経済運営と介入政策」河合正弘・通産省通商産業研究所編『円高はなぜ起こる』東洋経済新報社。

第Ⅰ部　基礎理論

本章のまとめ

1. 巨額の国際資本移動が存在するもとでは、財政政策は、為替レートの変化を引き起こすことにより、その効果が低下する。他方、金融政策は、為替レートの変化を引き起こすことにより、その効果が増幅される。
2. 国内総生産（GDP）に占める輸入の比率が高くなることは、景気刺激策の効果を低下させる。
3. 為替レートを安定させるためには、各国が安定的なマクロ経済政策を行なうことが、最も有効な手段となる。

●研究課題

1. ヘッジファンドによる投機が関連している事例を調べてみよう。
2. 政府による外国為替市場への介入が有効となるためには、どのようなマクロ経済政策が必要なのかを考えよう。

■　文献案内

中谷巌『マクロ経済学入門』第2版、日経文庫、2007年。
　資本移動が自由なもとでの財政政策や金融政策の効果を、モデルを使って説明している。

スーザン・ストレンジ『国家の退場――グローバル経済の新しい主役たち』櫻井公人訳、岩波書店、1998年。
　グローバル経済において国家の権威が衰退する原因を分析するとともに、国家を超える力をもつ企業や国際カルテルなどの実態について考察している。

第8章付論 マクドゥーガル＝ケンプ・モデル

　国家間の資本移動が、両国の所得にどのような影響をもたらすかを理論的に説明するのが、マクドゥーガル＝ケンプ・モデルである。

　投資する側を投資国、投資される側を受け入れ国と呼ぶ。次頁の図において、投資国に存在する資本量がAF、受け入れ国に存在する資本量がFEである。いま、資本について限界生産力逓減が成り立つとしよう。これは、投資からの利益率が、投資額が増えるとともに低下することを意味する。そのため、投資国において、投資開始時の限界生産力がS％だが、投資量AFのときの限界生産力はB％へと低下する。また受入国では、投資開始時の限界生産力はT％だが、投資量EFのときの限界生産力はD％である。

　限界生産力とは、その投資が生み出す利益率、すなわち投資から得る報酬を意味する。このように考えると、限界生産力を表わす線の下の面積は、その投資全体によって生まれる所得を表わしている。よって、投資国の所得は四角形ASPFとなる。このうち、資本家の所得は長方形ABPFである。その理由は、投資量AFのときの限界生産力はB％であるため、すべての投資量がB％の報酬を得るからである。投資国の所得ASPFから、資本家の所得ABPFを引いた三角形BSPが、労働者の所得となる。同じく、受け入れ国の所得は四角形ETQFとなる。そのうち、資本家の所得が長方形EdQF、労働者の所得が三角形dTQである。

　ここで、投資国の資本のうち、GFが受け入れ国へ投資されるとしよう。すると、両国の資本の限界生産力はともにC％となる。このときの投資国の所得は、投資国内で生産されたASRGに、受け入れ国への投資から得たFURGを加えた、ASRUFとなる。これは、投資が行なわれる前の所得ASPFよりも、三角形RUPだけ大きい。他方、受け入れ国の所得は、受け入れ国内で生産されたETRGから、投資国へ支払うFURGを引いた、ETRUFとなる。これは、投資が行なわれる前の所得ETQFよりも、三角形RUQだけ大きい。

　この結果、両国とも所得が拡大することがわかる。つまり、資本移動が投資国・受け入れ国の双方に利益をもたらすわけである。したがって、自由な資本移動は望ましいという結論が導かれる。

　ただし、注意しなければならないのは、資本移動によって投資国の労働者の賃金が低下することにより、所得格差が拡大することである。投資国の労働者の所得は、資本移動により三角形CSRとなり、資本移動以前の三角形BSPよりも低下してい

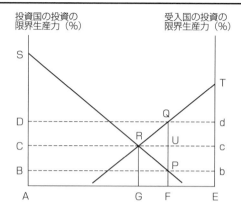

る。すなわち、投資国では、労働者の所得が低下するとともに、資本の限界生産力の上昇により、資本家の所得が増加するわけである。

他方、受け入れ国では、資本移動により資本の限界生産力が低下するため、資本家の所得が低下する一方、労働者の所得が増加し、所得格差が縮小される。ただし、かつてアジア通貨危機でみられたように、受け入れ国の経済規模に比べてあまりに大きすぎる額の資本が流入すると、受け入れ国の経済が過熱し、さらに、その外国資本が瞬く間に大量に流出することにより、受け入れ国を不況に陥れることになる。したがって、上記の説明は、受け入れ国の経済にとって大きな影響を与えない程度の金額の投資が行なわれる場合にのみあてはまる。

第9章
ISバランスの動向

　一国の対外バランスである経常収支は、貯蓄投資行動や人口構成の変化、および財政収支の変動などの中長期的要因を反映している。日本はこれまで、経常収支が黒字で推移してきた。しかしながら、21世紀を迎え、日本は国際環境の変化だけでなく、急速に進む少子高齢化や厳しい財政状況といった社会経済状況の変化に直面している。本章では、一国の貯蓄額と投資額の差額であるISバランスの観点から、この先さらに進むであろうと予測される日本の少子高齢化の問題について考えてみたい。

本章のポイント
1. 貯蓄・投資バランス、経常収支、財政収支の3者の関係について学ぶ。
2. 少子高齢化が経常収支に対してどのような影響を与えるかを検討する。
3. 経常収支黒字を維持するために何をすべきかを考える。

1　ISバランス論

　この章では、第1章第2節に出てきた国内総生産（GDP）の概念を使って、貯蓄、投資、経常収支などの関係を考えてみよう。

(1) 貯蓄・投資バランス

　財・サービスの生産において生じた付加価値は、賃金や利潤などの形で、家計、企業、政府のいずれかの部門に分配され、さらに、これらの主体によって支出される。すなわち、生産面、分配面、支出面からみたGDPは等しいので、

　　　　生産面からみた GDP ≡ 分配面からみた GDP ≡ 支出面からみた GDP

という恒等関係が成立する。これを**三面等価の原則**と呼ぶ。

　上記の恒等式を、記号を使って表現してみよう。GDP を Y、民間消費を C、民間貯蓄を S、民間投資（在庫投資も含む）を I、政府収入（税収）を T、政府支出を G、輸出を X、輸入を M とすれば、次の恒等関係が成り立つ。

$$Y = C + S + T \quad 〔生産面、分配面からみた GDP〕$$
$$ = C + I + G + X - M \quad 〔支出面からみた GDP〕$$

ここから、$C + S + T = C + I + G + X - M$ より、

$$S - I = (X - M) + (G - T) \tag{9.1}$$

　　貯蓄・投資バランス　経常収支　財政赤字

という関係が得られる。左辺の $S-I$ は、民間部門における貯蓄と投資の差であり、これが**貯蓄・投資バランス（IS バランス）**と呼ばれるものである。また、右辺の $X-M$ は、輸出から輸入を引いた値であり、経常収支に相当する。そして $G-T$ は政府の財政赤字である。つまり、国民経済計算において、民間部門における貯蓄・投資バランスは、経常収支と財政赤字の和に等しいということになる。

　(9.1) 式において、$S-I$、$X-M$、$G-T$ は、一方が他方を決める因果関係ではなく、互いに影響を与える相互依存関係にある。つまりこの 3 者は、それ自身がさまざまな要因で変化し、かつ、自分の変化によって互いを変化させる。数学的にいえば、この 3 者は同時決定される。ゆえに貯蓄・投資バランスは、貯蓄と投資の変動だけでなく、経常収支と財政赤字の変動の影響を受けるわけである[1]。

(2) 日米の IS バランス

　次に、日本とアメリカの IS バランスをみてみよう。(9.1) 式を変形すると

---

[1] IS バランス論による経常収支の決定理論については、石井ほか (1999) pp.245-251 参照。

$$X - M = (S - I) + (T - G) \qquad (9.2)$$

となる。2013年における（9.2）式の各項は以下の値である[2]。

日本　　　　$X - M$　$=$　$(S - I)$　$+$　$(T - G)$
　　　　　　　3.3　　　　39.6　　　　−36.3　　　（兆円）
　　　経常収支黒字　貯蓄超過　財政赤字

アメリカ　　$X - M$　$=$　$(S - I)$　$+$　$(T - G)$
　　　　　　−37.9　　　31.4　　　　−69.3　　　（百億ドル）
　　　経常収支赤字　貯蓄超過　財政赤字

ここからわかるように、日本もアメリカも巨額の財政赤字を抱えている。ただし、日本では、民間部門の貯蓄超過額が財政赤字額を上回っている一方で、アメリカでは、財政赤字額が民間部門の貯蓄超過額を上回っている。このことが、日本は経常収支が黒字、アメリカは赤字になるという違いとなって表われている[3]。

アメリカ人のなかには、巨額の経常収支赤字について、その大きな原因は中国に対する巨額の貿易赤字であり、対中貿易赤字の原因は、中国政府が外国為替市場を操作し、人民元の対ドル為替レートを低い水準にしているからであると考える人が少なくない。しかし、アメリカ連邦準備理事会のグリーンスパン議長（当時）は、2005年の講演において、人民元の為替レートが上昇しても、アメリカの「輸入先が中国からタイやマレーシアなどほかの地域に移るだけで米貿易赤字は縮小するわけではない」と述べ、経常収支赤字の縮小には財政赤字の削減が不可欠だと論じている（『日本経済新聞』2005年5月21日付夕刊）。

---

[2] 財政赤字は、中央政府、地方政府、社会保障基金の合計である。財政赤字とアメリカの経常収支については、IMF, *World Economic Outlook Database*, April 2014による。日本の経常収支については、財務省の資料による。また貯蓄超過は、経常収支と財政赤字の値から計算した。

[3] アメリカでは、シェールガスやシェールオイルの国内生産が近年拡大している。この影響で、アメリカの経常収支赤字額が以前よりも減少した。

2　少子高齢化の影響

　上述のように、日本が経常収支赤字に陥らないのは、貯蓄超過がその大きな要因である。しかしながら、少子高齢化がそのことに大きな影響を与えている。日本の高齢化率は、1970年には7％であったが、1994年には14％、さらに2013年には25.1％となり、高齢化が他の先進諸国では類をみない速さで進行している。他方、出生数も1970年代半ば以降減少傾向にある。そこで本節では、少子高齢化に伴い、貯蓄超過がどう変化していくのか、またそれが経常収支にどのような影響を与えるのかを考えてみよう。

(1)　日本の家計貯蓄率の急激な低下

　戦後の日本は、大幅な貯蓄超過であった。これは、日本の家計が高い貯蓄率を維持してきたからである。日本の家計貯蓄率（家計の貯蓄／可処分所得）は、1970年に17.7％、1975年に22.8％であった。しかし、この値は高度経済成長の終焉とともに低下し、1980年に17.3％、1990年に13.9％、2000年に8.3％、2005年に3.0％、そして2013年度にはついに−1.3％とマイナスの値になる[4]。ただし、この間の勤労者世帯の貯蓄率は、1975年に23.0％、1990年に24.7％、2000年に27.9％、2004年に25.6％と、高い水準を保っている。

　近年の家計貯蓄率低下の最大の原因は、高齢者の増加である。高齢者世代は、若い頃に蓄えた貯蓄を取り崩すため、貯蓄率がマイナスとなる。勤労者世代が高い貯蓄率を保っているにもかかわらず、日本全体の貯蓄率が低下しているのは、貯蓄率がマイナスになる高齢者世代が増加しているからである。

(2)　将来の経常収支赤字の可能性

　2013年の家計貯蓄率がマイナスとなったにもかかわらず、日本の貯蓄・投資バランスが多額の黒字となるのは、企業部門が貯蓄超過であるためである。戦後日本の企業部門は一貫して借り入れ超過であったが、2000年代に入ると、

---

[4]　2004年の家計貯蓄率は、フランス12.7％、ドイツ10.4％、イギリス3.7％、アメリカ2.0％である。日本の家計貯蓄率は先進国のなかでも低い水準にある。

表9-1　日本における高齢化率

	2013年	2055年	増加率
総人口	1億2727万人	8993万人	−29.3%
65歳以上人口	3190万人	3646万人	14.3%
高齢化率	25.1%	40.5%	61.4%

出所：筆者作成。2055年の値は内閣府編（2007）による推計値。

企業部門の利益率上昇と設備投資抑制などにより、貯蓄超過に転じている。この結果、日本の貯蓄・投資バランスが多額の黒字となったのである。しかし、今後企業部門が再び借り入れ超過になれば、日本の貯蓄・投資バランスの黒字が減少することになる。

　また、少子高齢化の進行により、日本の家計貯蓄率がいっそう低下していくことも十分ありえる。表9-1にあるように、2013年10月1日現在、日本の総人口は1億2727万人であり、このうち65歳以上の高齢者人口は3190万人と、総人口の25.1％を占める。2055年になると、総人口は8993万人となり、2013年に比べて29％減少すると見込まれている一方、65歳以上の高齢者人口は3646万人となり、2013年に比べて14％増加すると見込まれている。このように総人口が減少するなかでと高齢者人口が増加する結果、2055年の総人口に占める65歳以上の高齢者人口の比率は40.5％となるという（内閣府編, 2007, pp.2-4）。こうした少子高齢化の結果、今後の家計貯蓄率が大幅な負の値となり、よって日本の貯蓄・投資バランスの黒字が減少すると予想される。さらに少子高齢化は、年金や医療費などの支出増加を通じても、日本の財政収支を悪化させる大きな要因となる。

　貯蓄・投資バランスと財政収支が悪化すれば、将来、日本の経常収支が赤字となるであろう。したがって、少子高齢化は、日本の経常収支に大きな影響を与えるのである。

(3)　**経常収支赤字のもたらす影響**

　最後に、経常収支赤字が長期的に続く場合には、どういったことが生じるかを考えてみよう。経常収支赤字が持続すれば、日本経済に対する世界からの信頼が低下する。これによって円安となる可能性がある。最悪の場合には、アジ

ア通貨危機のように、資本が外国へ急激に流出することにより、大幅な通貨下落が起こるとともに、深刻な不況に陥る可能性も否定できない。さらに、大幅な円安になると、日本はエネルギーや天然資源の多くを輸入に頼っているので、輸入物価が上昇する。このことは、輸入品を原材料とする産業にとって大きな打撃となるだけでなく、それが物価水準を高めることにより、日本の経済活動全体に大きな悪影響を与える。

　こうした事態を避けるべく、日本は、経常収支の黒字を維持することが望ましい。前節で述べたように、経常収支の値は、個々の財の輸出や輸入の動きだけでなく、貯蓄・投資バランスと財政収支からも影響を受ける。よって、経常収支黒字を維持するためには、他国には真似できないような高い品質や技術の財を輸出し続けると同時に、貯蓄超過維持と財政赤字削減の取り組みが必要である。すなわち、財政支出を減らすとともに、人口を増やすよう少子高齢化問題に取り組むべきである。

　日本が少子高齢化社会になることは、1980年代までにすでにわかっていたことである。しかし政府は、2000年代に入るまで、この問題に十分に取り組んでいたとはいえない。また、日本の財政赤字は長年続いている[5]。こうした現状を変えていかなければならない。まず、財政支出のあり方を効率化して支出削減を進めるべきである。同時に、長期的な経済成長の実現という観点から、道路や橋、港、空港などをつくる公共事業だけでなく、託児所や教師数の増加、研究開発への補助金などといった、人や技術を育てる事業に、より多くの予算を振り向けるべきであろう。予算作成の際に、社会にとって何が必要なのかを再検討する必要がある。

参考文献
石井安憲ほか（1999）『入門・国際経済学』有斐閣。
内閣府編（2007）『高齢社会白書 平成19年度版』ぎょうせい。

---

[5] その結果、日本政府の国債発行残高と借入金、政府短期証券の合計額は、2014年3月末時点で1024兆9568億円となった。国民1人当たり約806万円の借金を抱えている計算になる。また、地方政府が約200兆円ある。よって、日本政府と地方自治体の債務の合計は、GDPの約2.5倍となる。

> **コラム**
>
> ### 国際収支発展段階説
>
> 　国の発展段階に応じて、経常収支などの国際収支がどう変化するのかを説明する理論に、国際収支発展段階説がある。この理論によれば、一国の国際収支は、6つの段階を進む。1．経済発展の初期段階では、貯蓄が小さく、また経常収支も赤字である。2．経済発展が進むと、貿易・サービス収支が黒字となる。3．さらに発展が進むと、貯蓄が投資を上回る貯蓄超過となり、また貿易・サービス収支黒字が拡大する。このとき経常収支が黒字となり、そして稼いだ外貨を海外へ投資する。4．海外投資からの利益が増えると、所得収支が黒字となる。このとき、経常収支黒字は拡大する。5．その国が成熟国となると、貿易・サービス収支が赤字となるが、所得収支が黒字であるため、経常収支は黒字を維持する。6．貯蓄が低下してくると、貯蓄が投資を下回る投資超過となり、また貿易・サービス収支の赤字が拡大する。このとき、経常収支は赤字となる。この理論は、アメリカが経常収支赤字国になったことを説明できるとともに、日本が将来経常収支赤字国になりうることを示している。

本章のまとめ

1. 経常収支、貯蓄・投資バランス、財政収支の3者は、それぞれ独立して決定されるのではなく、互いに影響を与える相互依存関係にある。
2. 日本の家計貯蓄率は、1970年代には平均20％であったが、以降低下している。少子高齢化の進行により、日本の家計貯蓄率が今後マイナスに転じる可能性がある。
3. 貯蓄・投資バランスや財政収支の悪化は、経常収支赤字の原因となる。それを防ぐために、輸出拡大とともに、貯蓄超過の維持と財政赤字の削減に取り組む必要がある。

●研究課題

1. A国からB国への輸出が減少したとき、B国の経常収支が改善するための条件は何かを考えてみよう。
2. ISバランス論に従えば、為替レートの変動は、長期的にみればその国の経常収支を変化させない。その理由は何かを考えてみよう。

文献案内

小宮隆太郎『貿易黒字・赤字の経済学――日米摩擦の愚かさ』東洋経済新報社、1994年。

　1980～90年代において、日本の経常収支黒字とアメリカの経常収支赤字、あるいは日本の対米貿易黒字すなわちアメリカの対日貿易赤字が、摩擦の焦点となった。本書は、ISバランス論などさまざまな経済理論を用いて、日本の貿易黒字を非難する論調が誤りであることを論じている。

伊藤元重・通産省通商産業研究所編『貿易黒字の誤解――日本経済のどこが問題か』東洋経済新報社、1994年。

　ISバランス論などの経済理論を用いて、日本の貿易黒字の発生メカニズムを論じている。

第9章付論 外国人労働者と移民の受け入れ

　日本は今後、少子高齢化の進行により、女性や高齢者を労働者として積極的に活用したとしても労働力不足に直面すると予想される。そのため、外国人労働者や移民の受け入れが注目されている。しかし、移民受け入れについては反対論も多い。この問題について考えてみよう。

外国人単純労働者の受け入れ拡大
　2014年4月、日本政府は、外国人労働者の受け入れを拡大する方針を決めた。東京五輪が開催される2020年までの時限措置として、外国人技能実習制度の在留期間を2年延長して最長5年とし、また、過去の実習生に対し最長3年間の再入国を認める。政府がこの決定をした理由は、とくに建設業界において人手不足が深刻化しているからある。東北復興や東京五輪開催などのため、建設事業が増加している。そこで、永住を認めない外国人技能実習制度を活用しようとしているのである。
　政府はさらに、女性の就労を促すため、家事支援や介護などの分野でも外国人労働者を受け入れる制度についても検討することにした。政府の経済諮問会議の民間委員によれば、就業を希望しながら育児や介護のため働けない女性が220万人以上存在している。外国人労働者が家事を担うことで、女性が外で働きやすい環境を整えようとするのである。
　日本は過去にも、外国人労働者を大量に受け入れた経験をもつ。バブル経済期の1980年代末、人手不足を解消するために、イランなどから入国する際のビザを免除した。これにより、多くの外国人労働者が来日した。その後、バブルがはじけて仕事が減ると、彼らの一部が不法滞在者となった。

各国の移民政策
　一方、日本の人口減少への対策として、移民を増やすべきという主張も存在する。その代表的なものは、自民党の外国人材交流推進議員連盟が2008年にまとめた、1000万人移民受け入れ構想である。これは、今後50年間で1000万人の移民を受け入れることを提唱する。
　しかし、移民受け入れに対しては、日本国内において強い反対論が存在している。その根拠としてしばしば挙げられるのは、西ドイツがトルコから大量の労働者を受け入れた経験である。

1960年代、西ドイツは高度成長期にあり、その労働力不足を補うためにトルコなどから労働者を受け入れた。これは、期間限定の受け入れであり、一定期間働いたら祖国へ帰し、他の外国人労働者を受け入れるという予定だった。
　ところが、ドイツ企業は、経験を積んだ外国人労働者を手放したくない。そして外国人労働者も、自分の本国より生活インフラが整い給料も高い西ドイツでの生活を享受し続けたい。この制度は1973年に終了したが、それが逆に、多くの外国人労働者に西ドイツに残ることを選ばせることとなった。よって、多くの外国人労働者が、本人が祖国に帰るかわりに家族を西ドイツに呼び寄せた。ところが、移民2世や移民3世がドイツ社会に溶け込めず、現在もその失業率が高いなどの問題が生じている（大竹，2009）。
　また、フランスでは2005年10月に、警官に追われた北アフリカ出身の若者3人が変電所に逃げ込み、うち2人が感電死する事件が発生した。これをきっかけに、10～11月に全土で暴動が起こった。幼稚園を含む公共施設が破壊され、9000台を超える乗用車が放火され、逮捕者も3000人近くに達した。この暴動の主体は、1960年代にフランスへ移住したアラブ系住民の2世・3世であった。彼らの失業率が高く、また、就職などの際に差別されることへ怒りが爆発したのである。
　西ドイツやフランスの経験が示すように、外国人を労働者として大量に受け入れると、短期的には人手不足解消や人件費高騰抑制などにより経済活動が順調に続くようになる。だが長期的には、外国人労働者やその家族のための失業対策や、教育、住宅供給などのコストが発生するのである。
　さらに、ヨーロッパには、発展途上国からの移民だけでなく、EU（欧州連合）域内の移民がいる。EU加盟国の労働者はEU域内を自由に移動できるため[1]、所得の高い国へ多くの移民が集まる。すると、国民の間に、移民に雇用を奪われる、あるいは、移民の存在によって賃金が下がるといった不満が広がる。ヨーロッパでは、不況や失業増加により人々の不安が拡大しているので、移民への批判が強まることとなる。
　それゆえヨーロッパでは、反移民・反EUを掲げる政党への支持が広がっている。2014年5月に行なわれたヨーロッパ議会選挙において、フランスでは国民戦線が約25％の得票率で24議席を獲得した。また、イギリスでも英国独立党が27.5％の得票率で23議席、オランダでは自由党が15.4％の得票率で4議席、オーストリアでは自由党が約2割の得票率で4議席を獲得した。他のヨーロッパ諸国でも、反移民・反EUを掲げる政党が議席を獲得している。
　これに対し、アメリカでは、大量の移民を受け入れながら、長期にわたり経済成長をしてきた。アメリカには毎年多数の合法的な移民が流入する。さらに、不法移民の流入も続いており、現在1000万人を超える不法移民がアメリカにいるといわれる。アメリカ国内にも不法移民への批判は存在する。だが、灼熱の太陽の下で長時間農作業をするといった低賃金の重労働を担っているのは、ほとんどが不法移民

である。さらに、不法移民は年間 100 億ドルを超える税金を支払っていると推定される。このように、不法移民の存在は、アメリカ経済にとって必要不可欠なものとなっている。

日本の外国人労働者

　日本において、2013 年 10 月末における外国人労働者数は、韓国・朝鮮籍の永住者などを除くと、71 万 7504 人である。その内訳は、①高度な専門的・技術的職業に従事する人：13 万 2571 人、②技能実習生として中国や東南アジアなどから来ている人：13 万 6608 人、③留学・就学生によるアルバイト：12 万 1770 人、④身分に基づく在留資格[2]：31 万 8788 人などである（厚生労働省，2014）。これらの外国人労働者のうち、①は高度な専門的・技術的職業に従事する人々であり、②〜④のほとんどは単純労働者である[3]。

　外国人労働者の総数は、日本の労働力人口 6629 万人（2013 年 10 月の就業者数と完全失業者数の和）の 1 ％超を占める。業種別では、製造業が 36.6％と最大規模である。たとえば、液晶テレビを製造するシャープの亀山工場では 2005 年春頃の時点で、200 人弱のブラジル人労働者が働いていた。また、それ以外の多様な業種でも雇用されている。セブン−イレブンは、2007 年末時点において、東京の店舗の 90％で外国人を雇っていた。

　したがって、現代の社会において、外国人労働者の役割は重要である。たとえば、コンビニエンスストアで販売されている弁当について、素材の収穫、調理、出荷、店舗での販売のすべての工程において外国人労働者がかかわっているときがある。また、外食産業では、従業員の半分以上が外国人労働者で占められている企業も存在している。よって、そうした企業が外国人労働者を確保できなければ、わたしたちの生活に大きな支障が生じることとなる。

　ところが、日本は今後、外国人労働者を十分に確保できない可能性が生じている。日本の外国人労働者の 4 割は中国籍の人々であるが、外国で働くことを希望する中国人労働者の間で、日本の人気が低下しているのである。その理由は、中国国内の賃金上昇や、他国において外国人労働者の需要が高まったことである。とくに、シンガポールの人気が高まっている。外国人労働者にとって、日本に技能実習生として滞在できるのは原則 3 年だが、シンガポールでは 50 歳になるまで滞在できる。また、日本では技能実習生が勤務する企業を途中で変更するのは容易でないが、シンガポールでは自由に変更できるという利点がある。このように、外国人労働者の確保についても、グローバルな競争が起きている。

　一方、現在の日本では、外国人単純労働者受け入れに関する本格的な体制が整備されていないため、日本文化・習慣への適応困難、子弟の教育問題や犯罪増加、就労に関するトラブルなどさまざまな問題が発生している。また、技能実習生が法定最低賃金より低い賃金で働かされる事件や、彼らの賃金が不払いとなる事件も多発

している。このように、外国人単純労働者の受け入れは、事実が先行し、政策が追いついていないのが現状である。したがって、外国人労働者や移民を大量に受け入れようとするなら、彼らが日本社会に適応できるような仕組みを制度化することが前提となる。

注
1) EU の新規加盟国からの移民については、EU 加盟国は 5 年間（場合によっては 7 年間）の受け入れ制限が許される。
2) その多くは、日系人の子孫で南米やフィリピンなどから来ている人々である。
3) これ以外に、不法滞在者が約 6 万人いる（法務省入国管理局，2014）。その多くは労働に従事していると思われる。

参考文献
大竹剛（2009）「ドイツの苦悩――移民の失敗、繰り返さない　内務省政務次官、オーレ・シュレーダー氏に聞く」日経ビジネスウェブサイト、http://business.nikkeibp.co.jp/article/world/20091201/210998/?rt=nocnt。
厚生労働省（2014）「「外国人雇用状況」の届出状況まとめ（本文）（平成 25 年 10 月現在）」。
法務省入国管理局（2014）「本邦における不法残留者数について（平成 26 年 1 月 1 日現在）」。

第Ⅱ部　世界経済の変貌

第10章
アジア通貨危機と現地日系企業

　1997年から翌年にかけて、アジア通貨危機が起こった。これにより、タイ、マレーシア、インドネシア、フィリピンといった東南アジア諸国や韓国は厳しい不況に突入するとともに、多くの企業が損失をこうむった。しかしながら、東南アジア諸国に立地する現地日系企業のなかには、大きな被害を受けた企業もあれば、被害をほとんど受けなかった企業もある。本章では、アジア通貨危機がなぜ発生したのかを考えるとともに、そこから企業にとっての教訓を探ってみよう。

本章のポイント
1. 東南アジア諸国はドルとの固定相場制をとっていた。このことがアジア通貨危機の発生にどう関連しているのかを学ぶ。
2. アジア通貨危機が起こった理由を考える。
3. 現地日系企業のなかには、アジア通貨危機により大きな損失をこうむったものと、ほとんど影響を受けなかったものがある。その違いが生じた理由を分析する。

1　東南アジア諸国の好景気

　アジア通貨危機とは、1997年から翌年にかけて、東南アジア諸国や韓国などで、資金が国外へと引き揚げられて、それらの国の為替レートが大きく下落するとともに、好況から一転して不況に陥った事態のことである。まずは、この通貨危機が起こるまでの過程をみていこう。

図10-1 東南アジア諸国・韓国の実質GDP成長率（1990〜2003年）

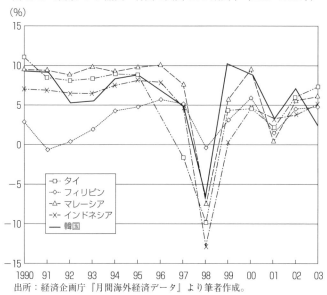

出所：経済企画庁『月間海外経済データ』より筆者作成。

(1) 好景気と資本流入の好循環

1990年代前半、東南アジア諸国は急激な経済成長を実現していた。図10-1にあるように、多くの国が5％を超える成長率を持続していた。そのきっかけとなったのは、これらの国々が外国からの投資への規制を緩和したので、大量の外国投資がなされたことである。流入してきた外国資本は、低賃金労働者を用いて財を生産し、輸出したため、雇用が増加し景気も拡大したのである。

多くの日本企業も東南アジア諸国に工場を建設した。それは、日本や欧米などへの輸出目的だけではなく、現地での販売を目的としたものでもあった。現地販売は、最初の時点ではその市場規模が小さくても、将来の拡大が予想されるため、早いうちに現地での基盤をつくるというねらいがあった。

製造業企業が現地へ進出すれば、その企業と取引のある銀行も、融資のために現地へ進出する。そして先進国の銀行は、東南アジア諸国の高い経済成長率ゆえに、現地の銀行や企業向けの融資も拡大した。

さらに、東南アジア諸国では、国内金利が高く、外国との間に大きな金利差が生じていた。たとえば1995年において、アメリカ財務省証券金利が年率5

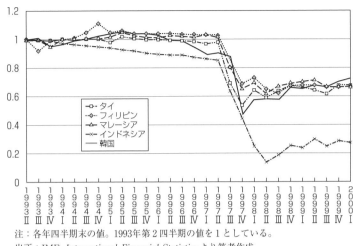

図10-2 東南アジア諸国・韓国の通貨の対ドルレート推移

注：各年四半期末の値。1993年第2四半期の値を1としている。
出所：IMF, *International Financial Statistics* より筆者作成。

％であるのに対し、タイの6カ月もの定期預金金利は年率11％であった。この高金利のため、資産運用目的で、外国から多大な資金がこれらの地域に投資され、預金や債券購入などにあてられた。また、資産運用のための外国投資は、株式購入にも向けられた。

こうした直接投資、銀行融資、証券投資により、先進国から東南アジア諸国への資本移動が拡大したのである。

以上の動きを理解するうえで忘れてはならないのは、当時の東南アジア諸国はドルとの固定相場制をとっていたことである（図10-2）。これは、外国為替市場において、自国通貨がドルよりも安くなると政府が自国通貨を買い、自国通貨がドルよりも高くなると政府が自国通貨を売ることにより、ドルとの為替レートを一定に保つものである。もし変動相場制だったならば、外国から投資するとき、為替差損のリスクがある。たとえば利率10％の債券を購入しても、1年後に為替レートが10％下落すれば、ドルでみた実質利子率はゼロとなってしまう。しかし、東南アジア諸国の通貨はドルと固定されていたので、為替差損をこうむる心配はなかったわけである。

外国投資家からみれば、急激な経済成長のなかで株価は上昇し、債券などの金利は高く、そして工場などを運営してもその収益率は高い。さらに為替差損

表 10-1　東南アジア諸国の国際収支

	経常収支	資本収支
1990年代前半	赤字	黒字
通貨危機発生時	赤字	赤字

をこうむる心配もない。こうしたことから、外国から資金が集まり、現地での生産が拡大する。すると景気がよくなる。景気がよくなると、さらに外国から資金が集まる。こういった好循環が生じていたわけである。いい換えれば、資本流入が好景気を生み出していたのである。

また、1990年代前半、東南アジア諸国における経常収支は赤字となる傾向にあった（表10-1）。これは、製品などを輸出する額よりも、部品などを輸入する額や、外国企業が保有する株式や債券などへの配当・利子の支払額のほうが大きかったからである。他方、資本収支は黒字であった。これは、外国から多額の投資がなされたためである。こうした経常収支赤字と資本収支黒字が、当時の東南アジア諸国にみられる特徴であった。

(2)　2つのミスマッチ

以上のように、外国からの資本流入は好景気をもたらしたが、その過程で、東南アジアの現地銀行にとっては、資金調達および融資方法に関してリスク要因が生じていた。それが、以下に説明する2つのミスマッチである。

1つは、借り入れと貸し付けの通貨が異なるというミスマッチである。銀行が外国から資金を借りて国内企業に融資する際、外国からの借り入れはドル建てで、貸し付けは現地通貨建てで行なうということがしばしばみられた。この場合、もし融資を受けた時点と返済時点で為替レートが違うと、銀行は為替差損（または為替差益）をこうむる可能性がある。つまり、現地通貨の為替レートが下落すると、現地通貨で計算した返済額が膨らんでしまうわけである。しかし、固定レートが維持されているかぎりは、ドルと現地通貨の価値の比は一定なので、問題が生じなかった。

もう1つは、契約期間のミスマッチである。銀行のなかには、外国からの借り入れは短期で契約し、国内企業への貸し付けは長期で契約するということがよくみられた。たとえば、借り入れは6カ月契約で、貸し付けは3年契約にす

る。短期のほうが金利が低いので、短期で借りて長期で貸せば、利ざやを稼げるからである。しかしこの行為は、同時にリスクを負うことにもなる。なぜなら、貸した資金は3年経たないと返済されないが、借りた資金は6カ月で満期となるため、資金を再度借りる契約を繰り返さなければならないからである。借り替え契約が順調に行なわれればよいが、突然契約の更新を拒否された場合には、その銀行は資金不足に陥ることになる。だが、これも、好景気が続くかぎりは、契約更新は問題なく行なわれていた。

(3) **投資の急増**

この頃の好景気は、いまになって振り返れば、まさにバブルであった。その典型例が、タイでの自動車生産である。タイでの自動車販売量は、1995年に57.2万台であり、10年前の6.6倍となった。さらに、その後も需要拡大が続くことが期待された。このため、すでに進出していた日系自動車メーカーに加えて、GM、フォード＝マツダ、クライスラーなども、タイに工場建設を計画した。こうして、建設予定の各工場がフル稼働する2000年には、タイでの自動車の生産能力は110万台に達すると予想された。

図10-3にあるように、この110万台という数字は、当時の需要拡大が2000年まで順調に伸びたとして予想される需要数よりもはるかに大きく、過剰設備であったと思われる。輸出が伸びる可能性もあるが、それも未知数である。よって、たとえ好景気が2000年以降も続いたとしても、その時点ですべての工場が稼動すれば、共倒れの危険性が十分あったわけである。しかし、各企業とも強気の投資を行なっていた。

こうした楽観的投資は他の産業でも行なわれており、工場やビルが次々と建設された。他方、銀行の融資方法にも問題があった。貸付先の企業の経営状況の審査などが不十分であり、安易に貸し付ける例が多くみられたのである。

こうした強気の投資、生産、そして消費によって好景気が生じたため、輸入品である原材料や機械などへの莫大な需要が発生した。加えて、東南アジア諸国は、国内のサポーティングインダストリー（部品などを生産する産業）の未発達ゆえに、工業化や輸出拡大が進むと部品などの輸入も増えるという構造的特徴をもっていた。このため、経済が成長するほど、経常収支赤字が拡大してい

図 10-3　タイの自動車販売台数および輸出台数

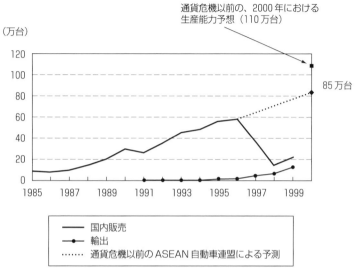

出所：叶 (2000) 表 1、中小企業金融公庫調査部 (1998) 図 1-8、および『日本経済新聞』1997 年 9 月 9 日付より筆者作成。

ったのである。

(4) 好景気へのかげり

　さらに、好景気ゆえに徐々に物価が上昇し、また賃金も上昇した。しかし、為替レートは固定されている。物価水準が上昇しているのに為替レートが固定されているということは、実質為替レートが上昇することを意味する。また賃金上昇も、生産コストの上昇をもたらす。そのため輸出競争力が低下し、とくに繊維製品などの輸出額は、1990 年代半ば頃から低下しはじめていた。加えて、日本や中国の為替レートの下落も、輸出競争力の低下に拍車をかけた。これによって、企業のなかには現地から撤退して中国やベトナムなどへ移転するものもあり、経常収支赤字はますます拡大した。とくにタイでは、経常収支赤字が、1995〜96 年には対 GDP 比で 8％に達していた。つまり、外国からの多額の資本流入が、景気加熱を通じて、結果的に大幅な経常収支赤字を生んでしまったのである。

　こうして、1996 年にタイの経済成長率が伸び悩みはじめた。また同時期に、

不動産業者の経営破綻が目立ちはじめ，不動産業者に多額の融資をしていた金融機関も，経営状態が急速に悪化した。こうしたことから，外国からの資本流入に頼る状態がいずれ維持できなくなるだろうという観測が生じた。つまり，これまでは，経常収支赤字でも外国からの資本流入があったので，その赤字の状態を持続できたが，好景気が終われば，外国からの資本流入が減る。そうすれば，当時の国際収支の状態を持続できないばかりか，タイの景気はますます悪化するという予測が生じてきたのである。

2　通貨危機の発生

次に，通貨危機の発生の過程をみていこう。

(1)　バーツ売りが広まる

タイの景気にかげりがみえるなかで，バーツ（タイの通貨）とドルとの固定相場制が維持できなくなり，近い将来にバーツの為替レートが下落するという予想が広がった。そこで，ヘッジファンドなど海外投機筋の一部が，バーツの先物売りを行なった。バーツの先物売りとは，たとえば3カ月先といった将来時点で，バーツを1ドル＝30バーツで売るといった契約を結ぶことである。海外投機筋は，先物売りを契約する一方で，その契約の履行される時期（3カ月先）になったら，バーツを売りドルを買う。バーツ売りドル買いを繰り返すことにより，バーツの為替レートが低下して，1ドル＝45バーツとなったとしよう。このとき，1ドルで45バーツを買い，それを先物契約の相手に30バーツ＝1ドルで売れば，1.5ドルが得られる。つまり，差し引き0.5ドルの利益が得られるわけである。こうして，ある通貨を先物市場で売る契約を結び，その契約履行時点となったら，直物市場でその通貨を大量に売る。これにより，その時点での為替レートを，先物契約における為替レートよりも下落させることができれば，利益を得ることができるわけである。

以上のような事情から，大量のバーツの売り注文が発生した。これに対して，固定為替レートを維持しようとするタイ中央銀行はバーツ買いを行なった。中央銀行がバーツ買いを行なうには，ドル資金をもっていることが必要である。

ところが、民間による激しいバーツ売りに対抗してバーツ買いを続ければ、中央銀行の所有する外貨準備は次第に少なくなっていく。

その動きを察した人々は、将来バーツの為替レートが下落すると予想した。為替レートが将来下がるなら、いまのうちに資産をドルに替えておかないと資産価値を維持できない。よって人々は、外国人・自国民問わず、株式や債券を売って現金（バーツ）に換え、そしてバーツを売ってドルを買ったのである。また、先進国の多くの民間銀行が、タイの銀行・企業への融資を停止した。こうして、多くの人々が資金を引き揚げはじめたのである。これに対し、タイ中央銀行は、ドル売りバーツ買いにより、バーツの対ドル為替レートを維持し続けた。

1997年7月、タイ中央銀行は保有するドルをすべて使い果たしてしまった。そのため、ドルを売ってバーツを買うことができなくなり、バーツは下落しはじめた。バーツの下落をみて、ますます多くの人々が資金を引き揚げ、タイへの資金流入は激減した。従来、経常収支は赤字であり、資本流入によってバーツの為替レートは支えられていたわけであるから、この資本の流れが逆転し、資本流出が続けば、バーツの対ドルレートは下がる一方であったのである。

すると、資本流入が減少し、資本流出が増加するので、資本収支も赤字となる。つまり、経常収支と資本収支がともに赤字となったわけである（表10-1）。よって外国為替市場では、図10-4にあるように、ドル買いの増加によってドルの需要曲線が右にシフトし、同時に、ドル売りの減少によってドルの供給曲線は左へシフトする。その結果、1ドル＝25バーツから、1ドル＝50バーツを下回るまでになり、為替レートが大きく下落した。そのうえ、国内では投資が減少し、タイは厳しい不況に陥ったのである。

(2) 通貨を売る動きの波及

さらに、タイの周辺諸国であるインドネシア、マレーシア、フィリピンなどでも、同様のことが起こるのではないかという不安が広まった。このため、タイと同様に資本が流出しはじめ、ついには為替レートが下落した。それまでの楽観ムードは悲観論に転換し、また資金が引き揚げられたために、設備投資や消費は激減してしまった。さらにその動きが、年末には韓国に波及した。この

図10-4 アジア通貨危機における為替レートの下落

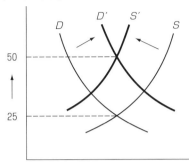

$D \to D'$：資本流出の増加により、ドルの需要曲線Dが右シフト
$S \to S'$：資本流入の減少により、ドルの供給曲線Sが左シフト

結果、各国の経済成長率は大きく落ち込んだ。

　アジア通貨危機に陥った国々は、経常収支赤字が大きく、また為替レートが本来あるべき値よりも高く設定されるなどの問題点を有していた。しかし、タイ以外の国々については、1990年代に通貨危機の起きたメキシコなどの国々に比べて、ファンダメンタルズ（経済成長率、財政収支、失業率、物価上昇率など）がさほど悪化していたとはいえない。にもかかわらず、それらの国々でも通貨危機が起きた。これはなぜだろうか。この原因を、群衆行動、パニック、および伝染という概念で説明することができる。

　いま、みんながバーツ（あるいは現地通貨）を売ろうとする動きがあると知ったとしよう。そのとき、自分もバーツを売るのが最適行動となる。なぜなら、みんながバーツを売るとバーツの価値が低下するので、価値が低下する前に早めに売ってしまうほうがよいからである。こうした**群衆行動**のために、市場の動きにあわせて誰もが売る、という行為が起こる。

　その結果起こるのがパニックである。**パニック**とは、投資家が累積的に弱気になり、いっせいに売り出すことをいう。金融市場の歴史を振り返ると、パニックは、これまで何度も発生している。たとえば1987年10月19日、アメリカの株式市場で株式が大きく売られて、ダウ平均株価が前日比22.6％低下した。1日の下がり幅としては史上最高である。これは、多くの投資家がいっせ

いに株式を売ったためであるが、パニックの過程では、本来売られる必然性がない優良企業の株式でさえ売られ、多くの株式の価格が暴落してしまう。つまり、売りが売りを呼ぶのである。そしてさらに、この出来事が世界中の投資家の心理を弱気にさせ、翌日以降、各国の株式が売られて株価が暴落した。これを**伝染**という。

　群衆行動によって一国の通貨市場でパニックが発生し、それが他国の通貨市場に伝染したのがアジア通貨危機である。ただし、パニックの他国への伝染は、投資家の心理が弱気になったということ以外にも原因がある。一国の為替レートが低下すれば、その国と輸出財が競合している国の生産物は、輸出競争力を失うことになる。よって、一国で為替レートが低下すれば、他国でも通貨が売られて、為替レートが低下する。ファンダメンタルズに大きな問題のない台湾でさえも為替レートが下落したのは、このためである。また、経済的相互依存が強い国どうしでは、一国の景気が悪化すると他国の景気も悪化する。これも伝染の原因である。

　このように、ファンダメンタルズがさほど悪くない国でさえも、パニックが起こることによって大きな被害を受けた。その意味で、ファンダメンタルズの悪化よりも、むしろパニックが、アジア通貨危機の根本的原因であったといえる。

　また、アジア通貨危機の原因を、別の角度から考えることもできる。東南アジア諸国では、規制緩和によって各国に流入した外国資本が、その景気過熱を引き起こし、さらにその投資資金を急激に引き揚げることによって不況をもたらした。つまり、アジア通貨危機は、資本収支における急激な黒字の拡大と、その赤字への転落によって引き起こされたともいえる。その意味で、これは**資本収支危機**とみなすことができるのである（吉冨，2003）。

　さて、ここで注目すべきは、中国である。中国は外国からの直接投資を大量に受け入れているが、東南アジア諸国と異なり、証券投資はほんのわずかしか受け入れていなかった。アジア通貨危機の際、証券投資による資金は大量に外国へ流出してパニックを引き起こしたが、直接投資による資金は、東南アジア諸国から引き揚げられることがあまりなかった。なぜなら、直接投資をした企業は、その地に長期間立地し、技術移転をして生産拠点をつくるつもりで投資しているので、生産拠点を簡単に放棄しないからである。中国は、外国投資の

ほとんどが直接投資であったため、アジア通貨危機による直接的な被害を受けなかったのである。

(3) 金融グローバル化が引き起こす不安定性拡大

通貨危機が発生する背景には、金融のグローバル化がある。通信技術やコンピューターの発達は、多額の資金がきわめて短時間に、そして低コストで移動することを可能とした。このため、巨額の資金が、金利格差による利ざや、株式・債券などの値上がり益、為替変動による利益などを求めて、世界中を駆けめぐるようになった。いわば、国際金融市場それ自身が、ギャンブルのためのカジノと化しているのである。

金融のグローバル化は、選択の機会を増やし、また効率的な資金の配分をもたらすという一面をもつ。だが、その一方で、金融市場の不安定性も拡大する。これこそが、通貨危機を引き起こしうる構造的要因なのである。したがって、アジア通貨危機は、金融のグローバル化の帰結であるということもできる。さらに、金融市場の混乱により、実体経済が大きく影響を受けるのが、今日の世界経済の姿なのである。

著名な経済学者であるコロンビア大学のバグワティ教授は、アジア通貨危機直後の1998年に、「「資本移動の自由化には、大きなメリットが伴う」という主張には説得力がない。かなりのメリットがあると主張されているが、実証されていない」と述べている。そして、アメリカ政府が**国際通貨基金（IMF: International Monetary Fund）**を通じて発展途上国に資本移動の自由化を促し、それによってアメリカ金融街の利益を拡大させていることを、「ウォール街＝財務省複合体」と呼んだ。

そこで教授は、「採るべき方向は正反対、つまり資本の流れに規制を設ける方向である」と結論づけるとともに、多くのエコノミスト・政治家が「学校で教わった時には理解していたはずなのに、市場に内在する欠陥については無頓着になってしまっている」と述べている。つまり教授は、規制を緩和して自由に競争すれば最も効率的な状態が実現するという考え方を、痛烈に批判しているのである（Bhagwati, 1998, 邦訳 pp.104-108）。

それゆえ、発展途上国が金融自由化を進める際には、自らのリスク管理能力

に見合う範囲で、徐々に進めなくてはならない。自らのリスク管理能力の向上よりも金融自由化が先行してしまうと、経済全体が大きなリスクをはらむことになるのである。

　なお、東南アジア諸国と日本・中国・韓国は2000年に、通貨危機が発生した際に、通貨交換の形でその国に資金を融通する取り決め（チェンマイ・イニシアティブ）を結んだ。その規模は、2007年4月末時点で総額800億ドルに達している。さらに、国際金融市場に投資資金を依存しすぎたことへの反省から、企業がアジア内で資金を調達するアジア債券市場の育成が検討されている。このように、現在では、通貨危機の再発を防ぐための国家間協力が進んでいるのである。

3　通貨危機の影響

　通貨危機により、東南アジア諸国と韓国は、好景気から一転して厳しい不況に陥った。図10-1にあるように、1997年あるいは1998年にはマイナス成長となっている。このとき、各企業の売り上げは大幅に減少した。よって企業の倒産が相次いだほか、多くの企業が大規模な人員削減を行なった。たとえば、韓国のサムスン電子は、従業員数を1997年末の約5万7000名から1999年末の約3万9000名へ減らすというほぼ3分の1の削減を実施した[1]。

(1) 為替変動に関する教訓

　さらに、東南アジア諸国に立地する企業のなかには、ドルや円などの外貨で融資を受けていた企業も少なくなかった。こうした企業は、為替レート下落により、現地通貨で計算した返済額が膨らんだ。つまり、1ドルが25バーツから50バーツへ下落すれば、1ドルを返済するのに50バーツを稼がなくてならない。それゆえ、不況で国内の売り上げが低下しているにもかかわらず、債務が拡大するという厳しい経営状態に陥ったのである。

　もしも、外貨で融資を受けていた企業が、返済に必要な外貨を購入する契約

---

[1] サムスン電子はさらに、残った従業員の約半分を新規事業分野に配置転換し、事業の変革をはかった。

を事前に結ぶという**為替ヘッジ**を行なっておけば、為替差損による被害を避けることができたはずである。しかし、日系企業の場合、その過半数は為替ヘッジをしていなかった。つまり、いくらかの費用を支払えばリスクを回避できたのだが、それをしなかったために、大きな損失をこうむることとなったのである。たとえば東レのアジア現地法人は、1997年度に110億円の為替損失をこうむった。この損失は、東レがこの地域で得る平均的な年間営業利益に匹敵するという（深尾，2000，pp.273, 304）。

　ここから、次の教訓が得られる。

　教訓1　貿易や国際金融取引を行なう際には、為替変動のリスクをつねに考慮し、それに対処できる体制を日頃からつくっておくことが必要である。

(2) ミスマッチから生じる問題の顕在化

　他方、東南アジア諸国に立地する銀行は、融資先の企業が返済困難になったために、多額の不良債権を抱えた。さらに、銀行自身の為替差損によって債務が拡大したのに加えて、外国から短期融資の再契約を拒否されて返済を迫られたために、資金不足に陥った。つまり、前述した2つのミスマッチのもつ危険性が、最悪の形で現われたのである。

　このため銀行は、企業への新規融資を手控えた。これによって多くの企業が、経営悪化のため融資を受けたいにもかかわらず、融資を受けるのが以前よりも難しくなった。このことが、個別企業の経営のみならず、経済全体へのデフレ効果をもたらし、それが個別企業の経営をさらに悪化させることになった。つまり、1990年代後半に日本で起きたのと同じ現象が、日本を上回る規模で発生したのである。

(3) IMFの指示が逆効果に

　通貨危機に対処するために、タイ、インドネシア、韓国政府は、為替レートの下落を止めるために、国際通貨基金（IMF）からドル資金の融資を受けた。その際、融資を受ける条件として、IMFの指示する政策を実行することにな

った。ところが、そのIMFが指示した政策のうち、財政支出削減と高金利政策は、一時的にせよ、不況に拍車をかけるとともに、企業の資金調達をさらに困難にしてしまった。さらにIMFは、経営の悪化した民間銀行やノンバンクの閉鎖を命じた。するとインドネシアでは、人々の間に、自分が預金した銀行も閉鎖されるのではないかという不安が生じた。このため、経営状態の悪化していない銀行からも人々が預金を引き出しはじめ、ついにはインドネシア全土で銀行の取りつけ騒ぎが発生した。そのことが不況をさらに悪化させ、資金の外国への流出を増加させる結果となり、1998年に入っても為替レートの低下が止まらなかった。つまり、為替レートを安定させるための政策が、かえって逆の結果を生み出してしまったのである。国内の経済構造改革や需要引き締めなどにより、為替安定を実現しようとしたIMFの政策は、方向性は間違いでないにせよ、あまりに急激すぎたのである。

　これらの結果、不況は悪化し、失業者がますます増加した。また、為替レートの低下は、輸入物価を上昇させた。とくに、東南アジア諸国のなかでも比較的所得水準の低いインドネシアにおいては、通貨危機による為替レートの大幅な低下は、人々の生活に大きな打撃となった。なぜなら、インドネシアの通貨が対ドルで5分の1となったために、たとえば赤ん坊に飲ませるミルクの値段は3倍にもなったからである。もともと低所得者が多く、しかも不況によって、失業者や所得が低下する人が増える。この状況での生活必需品の価格上昇は、まさに死活問題となる。このように、経済の混乱は、とくに経済的・社会的弱者に対して大きな被害を与えるのである。

　さらにインドネシアでは、1998年6月、IMFの指示による公共料金の値上げが実施された。すると、これをきっかけに暴動が起き、インドネシア全土が大混乱に陥った。つまり、ここでも、経済を改善しようとしてとった政策が、かえって経済を悪化させたわけである。このように、現地の人々の状況を理解していないIMFの指示は、失敗の連続であった。

4　現地日系企業の対応

　以上では、アジア通貨危機によって、東南アジア諸国の経済が大きな打撃を

表 10-2　通貨危機による販売と調達への影響

	ASEAN 域内	ASEAN 域外
販売先	−	＋
調達先	＋／−	−

注：＋はプラスの影響、−はマイナスの影響を意味する。

受け、多くの企業の経営が悪化したことをみてきた。ところが、通貨危機の影響を受けなかった企業も存在する。それはなぜだろうか。その理由を考えてみよう。

(1) **販売と調達にもたらす影響**

表 10-2 は、東南アジア諸国に立地する企業を、生産する財の販売先と、原材料などの調達先が、ASEAN（Association of South East Asian Nations：東南アジア諸国連合）の域内か域外かに分けて、通貨危機が販売と調達にもたらす影響を考察したものである。

企業の販売先が ASEAN 域内のとき、不況によって販売量が低下するため、企業収益はマイナスの影響を受ける。他方、販売先が ASEAN 域外のときは、企業収益はプラスの影響を受ける。なぜなら、為替レートの下落により、たとえば 1 ドルが 25 バーツから 50 バーツに下落すれば、輸出による 1 ドルの収入から 50 バーツが得られるので、増収となるからである。

また、企業の原材料などの調達先が ASEAN 域内のとき、不況による物価下落によって、企業収益はプラスの影響を受けうる。ただし、相手国との為替レートの関係で、マイナスの影響を受ける場合もある。他方、調達先がASEAN 域外のときは、為替レート下落による輸入物価上昇により、企業収益はマイナスの影響を受ける。

なお、ここで注意しなければならないのは、サプライヤー（部品などを生産する企業）については、表 10-2 のかぎりではないことである。なぜなら、サプライヤーの業績は、部品を供給する相手先企業の業績に左右されるからである。たとえば、インドネシアへ進出していたある鋼板プレス加工メーカーは、顧客のほとんどが現地の日系大手組立企業であった。これら輸出中心の日系メーカーからの受注が減少しなかったため、この鋼板プレス加工メーカーは、通貨危

第Ⅱ部　世界経済の変貌

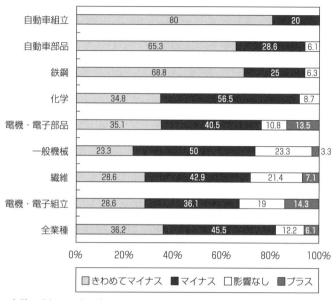

図10-5　ASEAN 4の日系企業への通貨危機の影響

出所：西山ほか（1999）Ⅵ-1-1。

機の影響をあまり受けなかったのである（中小企業庁，2000，p.397）。

(2) 通貨危機の影響の産業による違い

　通貨危機の企業への影響を、より細かく分析してみよう。タイでは、日系自動車メーカーの販売台数が、1996年の540万台から、1998年の130万台へと、ピーク時の4分の1になった（叶，2000，表1）。また、テレビ、エアコンなどの需要も落ち込んだ。通貨危機の起きた国では、程度の差こそあれ、同じような状況であった。

　ここで、タイ、フィリピン、マレーシア、インドネシアの4カ国を、ASEAN 4と呼ぶことにする。ASEAN 4へ進出している日系企業に対し、通貨危機の影響をアンケートしたのが図10-5である。先に述べたように、通貨危機は、資金の調達困難や、融資の返済における為替差損に加えて、現地での売り上げ減少と輸入原材料の調達コスト上昇による収益減少などの、マイナスの影響を与える。その一方で、輸出収入増加と現地での原材料調達コスト低下

図10-6 ASEAN 4の日系企業の現地調達率・輸出比率

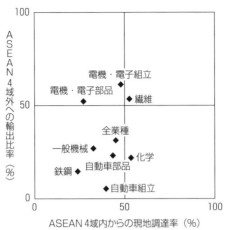

出所：西山ほか（1999）Ⅵ-1-2。

による収益増加など、プラスの影響も与える。各企業が、こうした影響を総合的に捉えて回答したのが、このアンケート結果である。

図10-5によれば、通貨危機の影響は、産業ごとに大きく異なる。どうしてこの差が生まれるのか。その理由は、現地調達率と輸出比率の、産業ごとの違いにある。それを示したのが図10-6である。この2つの図より、自動車組立産業のように現地販売を主とするもの、またそれへ部品供給を行なう自動車部品産業では、ほとんどの企業がマイナスの影響を受けていることがわかる。他方、輸出比率と現地調達率の高い電機・電子組立産業は、プラスになった企業の比率が最も高い。表10-2を考慮すると、図10-6において右上に位置する産業ほど、通貨危機による収益がプラスになり、左下にある産業ほど収益がマイナスになる傾向にあるとみなしうる。

加えて、通貨危機の影響は、各国の状況にも依存する。たとえば自動車組立産業において、インドネシアのように、販売が現地向けであり、かつ部品調達をほとんど輸入に依存するような場合には、大きな被害を受ける。これに対し、タイのように、輸出も行なっており、国内にすでに部品産業が発達しているような場合には、被害は比較的小さい（西山ほか，1999, Ⅵ-1-3; 経済企画庁，1999, p.65）。これが、図10-5において、1産業内でも企業ごとに影響の大きさが異

なっている理由の1つである。

(3) 販売・調達に関する教訓

売り上げの減少した企業は、場合によっては、工場を一時的に生産停止にするなどした。さらに、部品の仕入れ先を見直したり、調達価格を引き下げたりするなどの措置をとった。そのため、これらの企業に部品を供給していたサプライヤーは、売り上げ減少を補うために、企業の存続をかけて新たな販売先を探す必死の努力をしたという話も少なくない。同時に、多くの企業が、原材料・部品などの現地調達率を高め、また製品の輸出比率を高めた。つまり、図10-6において右上へ移行しようとしたのである。

その際、通貨危機以前に各企業がどんな経営戦略をとっていたかが、こうした企業行動の効果を大きく左右する。たとえば三菱自動車は、以前からタイを輸出基地にしようと取り組んでおり、1989年には乗用車輸出を開始し、1993年にはピックアップ・トラックの輸出を開始していた。このため、通貨危機のなかでも輸出拡大を順調に進めることができたので、工場の稼働率低下を食い止められたのである（叶, 2000, p.115）。

他の企業も、通貨危機後、輸出を増やそうとした。ところが、為替レートが下落したからといって、簡単に輸出が増やせるわけではない。その理由としては、以下のことがあげられる。第1に、外国に輸出するためには、輸入国側の基準にあう高い品質が求められる。また、他国へ製品を輸出する際には、輸入国のニーズに合わせた製品づくりが求められるので、たんに国内で販売していたものを輸出に回せばよいというわけにはいかない。たとえば、タイの自動車にはヒーターが付いていない。これをオーストラリアに輸出しようとすると、ヒーターやさまざまな安全装置を取り付けるのに加えて、オーストラリアの基準を満たす衝突テストを行なわなければならないのである。第2に、日本の本社が、日本国内での生産を減らして、アジアの現地法人からの輸入を増やす際には、新たな問題が生じる。日本のある自動車部品メーカーは、海外の「現地法人から輸入すると、在庫管理が大変。多めに在庫しなければならなないし、そうなると金利がかかる。しかも納期を絶えず心配しなければならない」と述べている（中小企業金融公庫調査部, 1999, p.36）。

こうしたことから、以下の教訓が得られる。

教訓2　複数の販売市場や調達ルートをもっていれば、経済状況が突然悪化して1つが機能しなくなったとき、他のものを活用することによって対処できる。

参考文献
叶芳和（2000）「アジア再生の舞台見てある記・第8回　タイ」『貿易と関税』8月号。
経済企画庁（1999）『経済白書』大蔵省印刷局。
中小企業金融公庫調査部（1998）『中小公庫レポート』No.98-1。
―――（1999）『中小公庫レポート』No.99-2。
中小企業庁（2000）『中小企業白書』大蔵省印刷局。
西山洋平ほか（1999）「1998年度海外直接投資アンケート調査結果報告」『海外投資研究所報』1／2月号。
深尾京司（2000）「現地日系企業はアジアの通貨・経済危機にいかに対応したか」青木昌彦・寺西重郎編『転換期の東アジアと日本企業』東洋経済新報社。
吉冨勝（2003）『アジア経済の真実』東洋経済新報社。
Bhagwati, Jagdish (1998) "The Capital Myth," *Foreign Affairs*, May/June.（沢崎冬日訳「資本の神話――資本移動の自由を謳歌するウォール街＝財務省複合体」『週刊ダイヤモンド』1998年5月23日）

本章のまとめ

1．アジア通貨危機は、東南アジア諸国の経済運営の失敗に加え、巨額の外国資本の流入と突然の流出、パニックの発生などの原因によって発生した。
2．企業にとって、貿易や国際金融取引を行なう際には、為替変動のリスクをつねに考慮し、それに対処できる体制を、日頃からつくっておくことが必要である。
3．企業は、複数の販売市場や調達ルートをもっていれば、経済状況が突然悪化して1つが機能しなくなったとき、他のものを活用することによって対処できる。

●研究課題

1．これまでに世界で起きた通貨危機とアジア通貨危機とでは、通貨危機が発生した原因がどう違うのかを調べてみよう。

2．アジア通貨危機以降、東南アジア諸国の経済政策はどう変化したのかを調べてみよう。

■ 文献案内

荒巻健二『アジア通貨危機とIMF』日本経済評論社、1999年。
　アジア通貨危機の発生原因について、マクロ経済の視点から分析している。

福田慎一・小川英治編『国際金融システムの制度設計──通貨危機後の東アジアへの教訓』東京大学出版会、2006年。
　アジア通貨危機の再発を防ぐための、国際金融制度のあり方を検討している。

ジョセフ・E・スティグリッツ『世界を不幸にしたグローバリズムの正体』鈴木主税訳、徳間書店、2002年。
　IMFとWTOを痛烈に批判し、望ましいグローバリゼーションのあり方を論じている。

石川幸一・清水一史・助川成也編『ASEAN経済共同体と日本──巨大統合市場の誕生』文眞堂、2013年
　近年のASEANの経済統合を分野ごとに分析した研究書。

第10章付論 サブプライムローンと世界金融危機

　アメリカの住宅ローンの焦げ付き（貸金の回収が困難になること）に端を発したサブプライムローン問題は、2008年に世界の金融市場を揺るがす事態に発展した。一国の住宅ローンの延滞という極めて限定された範囲の問題が、なぜ世界金融危機に発展したのであろうか。その理由を理解することを通じて、世界経済の仕組みについて考えてみよう。

サブプライムローン

　サブプライムローンとは、プライム（優良）でないローンという意味である。つまり、過去にローンの延滞履歴があるなどの理由で、今後もローンの延滞をする可能性が高い顧客への住宅ローンである。

　2000年代に入り、アメリカの住宅価格は急上昇する。2000年から2006年までに、アメリカの住宅価格は約2倍になった。これは、住宅購入ブームが生じたからである。このブームは、主に2つの理由によって起こった。1つは、2001年にアメリカで同時多発テロ事件が起こったあと、アメリカの中央銀行である連邦準備理事会が金融緩和を行なったことにより、住宅ローンの金利が下がったことである。もう1つは、2001年に発足したブッシュ政権が、住宅ローンへの減税措置をとったことである。

　住宅価格上昇は、住宅金融会社や商業銀行などの金融機関の融資審査基準を緩めることとなった。金融機関は、借り手が住宅ローンを返済できなくなったら、担保にとった住宅を転売することで債権を回収する。住宅価格が上昇することは、担保の価値が上昇することなので、それが住宅ローンの審査を甘くする。その結果、住宅ローンに占めるサブプライムの比率は、2003年の9％弱から、2004年には18％、2005年には21％へと急上昇した。

　サブプライムローンでよくとられた返済方法は、はじめの数年間は返済額を低く抑えるものの、その後返済額が上昇する、あるいは、返済当初の2年は固定金利とし、その後は変動金利とするものであった。これによって、住宅購入当初の返済額が少ないぶん、将来の返済の負担が増大することになったわけであるが、その仕組みを十分理解しないまま住宅を購入した人が少なくなかった。また、住宅を購入する際に、実際よりも住宅の評価額を不当に高く見積もることや、借り手の収入を操作するといった不正が、広く行なわれていた。さらに、失業者でさえ家が買えた。

こうした極めて異常なことが、当時のアメリカ各地で起きていた。

この結果、住宅販売は急増した。そして、住宅購入の仲介をした人々は、多額の仲介手数料を得た。

住宅を購入した人は、その後にローンを返済できなくなっても、住宅価格が上昇するかぎり、その上昇分を担保に新たなローンを組むことができた。新たなローンで借りた金を、従来のローンの返済にあてることで、返済先延ばしが可能となる。よって、表面上は、返済できなくなる人はほとんどいないこととなる。

しかし、こうした異常な状態がいつまでも続くはずはない。2006年頃より住宅価格が下落しはじめると、新たなローンを組むことができなくなり、よってローンを返済できなくなる人が続出した。そして、担保となる住宅をとりあげても、住宅価格が下落していくので、金融機関は住宅ローンの全額を回収することができない。

ここに、アメリカの資本主義のいびつさがはっきりとみてとれる。住宅金融会社や商業銀行は、融資審査基準を甘くし、返済不可能であることが明らかな人に対してさえ、ローンを組ませて家を買わせる。こんなおかしなことが多数行なわれていた。その結果、住宅金融会社や商業銀行は大きな損失をこうむったのである。

サブプライムローンの証券化

住宅ブームが起きていたころ、金融機関は、自分たちがもっていた住宅ローンのおよそ半分を投資銀行へ売却した。つまり、住宅ローンの返済を受け取る権利を、投資銀行に譲渡した。そして投資銀行は、購入した住宅ローンを小分けにして証券化した金融商品をつくり、投資家や企業へ販売した。すなわち、住宅ローンの返済を受け取る権利が、最終的に投資家や企業に譲渡されたのである。

さらに、住宅ローンやそれをもとにした証券化商品が、自動車ローンやクレジットカードローンなど他のローンと組み合わされて、新たな証券化商品がつくられることもしばしばあった。こうして繰り返し証券化されることにより、投資家が、根源となる住宅ローンのリスクの大きさを把握することが、極めて困難となった。

他方、S&P、ムーディーズなどの格付け会社は、証券化商品を発行する企業に対し、元本を償還する可能性を審査し、償還の可能性に基づいて、AAA、AA、A、BBBなどの格付けを付与する。そこで投資銀行は、モノラインと呼ばれる金融商品専門の保険会社に保証料を支払い、その金融商品が債務不履行となったときの保証を受けることで、サブプライムローン関連証券に対する格付け会社の評価を上げることができた。

しかしのちに、この格付けが高すぎたことが明らかになる。2006年以降、全米各地で住宅価格が下落しはじめると、サブプライムローンの焦げ付きが急増した。すると、2007年半ば以降、格付け会社が相次いでサブプライムローン関連証券の格付けを下げた。その結果、市場では、サブプライムローン関連証券が投げ売りされ、価格が急落したのである。こうして、サブプライムローン関連証券を購入して

いた多くの機関投資家は、大きな損失をこうむった。また、住宅ローンを貸し付けた金融機関も、多額の貸し倒れを抱えてしまった。この一連の出来事が、金融機関の貸し渋りや消費の低迷などを通じて、アメリカの景気に悪影響をもたらすこととなったのである。

アメリカの金融危機

　サブプライム問題をきっかけに、2008年9月15日、アメリカの投資銀行であるリーマン・ブラザーズが倒産した。負債総額は、6130億ドル（約66兆円）という史上最大の倒産である。この事件は、リーマンショックと呼ばれるようになった。さらに、メリル・リンチが買収されるなど巨大な投資銀行が次々と経営危機に陥るとともに、株式市場では多くの株式の価格が急落した。

　アメリカの調査会社ムーディーズ・エコノミー・ドットコムの推定では、住宅ローンの焦げ付きによる損失は、最終的に6500億ドルになるという。これは巨額の損失ではあるが、2007年末時点でアメリカの金融機関の資産総額が60兆ドル近くであることを考えれば、金融市場が大混乱に陥るほどの規模の損失とはいえない。では、なぜ巨大な投資銀行が次々と経営危機に陥り、そして株価の急落が起こったのだろうか。

　サブプライム問題がこれほどの大問題に発展した原因の1つは、アメリカの投資銀行やヘッジファンドなどが、多額の借金をして資産運用を行なっていたことにある。借金をして資産を運用する方法は、レバレッジと呼ばれる。たとえば、投資銀行などが投資する際に、自己資金100億ドルに借入金900億ドルを加えた1000億ドルで、国債や株式、金融化証券などを購入し、資産運用を行なうのである。購入した証券が値上がりすれば、それだけ高い利益を得ることができるが、逆に値下がりすれば、大きな損失をこうむる。購入した証券の価格が10％下がれば、100億ドルの損失が出るため、この投資銀行は自己資金をすべて失うことになるわけである。

　サブプライムローンが問題となる以前、アメリカの投資銀行では、自己資金の30倍のレバレッジをかけて投資するのが一般的であった。極めてリスクの高い投資である。投資を行なう社員は、その運用利益に応じて報酬を得るので、高いレバレッジをかけることで、あえてリスクの高い投資を行なっていたのである。これにより、年収が1億円を超える人も珍しくなかった。

　高いレバレッジをかけた状態で証券化商品の価格が暴落すれば、損失も多大なものになる。このように高いリスクを伴う投資が常態化していたことが、投資銀行に多額の損失を生じさせた。結果として生じた投資銀行の経営危機が、投資家に不安を与え、よって株式売却の動きが強まり、株価の低下につながったわけである。

　さらに、景気後退への懸念が、アメリカの株価をいっそう下落させた。ニューヨーク株式市場のダウ工業株30種平均は、2007年10月9日に1万4164ドルだったが、こうした一連の影響を受けて、2009年3月9日には6547ドルにまで下落した

のである。

　株価下落は、株式を所有する多くの機関投資家や個人投資家の資産を減少させる。そして資産が減少した人々は消費を減らす。アメリカのGDPの7割は個人消費なので、消費の減少は、景気に大きな影響を与えた。さらに、不況により多くの人が失業したことが、消費の減少を加速させたのである。

　ここにも、アメリカの資本主義のいびつさがみてとれる。アメリカでは、新しい金融商品が次々と開発される。それがどのようなリスクをもつのか、多くの人が理解できないときがある。にもかかわらず、投資銀行はそれを大量に販売し、そこから莫大な手数料収入を得る。また、大きなリスクを伴うマネーゲームにより易々と大金を手にする。つまり、アメリカの金融機関は、合法であれば手段を選ばない。それが当たり前になっていたのである。

　なお、海外の銀行や企業もサブプライムローン関連商品を購入していた。とくに、ドイツの民間銀行や州立銀行は、大きな損失をこうむった。つまり、金融のグローバル化の進行が被害を世界中へ拡大させた。一方、カナダでは、銀行が、法律により高いレバレッジを掛けることができないため、大きな損失を受けなかった。これは、銀行への規制が成果を発揮したことを意味する。

世界同時株安

　アメリカの景気が悪化すれば、アメリカに輸出している企業は悪影響を受ける。さらに、それにより一国の景気が悪化すれば、アメリカに輸出をしていない多くの企業も影響を受ける。こうしたことへの懸念から、世界各国において株価が下落する事態が起こり、世界金融危機と呼ばれる事態になった。

　その際、不況に加えて、株価下落を加速させたもう1つの要素は、ヘッジファンドが投資家全体の判断に大きな影響を与えていることである。ヘッジファンドは、アメリカをはじめ世界各国の株式市場に多額の投資をしている。証券化商品の値下がりをきっかけにアメリカの株価が下落すると、ヘッジファンドは、投資によるリスクを低下させるなどの理由で、世界各国に投資した株式を売却する。すると、他の機関投資家も、それに追随する形で株を売る。その結果、各国の株式市場で売り注文が殺到し、株価急落につながったのである。このように、株式市場において、投資家が自らの判断ではなく、他の投資家の動きに従って株を売買することは珍しくない。そのことが、株価変動が大きくなる一因となっている。

　以上からわかるように、サブプライムローン問題は、アメリカ住宅ローンの安易な貸し付けからはじまって、それがマネーゲームによって増幅され、世界経済を不況に陥れるまでに発展した。アメリカの連邦準備理事会の元議長グリーンスパン氏は、2008年10月23日のアメリカ議会の公聴会で、自由競争主義に欠陥があることを認めた。したがって、金融システムや世界経済を揺るがす事態に対し、具体的な規制や対策が問われている。しかしながら、現時点でも、アメリカにおいて実効

日本経済への影響

　日本企業が保有するサブプライムローン関連商品の額は、比較的小さかった。このため、その価格が急落することによる直接的な被害はさほど大きくなかった。

2009年の実質GDP成長率

(％)

日本	アメリカ	ユーロ圏
−2.2	−2.8	−4.4

注：日本は年度の値（以下も同じ）。
出所：内閣府「国民経済計算」2017年；IMF *World Economic Outlook*, 2013.

2009年の日本における各項目の実質成長率

(％)

個人消費	1.0
民間設備投資	−11.9
民間住宅投資	−20.3
財・サービス輸出	−9.0

出所：内閣府「国民経済計算」2017年。

　にもかかわらず、日本の景気は、この問題によって大きく悪化した。2009年度の実質GDP成長率は−2.2％である。日本は、サブプライムローン関連商品に関する損失が比較的小さかったにもかかわらず、なぜ景気がこれほど悪いのか。
　その理由の1つは、日本における輸出の大幅な減少である。日本の輸出は、機械や、工場用のプラントなど、企業による設備投資のための製品がその中心である。世界金融危機により、世界全体が不況に陥った。不況になれば、世界各国において、設備投資が大きく減少する。それにより、日本の輸出が減少する。日本と同じく設備投資のための製品を多く輸出しているドイツでも、2009年の実質GDP成長率が−5.1％となった。
　また、2008年以降の円高も、日本の輸出減少の一因となった。円高が進んだ大きな原因は、円キャリートレードの返済が増加したことである。
　日本の景気悪化のもう1つの理由は、国内の民間投資の減少である。輸出減少によって景気が悪化した。そして、景気悪化により民間投資が減少した。この結果、景気がさらに悪化したのである。（注：2016年に日本のGDP計算方法が改定された。本頁は改定後の値を使う）

第11章

WTOとEPA

　戦後の世界経済において、貿易や直接投資が拡大した理由の1つは、関税および貿易に関する一般協定（GATT）や世界貿易機関（WTO）における多国間交渉により、貿易自由化や直接投資受け入れの自由化が進んだことである。グローバル化の進展に際して、こうした制度的な変化が果たした役割は大きかった。だが、近年のWTOにおける交渉では、進展があまりみられない。そのため日本政府は現在、各国との経済連携協定（EPA）の締結を積極的に進めている。なぜこのような状況となったのかを理解するために、本章では、WTOとEPAの歴史と現状についてみていくことにする。

本章のポイント
1. GATTがどのような理由から成立したのかを学ぶ。
2. WTOの原則について理解する。
3. 貿易と環境、また、貿易と食の安全のどちらが優先されるべきかという問題を検討する。
4. 日本のEPAの現状と、今後のゆくえについて考える。

1　GATTの成立とその成果

　WTOは、自由貿易促進を主たる目的とし、世界160の国・地域が加盟する国際機関である（2014年6月26日時点）。WTOの説明に先立って、その前身である関税および貿易に関する一般協定（GATT）がどのような理由でつくられ、どのような成果を生んだかを概観しておこう。

第11章　WTOとEPA

⑴　貿易とブロック経済

　第Ⅰ部で学んだように、比較優位財を輸出し比較劣位財を輸入することで、その国の所得は上昇する。逆に、貿易を減らして鎖国状態に近づけば、その国の所得は低下する。こうした貿易による所得拡大効果は、たんなる量的拡大以上の意味をもつ。

　1930年代、世界が大恐慌に陥った大きな理由の1つは、貿易が減少したことである。当時、イギリス、フランスなどの西欧諸国は、多くの植民地をもっていた。1929年に世界恐慌が起こると、これらの国々は国内産業を保護するために、自国と植民地以外からの輸入に高い関税をかけ、域外からの輸入を事実上できなくするブロック経済をつくった。すると、他国も対抗してブロック経済をつくっていった。またアメリカも、高い関税を設定して輸入を制限した。こうしてブロック経済がいくつもつくられて、互いに輸入を制限した結果、各ブロック経済からの輸出も減少したため、各国の所得はそれ以前よりも低下した。つまり、自国の所得低下を防ぐためにブロック経済をつくったのに、かえって所得が低下する結果となったのである。これにより、世界経済はますます悪化した。とくに、ドイツ経済の疲弊はひどく、それがヒトラーの台頭を生み、第2次世界大戦が引き起こされた。いわば、財が国境を越えないときには、軍隊が国境を越えるのである。

　保護主義がもたらしたこうした歴史への強い反省が、第2次世界大戦後、GATTを生み出す大きな原動力となった。以下で説明するように、GATTでは多国間交渉が行なわれ、その結果、各国は互いに関税や貿易障壁を低下させた。とくに1960年代には、関税の大幅な引き下げが実現した。このことは、日本の高度経済成長における輸出拡大も支えた。また1970年代、オイルショックによって各国の景気が悪化していたにもかかわらず関税率低下が進んだのも、GATTのおかげである。

⑵　GATTの成果

　GATTでは、1947年に23カ国による第1回の交渉が行なわれ、その後も、参加国数を増やしながら数回の交渉が行なわれた。ただし、それは2国間交渉であったため、関税の引き下げには限界があった。そこで1964～67年のケネ

ディ・ラウンド[1]（62 カ国参加）では、参加国の一律引き下げ方式が新たにとられ、約 3 万品目について、平均 35％の関税率引き下げが行なわれた。これは、貿易自由化を推し進めるうえで画期的なことであった。また 1973〜79 年の東京ラウンド（99 カ国と EC 参加）では、石油危機とその後の不況のなかで長時間を要したものの、鉱工業品の世界輸入額の約 60％について関税引き下げがなされた。このとき、日本は約 2600 品目について約 20％の関税率引き下げを行なうとともに、アメリカは約 30％、そして**欧州共同体（EC: European Community）**は約 25％前後の引き下げを行なった。さらに、1986〜94 年のウルグアイ・ラウンドでも、関税引き下げがなされたほか、多くの通商問題が議論された。

GATT に代わり、1995 年から世界貿易機関（WTO）が創設された。WTO は、その加盟国が集まって貿易自由化などのルールづくりを話し合うための国際機関である。2001 年には、カタールのドーハで開催された第 4 回 WTO 閣僚会議で、新しい貿易交渉の開始が決定された。この貿易交渉の正式名称はドーハ開発アジェンダだが、日本では、通称であるドーハ・ラウンドと呼ばれることが多い。

各国にとって、貿易障壁をなくすのは容易なことではない。自由貿易が望ましいことはわかっていても、実際にそれを実現しようとすると、輸入品と競合する国内産業が抵抗する。そのため、貿易自由化を推し進めたという意味で、GATT と WTO が戦後の世界貿易に果たした役割は非常に大きかった。

しかしその反面、GATT と WTO の交渉は、国益のために争う利害対立の場でもある。各国は、自らに有利になるよう交渉を導こうとしていた。つまり、自らの競争力のある財については、各国に自由化を促し、自らの競争力のない財については、保護主義を維持しようとしたのである。なかでも、先進国と発展途上国が、互いの貿易自由化および外国企業によるその国内での経済活動の自由化を求めて対立を続けることとなった。このため、ドーハ・ラウンドは、開始から 13 年後の 2014 年 6 月の時点でも、自由化の内容について合意に達していない。

---

1) ラウンドとは、多角的貿易交渉、つまり多くの国が集まって行なわれる交渉を意味する。

2 WTOの原則

　GATTとWTOは、その加盟国間の貿易に関して、以下のことを原則としている。
　①　関税以外の方法で国家が貿易に影響を与えるのを原則として禁止する。
　②　最恵国待遇（MFN: Most Favored Nation）
　③　内国民待遇（NT: National Treatment）
　①は、財の輸入の際には、原則として数量制限をなくし、関税化しなくてはならないという意味である。②は、外外差別の除去、つまり、すべての加盟国に対して同じ条件を与えなくてはならないことを意味する。たとえば、A国が、ある財に関して、B国から輸入する際の関税を10％へと引き下げたときには、それと同じ関税率を他の加盟国すべてに適用しなくてはならないということである。③は、内外差別の除去、つまり、自国と外国の企業を差別してはならないという意味である。
　これらの原則は、一見当然のように思われるが、実は大きな矛盾を含んでいる。たとえば、ある財に関して、A国、B国、C国が、いずれも関税率を20％に設定していたとしよう。ここで、A国とB国が、貿易自由化を進めるために、互いの関税率を20％から10％へと引き下げたとする。このとき、A国とB国は、C国からの輸入についても、関税率を10％とする必要がある。すると、C国はその関税率を20％に維持したままで、A国とB国への輸出には関税率10％が適用されることになる。つまり、C国はただ乗り（free rider）となるのである。
　このように、GATTの原則は本質的に矛盾を含んでいる。そのため、1980年代以降、アメリカの通商政策は相互主義的色彩を強めた。つまり、相手国に対しアメリカと同じだけの市場開放を求めるようになったのである。
　同時に、GATTにはさまざまな例外措置が存在した。まず、ある財について、輸入量が前年に比べて急増したときには、輸入を制限する措置が認められた。これは、**セーフガード（緊急輸入制限）** と呼ばれる。また、かつては、GATT参加国の多くが賛成すれば、ある財について輸入数量制限を行なうこ

とができるという、ウェーバー条項が存在した。これを利用して、アメリカは長年にわたり、いくつかの農産物の輸入を制限していた。さらに、1974年より2004年まで、多角的繊維取り決め（MFA）によって、繊維製品については例外的に輸入数量制限が許されていた。以上に加えて、自由貿易地域が認められていたため、ECや、北米自由貿易協定（NAFTA）（アメリカ、カナダ、メキシコ）など、多くの自由貿易地域や関税同盟が設立された。GATTが長い間存続できたのは、こうしたさまざまな例外措置が存在したゆえであるといえるかもしれない。

3 貿易と環境・食の安全性

　WTOは、ラウンドによる貿易などの自由化の促進に加えて、加盟国どうしの貿易上の紛争を解決するための機能ももっている。つまり、ある国の貿易などについての行為が、WTOのルールに違反していると思われるとき、他の国がWTOへ提訴することができるのである。するとWTOは、その問題の専門家による紛争処理委員会（パネル）を設置し、審査を行なって判定を下す。そして、判定に不服な国は、上訴することができる。そのときには上級委員会が設置され、判定を下す。いわば、二審制の裁判である。さらに、その後も敗訴した国がその違反行為を改めないときには、被害を受けている国が、WTOの承認に基づいて報復関税などの措置をとることができる。以下、パネルが設置された例をみることで、まずは、貿易と環境のどちらが優先されるべきかという問題から考えていこう。

(1) マグロ輸入禁止措置
　GATT 20条は、動植物の生命保護や天然資源の保存のために、貿易を規制することを例外的に認めている。そこで1990年、アメリカはメキシコからのマグロの輸入を禁止した。これは、東太平洋の熱帯部で、マグロ漁の際にイルカが犠牲になっていたからである。マグロは、イルカの群れの下に群れをつくる。それを、重りがついた長さ1マイルのきんちゃく網で、海水面にいるイルカごと囲い込む。この一網打尽的な漁法により、30年間に700万頭のイルカ

が死んだ。そのためアメリカは、海洋哺乳類保護法により、国内産か外国産かを問わず、きんちゃく網で獲ったマグロの販売を禁止したのである。

これを受けてメキシコは、アメリカの輸入禁止措置を GATT に提訴した。パネルは 1991 年、「アメリカの領海外の生物保護のために、貿易制限はできない」として、メキシコの訴えを認めた。当時の GATT の裁定は、それがすぐに強制力をもったわけではない。しかし、その後成立した WTO の裁定は強制力をもったので、メキシコ政府はアメリカに対し、WTO への提訴をちらつかせて輸入禁止解除を迫ったのである。すると、WTO での敗訴を避けたいクリントン政権は、議会に対し輸入解除をできるようはたらきかけた。その結果、海洋哺乳類保護法を骨抜きにする法案が議会に提出された。この法案は、環境保護団体や海洋哺乳類保護法を成立させた議員からの反対が強く廃案となるが、1997 年に同様の法案が可決された。その法律に基づき、1999 年秋よりきんちゃく網で獲ったマグロがアメリカの市場で販売されることとなったのである。

(2) **エビ輸入禁止措置**

アメリカは、その後も同様の問題で外国から訴えられることになる。アメリカの絶滅危惧種法は、ウミガメ混獲予防措置が付いた網で獲ったエビだけに、アメリカでの販売を認めていた。この措置が付いていれば、エビ漁網からウミガメは逃げ出すことができるのである。しかし、この法律に各国が異議を唱え、WTO に提訴した。

アメリカは、この法律がアメリカと外国のエビ業者に対して平等に適用されるのであれば、内外無差別の観点から WTO のルールに違反しておらず、よって GATT 20 条に基づいて、この規制は認められるべきだと主張した。しかしパネルは、このアメリカの法律が WTO の意図に反しているとの判定を下し、アメリカは敗訴した。この判定に対しては、環境保護団体だけでなく、アメリカのマスコミや多くの論者が批判した。

アメリカ政府は、パネルの決定を不服として上訴した。ところが WTO の上級委員会は、GATT 20 条に基づく環境保護の重要性を認めつつ、この件についてははなはだしく、また身勝手なほど差別的な運用が行なわれていると判断したため、アメリカは再び敗訴した。その結果、アメリカはこの決定を受け

入れ、各国とエビ輸入に関する合意にいたったのである。2003年の時点では、39カ国と1経済圏に対して、アメリカへのエビ輸出が認められている。その認定に際して、ウミガメ混獲予防措置が付いた網で獲ったエビだけという条件に基づき、アメリカ商務省海洋漁業局出身の専門家からなる組織が当該国で実施した現地調査の結果が考慮される仕組みとなっている。

このように、環境と貿易のどちらが優先されるかは、WTOにおいて今後も大きなテーマとなるであろう。さらに、パネルで争われる問題は、ほかにも多数ある。なかでも大きな問題となるのが、貿易と食の安全性はどちらが優先されるべきかという問題である。以下、いくつかの事例をみてみよう。

(3) **ホルモン牛肉事件**

欧州共同体（EC）は、1981年および1988年に出されたEC指令により、農用動物に対する6種類の成長ホルモンの使用と、その成長ホルモンを使用した牛肉の輸入を禁止した。一方、アメリカでは、これらの成長ホルモンの使用が認められていた。アメリカは、ECの輸入禁止措置が、域内産牛肉の保護のためであるとみなし、WTOの前身であるGATTに提訴した。しかし、当時の紛争解決メカニズムの不備のため、その手続きが進まなかった。

WTO成立後、アメリカとカナダはこの問題を提訴し、1996年にパネルが設置され、EC[2]は敗訴する。ECは上訴するものの、1998年、上級委員会で再び敗訴する。しかしECは、その後も依然として輸入禁止措置を続けており、成長ホルモンの発がん性が疫学的に認められるとした意見書を何度も発表している。これを受けてWTOは、アメリカとカナダに、ECに対して制裁措置をとることを認めた。これによってアメリカは、1億1680万ドルの制裁を認められ、1999年7月より、ヨーロッパ4カ国から輸入する製品に対する関税率を引き上げたのである。

ECが輸入禁止措置をとった背景には、**予防原則**という考え方がある。これは、現時点では具体的な環境被害や健康被害が発生していなくても、その兆候があるならば、被害の発生を待たずして、現時点で何らかの予防措置をとるべ

---

2) 1993年に欧州連合（EU）が創設されるが、その経済的側面を論じるときはECと呼ぶのが一般的である。

きとする行動原則である。しかしパネルは、予防原則でもってリスク評価の不十分さを立証することはできないと判断したのである。

その後、2003年にECが新たな規制措置を導入したものの、アメリカは制裁を続けていた。そこでECは、アメリカの制裁の継続についてWTOに対し提訴し、2004年11月にパネルが設置された。2008年3月に出されたパネル報告は、アメリカの制裁継続を違反と認定した。ところが、同年10月に出された上級委員会報告では、パネル判断が破棄され、アメリカの制裁継続は違法でないという判断が下されたのである。

(4) 遺伝子組み換え作物に関する事件

遺伝子組み換え作物をめぐっても、アメリカとECの間で紛争が起こった。ECは当初、遺伝子組み換え作物を承認していたが、安全性への懸念などから、1998年秋以降、新規承認を凍結した。さらに一部の構成国が、承認済み産品の販売と輸入を禁止した。アメリカは、この措置によるヨーロッパへの輸出減少額が、トウモロコシだけで約3億ドル、農産物全体では40億ドルにのぼると主張した。そこで、これらの措置を不当として、アメリカ・カナダ・アルゼンチンはWTOに対してECを提訴し、2003年にパネルが設置された。

2004年5月、ECは遺伝子組み換え作物販売の新規承認を再開したが、一部の構成国は、承認済み産品の販売・輸入禁止をなおも続けていた。2006年に出されたパネルの判定において、ECが主張した予防原則は、法の一般原則として認定されなかった。また、承認済み産品の販売・輸入禁止は違法と判断された。しかし、販売・輸入禁止措置は依然として続けられている。

予防原則を支持する側は、被害が起きてからでは遅いという理由から、科学的根拠が十分に証明されていない状況でも、国民の安全と健康を守るにはこうした慎重さが必要であると主張する。だが、WTOにおいては、予防原則よりも自由貿易の原則が優先されている。こうした考え方の対立は、今後も大きな問題となるであろう。

(5) コーデックス食品規格委員会

コーデックス食品規格委員会は、FAO（国連食糧農業機関）とWTOの合

同食品規格委員会である。食品添加物・汚染物質部会、食品表示部会、残留農薬部会、食品輸出入検査認証システム部会など、多くの部会からなり、各国におけるこれらの基準を国際的に統一すること（ハーモナイゼイション）を目的とする。2013年8月現在、185カ国および**欧州連合（EU: European Union）**が加盟している。

　ここでの決定は、強い影響力をもつ。なぜなら、ここで決定された基準よりも厳しい基準を適用している国は、緩い基準の国の食品を輸入できないからである。その結果、緩い基準の国が、厳しい基準の国に対し、その基準が輸入障壁になっているとしてWTOに提訴し、厳しい基準の国が敗訴することが起こりうる。

　したがってこの委員会の決定は重要なものであるが、その基準策定は、各国のさまざまな圧力を受けている。しかも、この委員会の議論に参加できるのは、政府関係者だけでなく、企業、NGO（非政府組織）、コンサルティング会社関係者であり、とくに企業の参加比率が高い。たとえば1991年の第19回総会において、アメリカからの参加者243人のうち、企業関係者が119人と、全体の49％を占めていた。企業のなかには、自社製品を世界で販売するために、緩い基準を採用させようとする傾向にあるものが少なくない。さらに、政府関係者も、自国企業の利害を反映して行動することがある。こうして各国の利害対立の結果が、ハーモナイゼイションの名の下に、加盟国すべてに押し付けられることになるわけである。食糧の多くを輸入に依存する日本は、こうした問題に、他国以上に敏感になるべきだと思われる。

4　反ダンピング措置

　以上の問題に加え、今後の貿易摩擦の大きな焦点となりうるのは、**反ダンピング措置**である。**ダンピング**とは、ある国から他国へ輸出される産品が、輸入国内において、輸出国内よりも低い価格で販売される、あるいは生産コストよりも低い価格で販売されることをいう。つまり、不当に安い価格で製品を販売することを意味する。そして反ダンピング措置とは、ダンピングから国内産業を守るために、ダンピングされた商品に相殺関税（反ダンピング税）を課すこ

とであり、GATT 6条に認められた手段である。ただし、ダンピングかどうかの判定は輸入国側が行なうので、その判定が恣意的であることが少なくない。そこでウルグアイ・ラウンドでは、反ダンピング措置の発動に関する規律が強化された。

ところが、反ダンピング措置は減るどころか、逆に乱用される傾向にある。とくにアメリカ国内では、1990年代後半、政府に対して反ダンピング措置の発動を求める提訴が相次いだ。なかでも、日本からアメリカへの鉄鋼輸出の8割以上に関して反ダンピング措置の提訴がなされており、事実上日本を狙い撃ちにする形の提訴が行なわれたといってよいだろう。このうち熱延鋼板ダンピングなど4件では、アメリカ国際貿易委員会（ITC）がアメリカ産業の被害を認める最終決定を下している。反ダンピング措置の発動を求める提訴がなされるだけで、アメリカ企業は輸入を控えるので、日本からの鉄鋼輸入は減少することとなる。実際、1999年度におけるアメリカの日本からの鉄鋼輸入は、前年比58.4％減となった。

熱延鋼板ダンピングについては、1999年11月、日本がWTOに提訴した。それに対してアメリカは、日本が自国の鉄鋼市場を事実上閉鎖しながらWTOへ提訴したとみなして、不快感を示した。WTOのパネルは、アメリカの反ダンピング税率の算定が恣意的であるという日本の主張を一部認めた「部分勝訴」の最終報告書をまとめた。アメリカは上訴したが、上級委員会はアメリカの主張を再度退け、WTOにおいてこの判断が2003年8月に確定する。ところが、アメリカはその勧告を実施しなかったため、2008年1月、日本はWTOに対し、対抗措置の承認申請を行なうにいたっている。その後、2011年5月19日、アメリカは、反ダンピング措置の撤廃を決定した。

またアメリカは、輸入品に関して、ごく一部の製品でもその製品の生産国における国内価格を下回る安値輸出が認められれば大幅な上乗せ関税を課す、ゼロイング方式を採用している。日本政府は、この制度はWTO協定違反であると主張して2004年11月にWTOに提訴し、2007年1月の上級委員会報告書で日本の主張が認められた。ところが、ここでもアメリカは、この制度を継続している。

世界貿易の拡大とともに、ダンピングがこれまで以上に大きな問題となる可

能性がある。反ダンピング措置の乱用を防ぐために、新ラウンドにて、規律強化のための議論が望まれる。

5　地域貿易協定

　上述のように、WTO 加盟国は、2001 年からドーハ・ラウンドを開いて、関税や補助金の削減などを話し合っているが、各国の利害対立が激しく、その交渉はなかなか進まない。このように、多角的貿易交渉が困難さを増す一方で、2 国間あるいは複数国間における**自由貿易協定**（FTA: Free Trade Agreement）や**経済連携協定**（EPA: Economic Partnership Agreement）などの**地域貿易協定**（RTA: Regional Trade Agreement）が増加している。FTA とは、財貿易における関税や数量制限などの障壁や、サービス貿易の障壁を、相互に削減する協定である。また EPA とは、貿易に加えて、投資や知的財産権、人的移動のルールなども含めた、より広範囲な分野の取り決めを含む協定である。

　2014 年 12 月時点で、日本は、シンガポール、メキシコ、マレーシア、チリ、タイ、インドネシア、ブルネイ、ASEAN、フィリピン、スイス、ベトナム、インド、ペルーとの EPA を実施しているほか、オーストラリアとの EPA も 2015 年 1 月に発効予定である。アメリカも、10 カ国以上の国との FTA を実施している。こうした 2 国間の RTA に加えて、世界には、地域間の RTA が存在する。有名なものとしては、欧州連合（EU）、北米自由貿易協定（NAFTA）、南米南部共同市場（メルコスール）（ブラジル、アルゼンチン、パラグアイ、ウルグアイなど）、ASEAN 自由貿易地域（AFTA）などがある。

　世界において RTA は急激に増加している。WTO に報告された RTA の数は、1990 年には 27 件だったが、2000 年に 104 件、2006 年に 211 件、2014 年 1 月に 583 件（うち実施は 377 件）となった。RTA 急増の理由としては、先に述べたように、WTO での交渉の進展が困難になってきていることに加えて、各国が RTA を通じて、自国の経済的利益を拡大しようとしていることがあげられる。とくに発展途上国のなかには、先進国からの直接投資をひきつけるために、RTA を結んで貿易や直接投資を自由化しようとする意図がみられる。

第11章　WTOとEPA

⑴　**RTAのメリット**

　WTOでの自由化交渉と比べるとき、RTAのメリットは、例外規定を設けやすいことである。たとえば、日本とシンガポールとのEPAでは、日本がシンガポールから輸入する財に対しては、原則として関税が削減・撤廃されるが、農産物に関しては、シンガポールで生産されたものに限定するという、原産地規定を導入した。そのため、タイなどで生産されたコメがシンガポール経由で日本に輸入されても、関税ゼロにはならない。こうして日本とシンガポールとのEPAは、日本の農家にほとんど影響を与えることなく、工業製品の関税撤廃のメリットをもたらした。また、日本とタイとのEPAでは、日本がタイから輸入する農産物や水産品などの関税を削減・撤廃するものの、コメ、ムギ、牛肉、豚肉などについては関税削減の対象から外されている。こうしたことから、WTOでの自由化交渉に比べると、RTAが農業などに与える影響は小さいといえる。

　ただし、RTAの実施が、期待した成果を生まないときもある。たとえば、アメリカがNAFTAに賛成した大きな理由の1つは、NAFTAによってメキシコの経済が発展し、アメリカとの経済格差が縮小すれば、メキシコからアメリカへの不法移民の流入が減るだろうと期待したからである。しかし、結果的には経済格差は埋まらず、メキシコからアメリカへの不法移民の流入も減少しなかった。

⑵　**RTAの経済効果**

　RTAが結ばれると、その地域間の貿易には原則として関税がかからない。そのため、関税がなくなることによって、RTA域内の外国製品のほうが国内製品よりも安価になるならば、それまで国内で生産・消費されていた財が輸入されるようになる。このように、RTAの域内貿易が自由化されることによって貿易が生じることを、**貿易創出効果**（または**貿易創造効果**）という。

　また、関税がなくなることによって、RTA域内の外国製品のほうがRTA域外の外国製品よりも安価になるならば、それまでRTA域外から輸入されていた財が、RTA域内から輸入されるようになる。このように、域外国との貿易が域内貿易に置き換えられることを、**貿易転換効果**という。

貿易転換効果は、負の経済効果となる場合もある。たとえば、自国が小麦に3ドルの関税をかけていたとしよう。ここで、A国産の小麦価格が10ドル、B国産の小麦価格が12ドルであれば、輸入価格はそれぞれ、13ドルと15ドルになるため、自国はA国産の小麦を輸入する。ところが、自国がB国とのRTAを結べば、B国産の小麦の輸入価格は12ドルとなるため、自国はB国産の小麦を輸入する。すると、本来はA国産の小麦のほうが安価であるのに、それを輸入しないことになるわけである。

RTAが結ばれると、上記の貿易パターンの変化による経済効果だけでなく、域内の財、資本、労働の移動が容易になることで、資源配分が効率化するとともに、域内の競争が激しくなるという経済効果も生じる。ヨーロッパが経済統合を進める理由の1つは、こうした経済効果が経済成長を生み出すことへの期待にあるといわれている（田中，1991）。

(3) EPAの日本への影響

EPAは、日本経済にさまざまな影響をもたらしている。シンガポールとのEPAは2002年11月に発効したが、2007年の日本の対シンガポール貿易額は、2002年に比べて輸出が45％、輸入が32％増加している。ここから、EPAが貿易拡大に貢献していることが推測できる。

また、2008年に発効した、インドネシア、フィリピンとのEPAにより、看護師・介護福祉士の受け入れが行なわれている。さらに、2014年より、ベトナムからも受け入れている。これに伴い、日本側は、EPAによる看護師・介護福祉士の受け入れ枠を1500人に拡大した。ただし、日本側に、その支援体制が整っていないとのとの指摘がしばしばなされている。EPAによって入国した人々は、来日から数年のうちに看護師・介護福祉士の国家試験に合格しなければならないが、彼らの国家試験合格率は、日本人に比べて低い。試験に合格しなかったために、日本で働くことに慣れた人々が帰国することは、日本にとっても大きな損失である。国家試験合格率が低い理由の1つは、日本語の壁である。このため、日本語教育のカリキュラムを現状よりも強化するべきである、あるいは、試験問題の漢字にふりがなをつけるなどの措置をとるべきであるとの主張が存在している。

EPA が結ばれると、それが別の EPA を生み出すこともある。その具体的事例が、日本とメキシコの EPA である。

1994 年 1 月に発効した NAFTA により、メキシコとアメリカの間の貿易に関税が削減された。さらに 2000 年 7 月発効の EU・メキシコ自由貿易協定により、メキシコとヨーロッパの間の貿易に関税が削減された。その結果、日本企業は、メキシコへの輸出に関税がかかる点で欧米企業より不利となり、競争力の減退を招いた。メキシコにおける日本製自動車の市場シェアは、NAFTA 成立時の 94 年には 6 ％強であったが、2001 年には 3 ％台にまで落ち込んでしまった。こうした競争力減退が大きな理由となり、日本はメキシコとの間で EPA を結んだのである（2005 年 4 月発効）。

日本とメキシコとの EPA より、メキシコは、日本からの自動車輸入に無関税輸入枠を設定した。その結果、日本からメキシコへの自動車輸出額は、2005 年 4 ～ 12 月に前年同期比 42％増となった。他方、日本もメキシコの農産物の輸入関税を削減・撤廃したので、メキシコから日本へのオレンジ果汁輸出額は、2005 年 4 ～ 12 月に前年同期比 46％増となった。

メキシコとの EPA は、経済成長を重視した政策判断であった。EPA を実施すれば、日本からの工業品などの輸出が増加するなどのプラスの効果が生じると同時に、農産物などの輸入が増加し、農家の経営が厳しくなるなどのマイナスの効果も生じる。プラスの効果とマイナスの効果を比べたとき、プラスの効果のほうが大きいと判断したわけである。この EPA により、日本のみかんや畜産などの農家は、従来よりも厳しい状況に置かれることになるだろう。ただし、日本の農業は規制緩和や生産性向上が遅れているため、EPA による競争圧力の拡大を歓迎する意見もある。

(4) **日本の EPA の行方**

日本において、EPA は、膠着状態にある WTO 交渉に代わって、貿易自由化を促進する手段として期待されている。ただし、多くの国々が日本に期待する農産物輸入拡大と外国人労働者受け入れについては、日本国内でさまざまな意見がある。そのため、今後日本が EPA 相手国を増やしたとしても、その内容が大幅な自由化を含まず、経済活性化という観点から不十分なものとなる可

能性もある。

　EPAは、貿易拡大だけでなく、直接投資に関する相互の規制をなくし、日本企業の海外での経済活動を行ないやすくするなどの面で期待されている。また、その国との相互依存関係の拡大を通じて、外交関係を強化するという効果も期待される。この観点から、EPAは重要な外交手段の1つとみなされるべきであろう。

参考文献
田中素香（1991）『EC統合の新展開と欧州再編成』東洋経済新報社。

本章のまとめ

1. ブロック経済をつくったために貿易が減少した結果、各国の所得がそれ以前よりも低下し、ついには第2次世界大戦が引き起こされたことへの強い反省が、GATTを生み出す大きな原動力となった。
2. GATTとWTOが戦後の世界貿易に対し大きな役割を果たした。しかしその反面、GATTとWTOは、国益のために争う利害対立の場でもある。
3. EPAのメリットは、例外規定を設けやすいことである。また、EPAは、わが国の貿易拡大に寄与している。

●研究課題
1. WTOのドーハ・ラウンドにおいて、各国がどのようなことを主張したか、そしてどのような問題で対立したかを調べてみよう。
2. EPAが、日本経済や各産業にとってどのような役割を果たしているのかを検討してみよう。

■　文献案内

岩田伸人『WTOと予防原則』農林統計協会、2004年。
　予防原則の内容と、それが焦点となったWTOの通商紛争を解説している。
ジョセフ・スティグリッツ／アンドリュー・チャールトン『フェアトレード──格差を生まない経済システム』浦田秀次郎監訳、日本経済新聞出版社、2000年。
　現在の貿易ルールが、途上国にとっていかに不公正であるかを検証し、WTOにおいて、先進国と発展途上国の間の公平が実現するような協定を結ぶことを提案

する。ミクロ経済学の知識があると読みやすい。

山澤逸平・馬田啓一・国際貿易投資研究会編『アジア太平洋の新通商秩序』勁草書房、2013年。

　WTOや日本の通商政策について、その現状と今後のあり方について検討している。

第II部 世界経済の変貌

第12章
中国経済と日本企業

　中国は急激な経済成長を続けており、GDP は日本の2倍を超えた。同時に、日本との貿易も増加している。日本にとって中国[1]は最大の輸出相手国であり、また中国にとっても日本は主要な輸出相手国の1つである。よって、日本と中国は強い相互依存関係にある。そこで本章では、中国経済の現状と、中国に進出する日本企業が今後のビジネスをどのように展開すべきかについて考えてみよう。

本章のポイント
1．中国経済がなぜ長年にわたり高成長を実現できたのか、その理由を理解する。
2．経済成長に伴って発生する問題点について考える。
3．日本企業にとって中国でビジネスを行なう際のリスクについて学ぶ。
4．日中企業間におけるモノづくりのスタイルの違いを分析する。

1　改革開放後の経済成長

　中国は、1978年に改革開放路線を採用することにより、経済成長に向けて動きはじめた。1979年から2013年までの35年間で、実質 GDP は24.8倍となった。これは、年平均9.6％の成長率である。日本の**実質 GDP 成長率**（物価水準の変化の影響を除いた GDP 成長率）が1956年から1973年までの間に年平均9.4％であったので[2]、日本の高度経済成長期に匹敵する成長率を、日本の2倍の期間続けていることになる。こうして世界的にもまれな高成長が持続し

---
[1]　香港を含む。

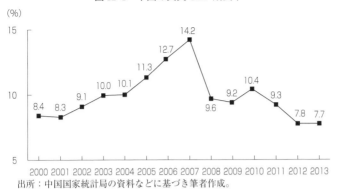

図12-1 中国の実質GDP成長率

出所:中国国家統計局の資料などに基づき筆者作成。

た結果、2013年の中国のGDPは、日本円に換算して約980兆円となった。これは、日本の約2倍であり、アメリカに次ぐ世界第2位の大きさである。

2000年代になってからも、高い成長率を記録している(図12-1)。リーマンショックが起きて世界の景気が悪化した2008年以降は成長率が鈍化しているものの、それでも7%前後の成長率を持続している。

(1) 投資と輸出が牽引する高成長

中国経済の高成長を牽引するのは、おうせいな投資と輸出である。表12-1が示すように、中国の投資と輸出がGDPに占める割合は、極めて高い水準にある。つまり、企業が積極的に設備投資を行なうとともに、低価格の財を大量に輸出することで、高い経済成長を実現しているのである。それを支えていたのは、農村から都市へ莫大な数の労働者が出稼ぎにくるため低賃金労働者が豊富に存在することと、外資企業などを通じて海外から技術を得ていることであった。

とくに2000年以降輸出の増加が著しい(図12-2)。輸出品目をみると、衣料品などの労働集約財だけでなく、2007年には約50万台の自動車を発展途上国に輸出するなど、資本・技術集約財の輸出も拡大している。このように世界有数の輸出国になったことから、中国は、「世界の工場」と呼ばれている。そし

---

2) 中国の成長率については国連のデータをもとに、日本の成長率については内閣府「国民経済計算年報」のデータをもとに、筆者が計算した。

表12-1　2006年の投資・輸出・消費の対GDP比

(％)

	投　資	輸　出	消　費
中　国	52.5	37.1	36.5
日　本	23.8	16.1	56.8
米　国	16.3	11.1	70.0

出所：経済産業省編（2007）第1-3-7図より筆者作成。
出典：中国国家統計局『中国統計年鑑2006』『中国統計年鑑2007』ほか。

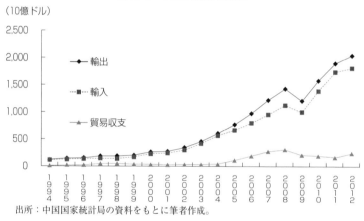

図12-2　中国の輸出入の推移

出所：中国国家統計局の資料をもとに筆者作成。

て2012年には、財の輸出額が2.05兆ドルとなり、世界の輸出額の11.8％を占め、世界一の輸出国となった。

　一方、輸入も拡大している。これは、経済成長に伴い燃料、天然資源、食料、その他の財への需要が増加したことに加えて、生産機械や、輸出品に組み込む部品の輸入が増加したためである。2013年には、財の輸出入総額が4.16兆ドル（輸出2.21兆ドル、輸入1.95兆ドル）となり、貿易額でも世界一となった。

　さらに、高成長のもう1つの原動力が、外国から中国への直接投資である。図12-3が示すように、2011年には3000億ドル弱の直接投資が行なわれた。こうした多額の直接投資がなされるのは、外国企業が中国市場の高い成長を予想しているからである。アメリカの自動車企業GMのワゴナー会長（当時）は、「次の25年、30年を考えれば、中国市場を得た者が将来の自動車業界の勝者になるだろう」と述べた（『日本経済新聞』2008年4月21日付）。また、輸出額に

図 12-3 中国の対内・対外直接投資の推移

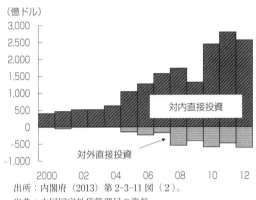

出所：内閣府（2013）第 2-3-11 図（2）。
出典：中国国家外貨管理局の資料。

図 12-4 中国における外資企業の輸出額に占めるシェア

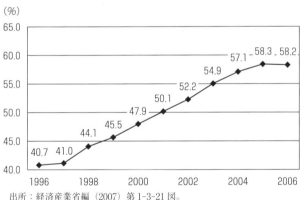

出所：経済産業省編（2007）第 1-3-21 図。
出典：CEIC Database.

おける外資企業の比率が高まっており（図 12-4）、外資企業は中国の輸出拡大にも大きく寄与している。

(2) 外国企業にとっての中国の意味

このように、外国から直接投資は、中国の経済成長に大きく寄与している。では、外国企業にとって、中国はどのような意味をもつのかを考えてみよう。

これまでの中国は、外国企業にとって、生産拠点と市場という2つの意味を

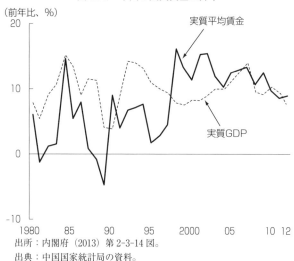

図 12-5　中国の実質賃金上昇率

出所：内閣府（2013）第 2-3-14 図。
出典：中国国家統計局の資料。

もっていた。つまり中国は、低コストで財を生産できる場所であるとともに、大規模かつ今後の成長が見込める有望な市場であった。そのため、中国で生産・輸出をする目的と、中国で生産・販売をする目的のために、海外から多額の投資がなされたのである。

　ところが、中国の経済発展につれて、労働者の賃金が上昇してきた。図 12-5 より、2000 年以降、実質賃金の急上昇が確認できる。とくに中国沿岸部における賃金は、中国内でも高い水準にある。中国では、沿岸部の経済発展が進んでいるのに対し、内陸部の発展は遅れていた。そのため、かつては内陸部から沿岸部へ多くの出稼ぎ労働者が来ていた。ところが、中国政府の政策により内陸部の発展が進むにつれて、内陸部における賃金が上昇してきた。その結果、沿岸部へ行く出稼ぎ労働者が減少している。また、沿岸部の若者は、一人っ子政策のもとで不自由なく育ってきた人が少なくなく、彼らは工場で働きたがらない。よって、沿岸部の工場では人手不足が発生しており、それが賃金上昇を招いているのである。

　この結果、中国沿岸部では生産コストが上昇し、工場を運営して利益をあげることが徐々に難しくなっている。とくに、衣料品などの軽工業品を生産する

工場では、その傾向が強まっている。採算がとれない工場は、中国内陸部か、あるいは外国へ移転せざるを得ない。日本企業のなかにも、工場を中国からベトナムやタイなどの東南アジア諸国へ移転させる動きが出ている。つまり、中国は、かつてのように低コストで財を生産できる場所ではなくなりつつあるのである。

したがって現在の中国は、外国企業にとって、生産拠点としての意味が以前よりも小さくなっている。一方、人々の所得が上昇しているため、市場としての意味がますます大きくなっている。それゆえ、中国への直接投資は、今後、輸出用の財を生産することを目的とするものよりも、中国市場向けの財やサービスを提供することを目的とするものが中心になっていくであろう。

(3) 日本からの直接投資の変化

日本から中国への直接投資も同じ傾向にある。2012年における日本からの投資額は、製造業と非製造業がそれぞれ7334億円および3425億円であったが、2013年にはそれぞれ5507億円および3362億円[3]となり、製造業は25％減、非製造業は2％減となった。つまり、製造業の直接投資が大きく減少したのに対し、非製造業は微減である。

製造業における投資の大幅減少のきっかけとなったのは、2012年9月に中国全土で起こった反日デモにより、日系企業の工場や店舗などが破壊されるなどの被害が生じたことである。だが、投資減少の最大の原因は、賃金上昇により生産拠点としての魅力が低下したことである。

一方、非製造業の投資は、製造業とは異なり、大きく減少していない。これは、中国の市場としての魅力が高まっているためである。つまり、中国でのビジネスから得られる利益、あるいは、中国でのビジネスの将来性は大きいと判断しているのである。その一例をあげれば、中国でスーパーマーケット事業を展開するイオングループは、2012年9月の反日デモにより店舗が破壊され、商品が略奪されるという被害をこうむったにもかかわらず、今後も中国で店舗を拡大しようとしている。このほかにも、ラーメン屋や牛丼チェーンといった

---

[3] 日本銀行「国際収支統計」2014年による。

外食産業、スキー場などのリゾート開発、結婚関連のビジネスなど、非製造業における多種多様な業種がこれまで中国へ投資しており、今後も投資をしていくと思われる。

日本貿易振興機構が2013年10～11月に中国の日系企業に対して行なった調査によれば、今後1～2年の事業展開に方向性について、拡大と回答した企業が54.2%であるのに対し、現状維持は39.5%、縮小は5.0%、撤退は1.2%である。つまり、すでに中国に進出している企業については、縮小や撤退の動きは少なく、むしろ過半数は拡大の方針である。一方、縮小あるいは撤退すると回答した企業は、その66.1%が、コスト増加（調達コストや人件費など）を理由としてあげている。また、縮小あるいは撤退と回答した企業の割合が高い業種は、繊維が20.8%（24社中5社）、電気機械器具が12.4%（129社中16社）であった（日本貿易振興機構, 2013）。

日本企業が中国に進出する際には、自社の100%子会社である独資企業を設立する場合と、中国企業との合弁企業を設立する場合がある。1990年代後半から2000年代前半、日本企業による中国への直接投資において、独資企業を設立する場合が多かった。これは、直接投資の主要な目的が輸出であったため、現地パートナーはさほど必要でなかったためである。ところが、2000年代後半以降は、中国企業との合弁が増えている。現地販売や、政府および法令への対応には、現地パートナーが必要であるという考えが強まったためである。なお、現在でも、自動車産業など一部の産業では、外国企業による独資企業の設立が認められておらず、中国企業との合弁企業しか設立が許されていない。

(4) 欧米への高い輸出依存度

上述のように、高水準の投資と輸出が、中国の高成長を支えている。ただし、投資は景気の見通しに応じて大きく増減し、輸出も海外の景気変動に左右されやすい。したがって、投資と輸出に過度に依存することは、経済成長の持続への懸念材料でもある。

とくに、アメリカとEUの景気悪化は、中国の景気に大きな影響を与える。表12-2からわかるように、中国の輸出先として大きいのはアメリカ、EUそして香港である。このため、2008年のリーマンショック直後、アメリカの景

表12-2　2012年における中国の主要相手国・地域別貿易額

(億ドル)

	輸出額	輸入額	貿易収支
アメリカ	3518	1222	2189
EU	3340	2121	1219
香港	3235	180	3056
日本	1516	1778	−262
台湾	368	1322	−954
韓国	877	1686	−810
ASEAN	2043	1958	85
オーストラリア	377	846	−468
ブラジル	334	523	−189
アフリカ諸国	853	1132	−279
対世界	20489	18178	2311

注：四捨五入のため、受取額と支払額の差が収支の値とあわない場合がある。
出所：日本貿易振興機構編（2013）p.138、表2を一部修正。
出典：『中国海関統計』2012年12月号。

気が悪化すると、中国からアメリカへの輸出が大きく減少した。このため、中国の実質GDP成長率は、図12-1にあるように、2007年の14.2%から、2008年の9.6%へと大きく鈍化した。また2009年以降の欧州債務危機も、中国の景気に悪影響を与えた。

　さらに注目すべき点は、中国がアメリカとEUへの輸出から多額の貿易黒字を得ている点である。よってアメリカとEUからみれば、中国からの輸入品によって国内産業が大きな影響を受けるだけでなく、対中貿易額が赤字となっている。このため、中国とアメリカの間ではすでに貿易摩擦問題が顕在化しており、またEUとの間でも同じ問題が起こりうる。

(5) **中所得国の罠**

　世界銀行の研究グループは、中国経済の今後に関して、「**中所得国の罠**」という問題を提起した（Gill and Kharas, 2007）。「中所得国の罠」とは、途上国が経済発展により1人当たりGDPが中程度の水準に達したのち、発展パターンや戦略を転換できず、成長率が低下する、あるいは長期にわたって低迷することである（内閣府，2013，p.120）。このことが起こる大きな原因は、技術革新の

スピードが落ちることである。

中国は、現在の経済成長率が続けば、2017年に購買力平価で測った1人当たりGDPが1万ドルに達する（内閣府，2013，p.119）。メキシコは、その値を超えると、「中所得国の罠」に陥った。そのため、中国が今後「中所得国の罠」に陥るかどうか、またそれをどう回避するかが、中国の内外において注目されている。

コラム

製造拠点の国内回帰

アメリカ企業が、中国に設立した製造拠点をアメリカ国内へ戻すという国内回帰の動きが起きている。その大きな理由は、中国における人件費の高騰や、アメリカにおいてシェールガスの産出に伴いエネルギー価格が低下する見通しが存在することである。だが、こうした生産コストに関することだけが理由ではない。たとえば、映像・音声システムを製造するピアレス・インダストリーズ社は、国内生産により、開発から製造・販売までのリードタイムの短縮化や、製造工程の一元管理強化などを狙う（日本貿易振興機構編，2013，p.273）。すなわち、市場が急速に変化していくので、商品をできるだけ短期間で開発し市場に出せるよう、国内で開発から生産まで一貫生産を行なうのである。また、ドライヤーなどのヘアケア製品を製造するファルーク・システムズは、海外生産で弱まった製造・輸送の管理強化や、年間600万ドルにのぼる模倣品対策費用の節減などを狙う（日本貿易振興機構編，2013，p.273）。これは、国内生産により製造・販売の効率化をはかるとともに、その過程での情報漏えいを防ぐものである。このように、各企業は経営戦略の転換に伴って国内回帰を選択しているのである。

2　市場経済への転換

中国は社会主義国であり、政党として存在が認められているのは、中国共産党と、それに近い立場にある8つの政党だけである。したがって、中国共産党による事実上の一党独裁となっている。また、中国の憲法には、中国は中国共産党の指導に従うとある。つまり、中国共産党は憲法の上にある。よって、中国共産党の決定が、政府の決定となる。さらに、中央政府および地方政府の幹

部は、共産党員で占められている。

　他方、中国は1978年、経済体制を、社会主義経済から市場経済へと大きく転換した。この転換が中国に経済成長をもたらすこととなった。

(1)　社会主義経済

　かつての中国の経済の仕組みは、社会主義経済であった。社会主義経済では、労働者が資本家から搾取されるのを防ぐために、資本家の存在を認めない。また、国家がすべての生産手段（土地、建物、機械設備など）を所有し、個人がそれらを所有するのを禁じる。つまり、国家がすべてのビジネスを行なうのである。したがって、政府が各産業における投資や生産の内容を決定するという計画経済が実施される。

　ソビエト連邦（現在のロシア）は、計画経済によって、1920年代後半から1930年代後半、そして第2次大戦後から1960年代まで、高いGDP成長率を実現した。それを模倣する形で、中国も計画経済による高成長を目指したが、成功しなかった。とくに、1958年から1960年まで施行された、農工業の大増産政策である大躍進政策により、経済が混乱し、この3年間に2000～3000万人の餓死者を生んだといわれている。その後、1966年にはじまった文化大革命により、国内が混乱するとともに、1000万人の死者を出す事態となった。中国共産党は、毛沢東が死去した翌年である1977年、文化大革命の終結を宣言した。

(2)　社会主義市場経済

　文化大革命終結に伴い、失脚していた鄧小平が最高実力者として復帰した。そして1978年12月に開かれた第11期3中全会（共産党大会第11期中央委員会の第3回全体会議）において、経済政策の変更が宣言された。これは、従来敵視されていた市場経済を容認するとともに、外国資本の導入を認めるものである。この改革・開放路線により、1979年、中国南部（広東・福建省）の4都市が経済特別区に指定された[4]。これらの地区では、外国から資本や技術を導入し、

---

4)　のちに海南島（現在の海南省）も特区に指定された。

中国側が労働者、土地、建物を提供する合弁会社が設立され、輸出入関税の免除、法人税の3年据え置きなどの優遇措置が講じられた。

その後、それらの都市の経済発展を受けて、上海などの沿岸都市が、経済特別区と同様の優遇措置がとられる経済技術開発区に指定され、さらに内陸部にも開放政策が広まった。そして1987年には、社会主義建設のためには市場経済を積極的に導入しなければならないという社会主義初級段階論が表明される。これは、1950年代に社会主義の経済的基礎を築いた時点から、将来、社会主義現代化を実現するまでに、少なくとも100年の歳月がかかり、この期間は社会主義の初級段階であるので、市場経済化を通じて生産力の発展を実現しなければならない、というものである。さらに1992年には、社会主義初級段階論を深化させた、社会主義市場経済論が提起される。ここでは、価格自由化と競争メカニズムを通じて、資源を効率の高い部門に集中することが強調され、市場経済へいっそう近づきつつある。

この結果、国有企業の民営化が進むとともに、新規企業の創設が続いている。現在では、中国における企業の形態として、国有企業、集団所有制企業（労働者や農民、行政単位が共同出資）、私営・個人企業、株式会社、外資企業などが存在する。さらに外資企業には、独資企業（外資が100％出資）、合弁企業（外資と国内企業の合弁）、合作企業（外資と国内企業の合弁だが、出資比率でなく、あらかじめ契約した定めに従い利益を分配）などがある。

鄧小平の経済政策は、国家を豊かにするためには、社会主義か資本主義かにこだわらず、いいものは何でも導入しようとするプラグマティズムである。加えて、一部の地域で実験的に行なったことが成功したら他地域にも導入するという漸進主義である。このような、社会主義のイデオロギーにとらわれない柔軟な発想が、中国の高成長を生んだといえる。中国には社会主義に基づく制度が依然としてあり[5]、また日本などに比べると経済活動への規制が強い。だが、市場では企業間の激しい競争がなされ、それが経済発展の原動力となっている。つまり、中国において、政治体制は社会主義だが、そのもとで市場経済化が進んでいるのである。

---

5) たとえば、中国では土地は国家のものであり、土地の私有が認められていない。そのため、企業は土地借用契約を結んでいる。

また、中国において、官僚および共産党支配層が、利益集団を形成している。国有企業の幹部はほとんどが共産党員によって占められている。また、民間企業のなかにも、政府との強い人脈をもつために政府の許認可の際に優遇され、よってビジネスに成功しているものが少なくない。さらに、共産党幹部の子息がそうした企業を経営している場合もある。これらの企業が成長すれば、それと深い関係をもつ官僚は、大きな利益を得られる。このような「官僚個人、あるいは利益集団化した組織の利益追求（汚職・収賄から親戚縁者への利益誘導などさまざまな形態を含む）」が、中国資本主義の特徴の1つである（加藤ほか，2013, p.28）。

3　経済成長のひずみ

(1) 激しい貧富の格差

こうした急速な経済成長に伴う大きなひずみが生じている。第1は、激しい貧富の格差である。外資が導入された中国沿岸部が大きく発展しているのに比べ、内陸部の成長は遅れている。2006年の都市住民の1人当たり可処分所得は1万1760元（約17万9000円）、農民の1人当たり純収入は3587元（約5万5000円）と、3.3倍の差がある。この比率は、1996年には2.5倍だったので、都市部の経済成長率は農村部よりもはるかに高いことがわかる。また、地域間の格差も大きい。2006年の1人当たり域内総生産は、最高の上海市と最低の貴州省で約10倍の差がある（中華人民共和国統計局，2007）。さらに、階層間の格差も大きい。大都市などにおいて、富裕層が出現する一方、低所得者層も多数存在する。都市部の所得上位10％世帯と下位10％世帯との所得倍率は、1995年の3.9倍から、2000年の5.0倍へと拡大した。そして農村部でも所得格差が拡大している（佐々木，2007, pp.16-17）。このように、都市農村間、地域間、階層間の貧富の格差が大きい。

貧富の格差を拡大させる大きな要因の1つは、市場経済化の進行である。市場経済の導入後の高い経済成長により、高所得者が増える一方、一般の労働者の賃金は上昇しているもののはるかに低い水準にある[6]。

また、貧富の格差拡大のもう1つの要因として、戸籍制度があげられる。中

国の戸籍制度では、生まれたときに、農村戸籍と都市戸籍のいずれかが与えられる。農村戸籍をもつ人が都市で働く場合には、失業保険や年金のための福利厚生費を企業が払わない、車やバイクのナンバー登録ができないなど、都市戸籍をもつ人と比べて法的権利が大幅に制限される。

中国では約13億人の人口のうち、およそ7割が農村戸籍である。そして、農村戸籍をもつ人のなかで、約2億人が出稼ぎ労働者として都市で働いており、工場や工事現場、レストランなどさまざまな場所で、低賃金労働者として中国の高成長を支えている。出稼ぎ労働者は、工場などで定職につけば、農村にいるときに比べて高い収入を得ることができる。しかし、定職につけず、工事現場などで日雇い労働者となった場合には、所得が低く、かつ、法的権利が制限されているために勤務中の怪我の補償が受けられないなど、厳しい状況に置かれている。

ただし、こういった格差について、近年改善の兆しがみられる。2000年からはじまった西部大開発などにより内陸部の成長が進んだため、地域間格差は縮小している。また都市部と農村部との格差も、2010年頃から改善がみられる。さらに、都市部内の階層間格差についても、2005年と比べて、2010年には低所得者の比率が減少している（経済産業省, 2012, pp.115-116）。これに加えて、中国国務院は2014年7月、農村戸籍と都市戸籍を2020年までに統一することを柱とする戸籍制度の改革方針を明らかにした。その一環として、出稼ぎ労働者とその家族約1億人に都市戸籍を取得させる。

(2) 公害や環境破壊の深刻化

中国の経済成長におけるひずみの第2は、公害や環境破壊の深刻化である。経済発展に伴う石炭の大量消費や汚染物質の排出などにより、大気汚染や水質汚染が進んでいる。

近年はとくに、大気汚染の原因であるPM2.5が深刻な問題となっている。PM2.5とは、大気中に漂うさまざまな物質のうち、直径が $2.5\,\mu m$（$1\,\mu m =0.001\,mm$）以下の小さな粒子である。これが、肺がんをはじめとする呼吸器の

---

6) いくつかの都市では、市場経済の導入の結果、都市戸籍をもつ人々が、かつてほど手厚い社会保障を受けられなくなり、その都市の貧困層の一部を形成している。

疾患を引き起こしたり、肺炎を悪化させたりするといわれている。

　PM2.5 の発生源は、製鉄所や焼却炉から出るばい煙、自動車などの排気ガス、鉱物の堆積場などの粉じんなどである。とくに冬季になると、暖房用の石炭の消費が増える中国東北部では PM2.5 の濃度が非常に高くなる。また、急激な自動車保有台数の増加も、PM2.5 の濃度が高くなる一因となっている。中国国内の自動車販売数[7]は、2005 年の 576 万台から、2012 年には 1931 万台へと急増した。これにより中国は、世界の自動車販売台数の 23.6％を占める世界最大の自動車市場となっている。そのため、北京などの大都市では PM2.5 の濃度が高く、とくに秋から春にかけてその状況が悪化する。

　このため日本や欧米の企業では、多くの社員が、中国で駐在員になることを敬遠するようになった。そこで各企業は、駐在員手当てを増やすなどの措置をとっているが、それでもなお人材確保に苦慮している。

　大気汚染は、甚大な健康被害をもたらす。中国環境保護省環境計画院の趙越博士によれば、大気汚染により、2004 年に都市部で約 35 万 8000 人が死亡し、約 64 万人が呼吸器と循環器系の病気で入院、約 25 万 6000 人が慢性気管支炎になったという（『南方週末』2008 年 4 月 3 日付）。これに加えて、近年日本の九州などにおいて、中国からの汚染物質の飛来によって光化学スモッグが多発するなど、周辺諸国にまで被害が広がっている。

　工業化に伴う水質汚染も進んでいる。湖北省湾村では、村民 3000 人のうち、5 年間で約 90 人ががんで死亡した。この村の住人は、工場排水に含まれるベンゼンや六価クロムで汚染された川の水や井戸水を飲んでいた[8]。さらに、工業化や都市化に伴い、水が都市に優先的に供給されるため、都市周辺では水不足が発生し、農業生産が低下するという問題が発生している。

　中国で環境問題が頻発する大きな理由の 1 つは、環境基準が緩く設定されているからである。環境基準が厳しければ、基準を満たすために多額の設備投資額が必要となり、それは生産コストの上昇となる。そのため、経済活動を優先する政府は、厳しい基準を設定しない。また、大企業の幹部と共産党幹部の間

---

[7]　乗用車・トラック・バスの新車販売台数合計。
[8]　財団法人地球環境戦略研究機関北京事務所長、小柳秀明氏へのインタビュー（『朝日新聞』2008 年 9 月 15 日付）による。

に強い人脈がつくられており、企業の利益が共産党幹部に流れることが多々ある。これも、政府が厳しい基準を設定しない理由の1つである。さらに、環境や人体に被害をもたらす企業に対し、地元住民が裁判を起こしても、住民側が勝てないことが多い。

(3) 官僚による汚職

第3に、政府が経済活動に対して強い許認可権を有しているため、官僚による汚職があとを絶たない。汚職などで立件された公務員は、2002年以降6年連続で4万人を超えた[9]。2011年においても、約3万6000人が処分された。

2012年11月に習近平氏が共産党の総書記に就任した際の演説で述べたのも、官僚の汚職をなくすことへの決意であった。それだけ腐敗・汚職が蔓延しており、大きな社会問題となっているのである。

習近平国家主席による腐敗撲滅の強い意志の表われが、元政治局常務委員の周永康氏の摘発である。政治局常務委員とは、中国の政治のトップにいる人々であり、現在、習近平国家主席を含む7人の政治局常務委員がいる。中国では、常務委員を務めた人を摘発しないという不文律が存在したが、習近平国家主席はそのタブーを破って摘発を実行したのである[10]。

(4) 抗議行動の頻発

中国において、労働者の権利が十分に保護されているとは必ずしもいえない。中国では、法律によって労働争議の調停方法が決められている。そのため、日本で認められているストライキは、中国では「労働秩序を破壊する行為」として違法であり、刑事罰の対象になりうる。また中国では、「いつでも必要とするだけの労働者を雇用でき、不要になればいつでも解雇でき（2～3カ月の賃

---

[9] 最高人民検察院（日本の最高検察庁に相当）によると、2007年において汚職などで立件された公務員は4万752人である（『日本経済新聞』2008年3月11日付）。官僚による不正は、官職売買、市街地再開発をめぐる収賄、公金横領、不正融資、密輸、海外への不法送金など幅広い。

[10] 2014年3月30日付のロイター通信によると、周氏本人に加えて親族や部下ら300人以上がこれまでに拘束され、差し押さえられた資産は総計で900億元（約1兆4900億円）以上にのぼる。

金を積み増せば解雇可能)、しかも工員の初任給は地域の最低賃金から出発する。〔中略〕まさに、中国（とくに南部の珠江デルタ地区）は資本主義の天国といえる」（安室，2003，pp.188, 209-210）。

また、地方政府が、工業団地などを建設するために農地や市街地を収容することを一方的に決めてしまうことが多々ある。しかも、その買い取り価格で農民と折り合いがつかず、農民が立ち退きを拒否していると、強制的に立ち退かせるといった事件も珍しくない。さらに、地方政府の官僚が、収用した土地を開発業者に安値で売却して賄賂を受け取ることも少なくない。

2005年には、労働者や農民などによる抗議行動が8万7000件起きた。その多くは、現場の問題を解決するために、上層機関（県政府、省政府、あるいは中央政府）に直訴するものである。農民や労働者が貧困や失業など経済的に困難な状況に陥っている一方、一部の官僚は、汚職や特権により、貧困層とはかけ離れた贅沢な生活をしている。それに対する怒りが爆発しているのである（国分，2007）。2003年に発足した胡錦涛政権は、「和諧〔調和〕社会」というスローガンを提示し、成長一辺倒政策を転換する方針を打ち出したが、「既得権者の抵抗で、所期の効果が上がっていない」（関，2008）という結果に終わった[11]。

以上説明したように、中国における貧富の格差は大きく、また公害や環境破壊が深刻化している。さらに、共産党の腐敗・汚職に対する人々の怒りは高まっている。こうしたなかで経済成長率が低下すれば、人々の所得上昇率が低くなるとともに、失業率が高まる。そうなれば、中国共産党が人々の支持を得ることが極めて難しくなる。

よって共産党は、国内政治を安定させるために、経済成長を持続しなければならないと考えている。そのため、2008年のリーマンショックの直後に、中国政府は4兆元（約54兆円）という大規模な景気対策を実施した。このように国内需要を高めることにより、2013年まで経済成長率を7％以上に維持できたのである。なお、財政支出拡大には国債発行が必要となるため、中国政府の

---

[11] 2012年7月28日に上海に近い江蘇省啓東市で、製紙工場の汚水のパイプラインを海へ排出する計画に反対するデモ隊の一部が、警官の制止を振り切って市庁舎へ突入するという事件が発生した。彼らは、政府幹部の部屋で機密書類を窓からばらまき、ファクスなどの機器を壊したほか、啓東市の共産党トップの孫建華総書記を捕まえて、上半身を裸にして「王子製紙ボイコット」のTシャツを無理やり着せた（興梠，2013，pp.91-100）。

債務残高が急増している。

4　シャドーバンキング

　シャドーバンキングとは、中国において信託会社などが、新しい金融商品である、予定利回りが5～10％程度という高金利の理財商品を販売して資金調達し、その資金が地方政府や企業などへ融資されることである（図12-6）。
　融資を受けた地方政府や企業は、その資金を使い開発プロジェクトや事業を実施する。そして一定期間後に、元本と利子を信託会社に支払う。すると企業や個人も元本と利子を得られるという仕組みである。

(1)　シャドーバンキングの拡大
　中国の地方政府は、商業施設や工場、マンション、インフラ設備などを建設する開発プロジェクトを多数実施している。「地方政府は開発に当たって農民から土地を買い取り、それを集積して大規模開発を行なうことにより価値を高めて、転売している。その際の収入が地方政府の重要な収入源の一つとなっている」（内閣府，2013，p.147）。
　ところが2011年頃から、中国人民銀行は、民間銀行に対し、資金の貸し出しに関する規制を強めた。そこで地方政府は、シャドーバンキングにより資金調達を行なうようになった。
　政府系シンクタンクの中国社会科学院の推定によれば、シャドーバンキングの規模は、2012年末において約20.5兆元であり、GDPの4割の規模にのぼ

図12-6　シャドーバンキングの資金の流れ

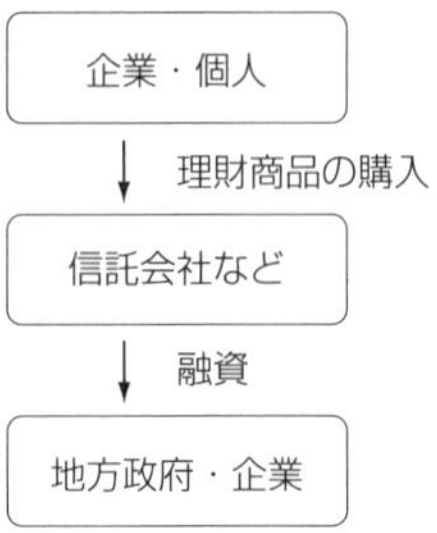

```
┌──────────┐
│  企業・個人  │
└──────────┘
      ↓ 理財商品の購入
┌──────────┐
│  信託会社など │
└──────────┘
      ↓ 融資
┌──────────┐
│ 地方政府・企業 │
└──────────┘
```

る。理財商品を購入したのは、企業や個人だけではない。民間銀行も、銀行が理財商品を購入するという形をとることで、実質的に資金の貸し出しを行なっている。

地方政府が開発プロジェクトを積極的に進める背景には、共産党の昇進制度がある。その地域の域内総生産額が大きく成長すれば、当該地域の共産党幹部のトップは出世する。そのため、地方の幹部は、大規模な開発プロジェクトを実施する。しかも、彼らは数年ごとに異動するので、借金の返済は、後任者の責任となる。加えて、上述のように、官僚および共産党支配層が開発業者から賄賂を受け取ることもある。

このように、官僚の個人的利益追求が、開発を推進する理由となっている。そして注目すべきは、こうした理由により各地方政府が大規模な開発プロジェクトを実施することが、中国が高い経済成長率を実現する1つの要因となっていることである。

(2) シャドーバンキングがもたらすリスク

シャドーバンキングの融資先である企業が経営破たんしたり、地方政府の開発プロジェクトが失敗したりすれば、理財商品を購入した人々や企業、そして民間銀行は、その元本と利子を受け取ることができなくなる。すなわち、債務不履行（デフォルト）が発生する。

そのため、シャドーバンキングが拡大していることは、中国経済にとって大きな不安材料となる。2014年7月、中国の主要70都市のうち64都市で、新築住宅価格が前月より低下した。今後この傾向が続くとすれば、地方政府が建設したマンションなどの販売価格の低下により、地方政府が予定していた収入を得らえず借入額を返済できなくなるので、理財商品のデフォルトが起こる。デフォルトが大規模に発生すれば、理財商品を購入したことで損失を受けた企業、人々、民間銀行は、それぞれ設備投資、消費、融資を減少させる。さらに、理財商品の売れ行きが悪化するので、地方政府は資金調達ができなくなり、新たな開発プロジェクトを中止せざるをえなくなる。その結果、経済成長に大きな悪影響を与えることとなる。

2013年の時点で、中国の主要都市における住宅価格は、家賃価格などから

判断して異常に高い水準にあった。そのため、「住宅価格がすでに均衡水準から大きく乖離しており、バブルの域に達していると推測される」（関，2014）という主張も存在する。したがって、最悪の場合、不動産バブルの崩壊が起こり、それが金融市場の混乱を引き起こし、よって中国経済全体が打撃を受けることとなる。これは、中国が景気悪化の大きなリスクを抱えていることを意味する。

5　日本企業の直面するリスク

本節では、日本企業が中国でビジネスを行なう際に発生するリスクにはどのようなものがあるかについて考えてみよう。

(1) 中国ビジネスにおけるさまざまなリスク

第1は、賃金の上昇である。中国の賃金水準が上昇していることは上述のとおりであるが、それに加えて、地方政府は最低賃金を引き上げた。2006年末および2013年末における最低賃金（月間）は、北京市で640元（約9760円）および1440元（約2万4300円）、上海市で750元（約1万1440円）および1620元（約2万8120円）、広東省広州市で780元（約1万1900円）および1550元（約2万6900円）である。いずれも7年で約2倍かそれ以上の上昇となっている。これは、中国での生産コストの上昇を招く[12]。さらに、2008年より中国政府は、外資への優遇税制を段階的に撤廃する新しい企業所得税法と、労働者の待遇を改善する労働契約法を施行した。これらも、生産コストの上昇につながる。

第2は、電力不足である。2008年夏、中国政府は多くの企業に対して電力の使用量や使用時間の制限を課した。電力不足の原因は、高成長に伴う電力需要の拡大に加え、石炭などの燃料価格の上昇が、供給増加を妨げたからである。

第3は、経済活動を妨げる政治的・社会的混乱が起こりうることである。2002年冬から2003年初夏にかけて、新型肺炎SARSが流行して数百人の死者が出た[13]。このことは多くの日本企業の業務に支障をきたした。また、2005年4月には、日本の国連安保理常任理事国入りに反対するデモが中国の各地で

---

12)　さらに、企業は社会保険などの費用を負担する法的義務があり、これが基本給の50〜60%に達する。

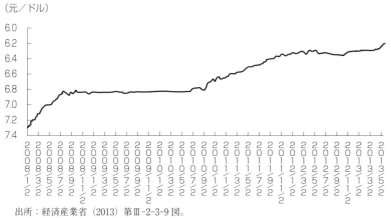

図12-7 人民元の対ドル為替レート

出所:経済産業省(2013)第Ⅲ-2-3-9図。

行なわれ、日系のスーパーやレストランなどが壊された。

さらに、2012年8〜9月、日本が尖閣諸島を国有化したことに抗議する反日デモが中国全土で起きた。9月15日には、長沙市にある日系スーパーマーケットの平和堂や青島市のジャスコ黄島店が、暴徒化したデモ隊に襲撃され、建物が破壊されるとともに商品が略奪された。平和堂の被害額は約15億5000万円、ジャスコの被害額は約24億円にのぼった。また、青島ではトヨタの販売店が放火されほぼ全焼したほか、中国全土のトヨタの販売店において車両が壊されるなどの被害が生じた。さらに、青島と蘇州にあるパナソニックの電子部品工場では、暴徒化したデモ隊が乱入して工場を破壊した。他の日系の工場や日本料理店なども甚大な被害を受けた。

第4に、政府の方針が明らかでないために、不測の事態が生じることである。2006年に、上海の嘉定(ジャーディン)工業区の日系企業が、地方政府による都市再開発計画で、突然の立ち退きを要請された。この再開発は、3年以上前から計画されていたにもかかわらず、日系企業には知らされていなかった。

第5は、人民元高が進んでいることである。1997年10月から約8年間、中国政府は1ドル=8.28元の固定為替レートを維持した。しかし、2005年7月

---

13) 中国政府が当初、感染者発生の情報を公開しなかったので、被害の拡大を防げなかったといわれている。

以降中国政府は人民元を切り上げ（図12-7）、2014年1月13日に1ドル＝6.04元に達した。ただし、その後は2014年末まで、やや人民元安となっている。

中国で生産した製品を日本や諸外国へ輸出する企業にとって、為替レートの上昇は、その経営に直接的な影響を及ぼす。なかでも**繊維産業**は、中国の輸出額の1割近くを占めているが、為替レート上昇や人件費上昇などによって、業績が悪化している。その対策として、中国政府は2008年8月より、繊維製品の輸出への減税措置を実施した。

(2) 中国プラス・ワン

企業にとって、海外への投資を一国に集中させると、その国において問題が起こったとき、すべての投資が影響を受けるというリスクがある。そのリスクを避けるために、中国だけに投資を集中するのではなく、他のアジア諸国へも投資を行なう**中国プラス・ワン**が以前より提唱されていた。

ユニクロを運営するファーストリテイリングは、2008年において、中国製品の比率が約9割であった。しかし、その後ベトナム、バングラデシュ、インドネシアなどでの生産量を拡大し、中国製品の比率を低下させている[14]。

(3) 反日デモの発生とその背景

先にも述べたように、2012年、反日デモが中国全土で起きた。9月11日に日本政府が尖閣諸島国有化を発表した翌日、中国メディアは激烈な日本批判を行なった。そして15日から18日にかけて全国100都市以上で反日デモが行なわれた。デモ隊の一部は暴徒化し、日系の商店や工場を多数破壊したほか、日本の自動車を見つけては壊した。その直後、日本製品の売り上げが激減した。

なぜ反日デモはこのように広範囲に行なわれたのか。その理由について考えてみよう。

第1は、中国政府による愛国主義教育の影響である。1989年6月4日に、北京で天安門事件が起こった。これは、民主化を求めて天安門広場に集まった

---

[14] 2014年2月時点で、ユニクロは、上海、ホーチミン、ダッカ、ジャカルタの生産事務所に約400名の品質・生産進捗管理の担当者や匠チームを常駐させた。担当者が工場に出向き、生産における問題の解決に向けて取り組んでいる。

学生や市民に対し、中国人民解放軍が武力弾圧をしたものである。死者数は、中国政府の発表では319人だが、数百人から数万人に及ぶとの説もある。

　天安門事件は、中国共産党による一党独裁への批判の爆発であった。共産党はこの事件を深刻に受け止めざるをえなかった。そこで共産党は、1994年に愛国主義教育実施要綱を起草し、愛国主義教育を制度化した。学校においてアヘン戦争や日中戦争などの歴史を学ぶことを通じて、外国が中国を侵略し、そして共産党が中国を救ったことを教育するのがその目的である。愛国主義教育は、国民に反日感情を植え付けるようになった。

　第2は、現在の中国において、貧富の格差の拡大や腐敗・汚職の蔓延に対し、不満と怒りが蓄積されていることである。破壊行為をした人々の多くは、出稼ぎ労働者や失業者であった。彼らは、社会に対し不満と怒りを、暴力的なデモという形で表した。「参加者の多くの目的は反日デモに参加することであって、日本に対して抗議することが目的ではない。つまり、デモに参加して、一時的に多くの人々と感情を共有し興奮することが目的になっているのだ。なので、いかに過激で暴力的で凄惨な結果を引き起こそうとも、ひとしきり暴れたら、それで満足なのである」（西本，2012）。すなわち、日本は、中国社会に内在する問題への怒りの矛先となってしまったのである[15]。

　第3は、中国政府がデモを容認したことである。デモの主催者は、インターネットを使ってデモへの参加を呼び掛けた。中国政府は、インターネットの利用を監視・規制してデモを阻止できたが、そうしなかった。むしろ、政府がデモ参加者を動員したといわれている。

(4) 人民元切り上げの理由

　中国政府は、2005年7月より人民元の切り上げをはじめた。その理由を考えてみよう。

　上述のように、1997年10月から約8年間、中国政府は外国為替市場に介入し、1ドル＝8.28元の固定為替レートを維持していた。すると2002年頃から、アメリカは中国に対して通貨切り上げを要求するようになった。当時のアメリ

---

[15] 広東省深圳市では、デモ隊の一部が暴徒化し、市共産党委員会の建物に入ろうとして警官隊と衝突した。これは、人々が共産党に対し激しい怒りを抱いていることを示している。

カは、巨額の対中貿易赤字を抱えていた。また、中国製品の輸入の影響で、繊維製品や家具など多数の工場が閉鎖され、多くの人が失業した。このため、アメリカからみれば、中国は外国為替市場を操作して意図的に人民元安にすることで輸出を拡大させてアメリカ国内の産業を破壊し、さらに知的財産権（特許権、商標権、著作権など）を無視してアメリカのパソコンソフトや映画などを違法コピーすることにより、アメリカへ支払うべき著作権料を支払っていないということになる。

2005年になると、アメリカの対中圧力はさらに強まった。4月にアメリカ議会上院は、中国が180日以内に人民元切り上げや変動相場制への移行をしなければ、中国からの輸入品に一律27.5％の報復関税を課す法案を可決した。そして5月に入ると、上下両院で10日、中国を標的にして、貿易相手国による為替操作を阻止するための法案が提出された。また11日には、1～3月の対中貿易赤字が過去最大になったことが明らかとなり、13日には、中国製繊維3品目のセーフガード発動が決定された。そのうえ、アメリカ政府は中国に対し、人民元切り上げを再三要求していた。

その2カ月後、中国政府は切り上げに踏み切った。これは、日本がアメリカの報復措置を避けるために、1981年から自動車輸出自主規制を行なったのと同じ構図である。

ただし、人民元切り上げの理由は、アメリカの圧力によるものだけではない。切り上げの予測が高まったために、中国への投機資金の流入が加速していたので、それに歯止めをかける狙いもあった。また、それ以降も中国政府が切り上げを続行したのは、外国為替市場でのドル買い人民元売り介入によって生じる国内通貨供給量の増加が、不動産価格高騰を引き起こすなどの弊害を抑えるためでもあった。

アメリカでは現在も、中国を為替操作国[16]と認定するかどうかの議論がしばしば行なわれている。これは、中国政府が外国為替市場へ介入し人民元の対ドル為替レートを下落させる政策が、アメリカの輸出拡大を妨げているからである。また、オバマ大統領は、2010年1月の一般教書演説で、2014年までの

---

16) 為替相場を不当に操作している国。

5年間でアメリカの輸出を倍増させ200万人の雇用を創出する目標をかかげた。この目標が達成されないときには、中国が非難される可能性がある。これらを背景に、2011年1月に胡錦濤国家主席がアメリカを訪問した際に、ボーイング社からの航空機200機の購入を含む450億ドルのアメリカ製品を中国が輸入する商談が実現した。

6　中国市場における日本の製造業企業の戦略

　日本企業は、これまで中国において莫大な投資をし、多数の工場を設立してきた。そのため、さまざまなリスクを伴いながらも、日本企業にとって中国は重要な生産拠点であり、同時に、将来有望な市場である。その一例として、日産自動車における2013年度の中国市場からの営業利益は1000億円を超えており、日産の連結営業利益の18％を占める額となっている。このように、日本企業の経済活動のうえで中国の占める位置は極めて大きく、そして今後さらに大きくなる可能性をもつ。そこで本節では、中国国内で製品を生産する日本企業がどのような戦略をとるべきかを考えてみよう。

(1)　日中合弁企業の位置

　日本は現在、家電製品や日用品など、多くの製品を中国から輸入している。中国の賃金は日本よりはるかに低いので、日本国内で同じものをつくっても、価格競争で勝てるはずがない。さらに、日本企業が中国で生産する際にも、日本からの駐在員を抱える日系企業は、中国企業よりも価格競争において不利である。そのため日本企業にとって、中国企業とどう住み分けをするかが、重要な経営課題となる。

　とりわけ、日中の合弁企業は、中国で生産・販売する際に難しい位置にある。合弁企業の製品は、価格なら中国企業に勝てず、品質なら輸入品に勝てない。しかも、かつては「日本企業との合弁製品は、ローカル品よりは少しは品質が良いであろう。だが、30％以上価格が高ければ中国人は誰も買わない」といわれていた。しかし最近は、ローカル製品の品質が向上しているため、「10％以上高ければ買わない」といわれている（関，2003，p.23）。

図12-8　製品アーキテクチャの分類

〈部品の相互依存度〉

		インテグラル	モジュラー
〈部品接続の規格〉	クローズ	自動車 オートバイ 小型家電	汎用コンピュータ 工作機械 レゴ（おもちゃ）
	オープン		パソコン パッケージソフト 自転車

出所：藤本（2001）図1-1をもとに筆者作成。

　こうしたことから日本企業は、子会社である合弁企業に対する技術移転をして、高品質・低価格の製品をつくらないと競争に勝てない。ところが、合弁企業に技術を提供すると、中国側のパートナー企業が「情報を横流しする傾向がある」という。「中国では、パートナー企業が上部団体（主として、各級政府）の指揮管理下にあり、合弁企業の中国側責任者は上からの要求を拒否でない場合が少なくない」。したがって、日本企業にとっては、技術移転をしなければ子会社が存続できないが、技術移転をしすぎれば、将来自らの優位性が危うくもなるのである（関，2003，p.30）。

(2) **製品アーキテクチャ**

　ここで、日本企業は中国製品とどう競争するかという問題を考えるために、**製品アーキテクチャ**の概念を用いて製品を分類する（図12-8）。

　1つは、部品の相互依存度により、製品をインテグラル型とモジュラー型に分ける。モジュラー型とは、機能と部品（モジュール）の関係が1対1に近いものを指す。他方インテグラル型とは、機能と部品の関係が交錯しているものを指す。

　もう1つは、部品を互いに接続する際の規格について、それが業界で統一されているかどうかによって、クローズ型とオープン型に分ける。クローズ型とは、部品を互いに接続する際の規格が、企業ごとに異なるものである。このとき、異なる企業の部品を接続することができない。他方オープン型とは、部品を互いに接続する際の規格が、業界で統一されているものである。

　オープン・モジュラー型の代表例はパソコンである。パソコンにおいて、ハ

ードディスク、メモリー、CPU は、それぞれ独立した機能をもつ。しかも、異なる企業の部品を組み合わせても、製品の機能に大きな問題が起こらない。このように、一般にモジュラー・アーキテクチャの製品は、設計をあまり気にせずに各部品を寄せ集めてもつくり上げることができる。さらに、その組み立ても比較的容易である。

　他方、クローズ・インテグラル型の代表例は自動車である。自動車の安全性や乗り心地は、特定の部品によって決まるわけではなく、すべての部品が相互に微妙に調整されてトータルシステムとして決まる。よって、部品設計を相互調整し製品ごとに最適設計しないと、製品の性能が向上しない。

　日本企業は、クローズ・インテグラル型の製品を得意とする。日本の自動車企業が世界でも強い競争力をもっているのはこのためである。他方、アメリカ企業や中国企業は、オープン・モジュラー型の製品を得意とする。よってパソコンについては、アメリカや中国などの企業が、世界的に強い競争力をもっている。また、電気製品については、以下で説明するモジュール化が進むにつれて、日本企業がその優位性を発揮できなくなったのである。

(3) モジュラー型生産方式

　モジュール化とは、1つの複雑なシステムまたはプロセスを、独立に設計されるサブシステムである**モジュール**に分解できるように設計・開発することをいう。そして**モジュラー型生産方式**とは、特定の機能をもつモジュールを開発・生産し、最終ラインで組み立てる生産方式である。

　企業にとってのモジュラー型生産方式のメリットは、第1に、生産工程を分割できるので、たとえば日本でモジュールをつくって中国で組み立てるといった、生産地点の分割がしやすくなることである。第2に、全製品の設計を一挙に行なうのではなく、各モジュールの設計を同時並行で行なうことができるので、設計期間が短縮できることである。これによって生産コストを低下できるわけである。第3に、部品企業の人件費が組み立て企業の人件費よりも低い場合は、モジュール化によって部品企業の仕事量が増えることで、生産コストを低下できることである。第4に、モジュール単位で不良品のチェックができるので、不良品発生率が低下することである。第5に、モジュール部品の開発を

多くの企業に競わせることにより、新製品開発が促進されることである。

(4) 中国企業とモジュラー型生産方式

　中国企業の急速な成長を可能にした要因の1つは、多くの中国企業がモジュラー型生産方式を採用したことである。中国企業が、日本企業のように主要製品の内製化を志向していたならば、これほど短期間で大企業に成長することはありえなかったであろう。中国企業は概して、多品種少量生産や複雑な工程の製品をつくることが苦手である。むしろ、かぎられた種類の製品の大量生産、大量販売が得意なのである（安室，2003, pp.212-213）。

　中国企業のなかには、冷蔵庫などの家電製品を主力商品とするハイアール（海爾）社のように、多額の研究開発費によって品質向上を実現しているものもある。しかし、多くの中国企業は、自分で製品を開発するのではなく、外国製品をまねて同じような製品をつくる傾向にある。その際、設計をしない、あるいは簡略化することでその費用を省き、また外国製品に使われている部品よりも安価な部品を使うことで、品質は劣るが低コストのものをつくる。こうして、電気製品やオートバイなど、本来インテグラル型であった製品を、まがい部品の寄せ集めによるモジュラー型生産方式でつくってしまったのである。その結果、中国市場において、「多数の中国組立企業による熾烈な競争により、供給過剰、価格低落、国内企業の収益性の悪化が起こる。それに巻き込まれた日本企業は、少なくとも完成品の市場シェアの点では不振に陥ることが多い」といわれている（藤本，2005, p.9）。

　このように、中国市場は高成長が見込まれる有望市場だが、競争は激しい。中国市場において日本企業はどのような対応をしていけばよいのかという問題について、新宅純二郎らは3つの戦略をあげている。第1は、モジュラー型製品の中心的な部品、たとえばテレビのブラウン管やエアコンのコンプレッサーを生産することである。第2は、インテグラル型製品、例えば薄型テレビや高級オートバイの生産に特化することである。第3は、モジュラー型製品が支配的な市場を、インテグラル型財へと牽引することである。たとえば、中国では外国製品をコピーした低価格のオートバイが、地場企業によって大量に生産されている。これに対抗して、「地場企業よりも高い品質でありながらも、過剰

設計を避け、価格性能比を上げた」インテグラル型のオートバイをつくるわけである（新宅ほか，2004，pp.15-17）。

　上記の戦略が示していることは、日本企業はインテグラル型製品、あるいはインテグラル型の特性を生かした製品づくりによって、その優位性を維持すべきということである。つまり、日本企業は、その伝統的強みをさらに極めることが重要なのである。

参考文献
加藤弘之・渡邉真理子・大橋英夫（2013）『21世紀の中国　経済篇　国家資本主義の光と影』朝日新聞出版。
関志雄（2008）「経済教室成長持続へ社会安定急務」『日本経済新聞』4月9日付。
─── （2014）「中国経済新論：実事求是　調整局面に入る中国の不動産市場──聞こえてきたバブル崩壊の足音」独立行政法人経済産業研究所、http://www.rieti.go.jp/users/china-tr/jp/ssqs/140604ssqs.htm。
経済産業省編（2007）『通商白書2007』ぎょうせい。
───編（2012）『通商白書2012』勝美印刷。
───編（2013）『通商白書2013』勝美印刷。
興梠一郎（2013）『中国　目覚めた民衆』NHK出版。
国分良成（2007）「中国の政治体制は変わるか」伊藤元重・総合研究開発機構編『日本経済の「いま」がわかる11のトレンド』講談社。
佐々木信彰（2007）「中国経済の現状と課題」佐々木信彰編『現代中国産業経済論』世界思想社。
新宅純二郎ほか（2004）「中国モジュール型産業における日本企業の戦略」MMRC Discussion Paper, No. 2。
関満博（2003）「日本企業の中国進出の新段階」関満博・範建亭編『現地化する中国進出日本企業』新評論。
中華人民共和国統計局（2007）『中国統計年鑑2007』中国統計出版社。
内閣府（2013）『世界経済の潮流　2013年Ⅱ』日経印刷株式会社。
西本紫乃（2012）「反日デモと中国社会の変化──2005年の反日デモとの比較から」http://synodos.jp/international/1140。
日本貿易振興機構海外調査部アジア大洋州課・中国北アジア課（2013）「在アジア・オセアニア日系企業実態調査（2013年度調査）」。
日本貿易振興機構編（2013）『ジェトロ世界貿易投資報告　2013年版』日本貿易振興機構。
藤本隆宏（2001）「アーキテクチャの産業論」藤本隆宏他編『ビジネス・アーキテクチャ』有斐閣。
───（2005）「アーキテクチャ発想で中国製造業を考える」藤本隆宏・新宅純二郎編『中国製造業のアーキテクチャ分析』東洋経済新報社。
安室憲一（2003）『中国企業の競争力』日本経済新聞社。

Gill, I. S. and H. Kharas (2007) *An East Asian Renaissance: Ideas for Economic Growth*, Washington, D. C., World Bank.

本章のまとめ

1. 中国経済の高成長を牽引するのは、おうせいな投資と輸出である。
2. これまでの中国は、外国企業にとって、生産拠点と市場という2つの意味をもっていた。しかし、現在の中国は、外国企業にとって、生産拠点としての意味が以前よりも小さくなってきている。一方、中国人の所得が上昇しているため、市場としての意味がますます大きくなっている。
3. 日本企業は中国でビジネスを行なう際には、電力不足や反日デモ、人民元高など、多くのリスクがある。
4. 日本企業がインテグラル型生産に長けているのと対照的に、中国企業の多くはモジュラー型生産方式を採用している。モジュラー型生産方式の採用は、中国企業の急速な成長が実現した理由の1つである。

●研究課題

1. 中国が経済成長に伴い、どのようなひずみを抱えているか調べてみよう。
2. 中国市場における日本企業の売り上げシェアはどう変化しているのか、また、その変化の原因は何かを調べてみよう。

■ 文献案内

興梠一郎『中国激流 13 億のゆくえ』岩波新書、2005 年。
　中国社会の様子が豊富な事例をもとに描き出されている。
池上彰『そうだったのか！中国』集英社、2007 年。
　中国の歴史、政治、経済、日本との関係を、わかりやすく説明している。
丸川知雄『現代中国経済』有斐閣、2013 年。
　中国経済の歴史と現状について、包括的に説明している。

第13章

欧州債務危機

　ギリシャの財政赤字の過少計上発覚に端を発する債務問題は、ヨーロッパ全体の景気を悪化させる大規模な経済危機へと発展した。同時に、この経済危機によって、共通通貨ユーロがもつ欠陥が浮き彫りとなった。21世紀初頭における最大の実験ともいえるユーロは、1999年の創設後、10年あまりで大きな困難に直面したのである。本章ではこれらの問題について考えてみよう。

本章のポイント

1．欧州債務危機の発生の経緯と、欧州連合（EU）とヨーロッパ各国がそれにどう対応したのかについて学ぶ。
2．共通通貨ユーロの問題点を検討する。
3．ギリシャの財政問題が、日本の財政運営にどのような教訓を与えるのかを考える。

1　債務危機の発生

　欧州債務危機とは、ギリシャ、アイルランド、イタリア、ポルトガル、スペインなどユーロ圏の周縁諸国の政府債務残高が巨大な額になったことが原因で、ヨーロッパ経済が混乱に陥った経済危機である。まず、ギリシャにおけるこの問題の発生の理由と、ヨーロッパ各国の対応をみていこう。

(1)　ギリシャ財政の粉飾の発覚

　2009年10月、ギリシャで総選挙が行なわれ、政権交代が起きた。その直後、前政権時代の財政統計に未払い金の計上漏れなどの不備があり、歳出額が過少

に計上されていたことが発覚した。政権交代前、2009年の財政赤字額見通しはGDP比3.7%とされていた。ところが、新政権は12月に、2009年の財政赤字額見通しがGDP比12.7%であると発表した。さらに、政府のもつ債務の合計額である政府債務残高見通しがGDP比113%であることも明らかにした[1]。

　ギリシャの政府債務残高が拡大した大きな原因は、放漫財政である。2008年以降の景気後退により税収が減ったほか、国営企業の経営も悪化した。これに加えて、政党は、選挙に勝てば自党の支持者を公務員として新たに雇用することを約束し、それを実行した。ギリシャ政府の推計によると、2009年の公務員数は、2001年よりも3割強増加した114万人であった。これは、ギリシャの雇用者の3分の1に相当する。さらに、年金支給開始年齢が繰り上げ支給の場合55歳であり、ヨーロッパのなかでも低かったことが、財政支出拡大をもたらした。

　また、歳入面における大きな問題は、ギリシャの徴税システムが整備されていなかったことである。富裕層の脱税や、商店が売上額をごまかして納税すべき付加価値税の一部を自分のものとしたり、労働者が正業以外に副業をしているのにその報酬が課税されなかったりすることが、多発していた。

　今回発覚した財政赤字額の修正は、ギリシャの財政統計への信頼を揺るがすこととなった。その結果、格付け会社は、ギリシャ国債の格付けを引き下げた。格付けとは、その債券の元本および利息が約束どおり支払われる確実性に対する評価である。格付けが低いほど、元本と利息が支払われないこと、つまり債務不履行（デフォルト）のリスクが高いと評価されることを意味する。格付けが引き下げられたため、ギリシャ国債を売却する動きが強まり、ギリシャ国債の市場価格は低下した。

　ギリシャ国債の格付け引き下げは、ギリシャ政府の資金調達を難しくした。ギリシャは財政赤字なので、過去に発行した国債が満期となっても、それを支払うだけの資金をもっていない。そのため、外部から資金調達をしなければならない。つまり、資金の借り換えをしなければならないのである。ところが、ギリシャ政府の返済能力への評価が低いため、貸し手が見つからず、資金の借

1）　最終的に確定した2009年の財政赤字額はGDP比15.6%、政府債務残高はGDP比129.7%であった。

り換えが進まない。この状態が続けば、国債の満期日になっても返済できず、デフォルトが起きてしまう。

　もしもデフォルトが起きれば、ギリシャ国債を購入していた、フランスやドイツなどヨーロッパ各国の民間銀行は大きな損失を受ける。そうした民間銀行は融資額を減少させるので、各国の経済への打撃となる。つまり、ギリシャでデフォルトが起これば、ヨーロッパ全体の景気が大きく悪化することとなる。

(2) ユーロ加盟国の対応

　ギリシャの通貨はユーロである。そこで、2010年5月2日、ユーロ圏財務大臣会合が開催され、ユーロ加盟国とIMFがギリシャに対し3年間で総額1100億ユーロの協調融資[2]を行なうことが合意された。これは、ギリシャのデフォルトを避けるためである。

　ただし、融資の条件として、ギリシャは、大規模な民営化政策と歳出削減を義務づけられた。そのためギリシャ政府は、公務員給与引き下げ、年金支出削減、消費税率引き上げなどの緊縮財政政策を打ち出した。これらの緊縮策は、国民に多くの苦しみを強いるものとなった。

　これに労働組合や多くの国民が反発し、ストライキを実施したり、デモ隊が警官隊と衝突するといった暴動が多発したりするなど、国全体が混乱状態に陥った。さらに、ストライキにより世界遺産のパルテノン神殿がたびたび閉鎖されるなど、ギリシャの主要産業である観光業も多大な影響を受けた。

　一方、ユーロ加盟国からも、ギリシャへの融資に反対する動きがあった。この融資の資金は、ユーロ加盟国が分担して拠出するものであった。ところが、2010年8月、スロバキアの議会は、ギリシャ支援に参加しないことを賛成多数で可決した。スロバキアの人々は、「厳しい状況下で負債水準を抑えている国の納税者が放漫財政の国の救済を迫られるのは不公平だ」と考えたのである[3]。さらに、ドイツにおいても、メディアは、「働かないギリシャ人をなぜわれわれが救わなくてならないのか」というキャンペーンを行なっていた（藤原，2010，p.116）。こうした反対があったが、ユーロ加盟国とIMFによるギリ

---

[2] ユーロ加盟国が800億ユーロ、IMFが300億ユーロ。
[3] ロイターの記事（2010年8月13日付）による。

シャへの融資は実行された。

　2012年3月、ユーロ加盟国は、ギリシャへ第2次支援策を行なうことを決めた。その額は、IMFの融資も含めて、2012～14年で総額1300億ユーロにのぼる。このように、ユーロ加盟国は、多額の財政支出を強いられたのである。

　また民間銀行も、負担を強いられることとなった。民間銀行などが保有するギリシャ国債について、その元本を53.5％削減することで、EUと民間銀行が合意したのである。つまり、本来、国債を購入すると満期時に元本と利息が支払われるはずが、その半額しか支払われないこととなった。ギリシャ国債を購入していた民間銀行や投資家にとっては大きな損失となる。よって、民間銀行としては容易に受け入れられる内容ではなかったが、EUが押し切った。その結果、2012年から2020年の間に満期を迎えるギリシャ国債の元本約1500億ユーロのうち、およそ1070億ユーロ分が削減された。これはギリシャのGDPの約50％に相当する。

　EUがこの措置を推し進めたのは、ギリシャ国債を購入した金融機関にも責任をとらせようとしたからである。ヨーロッパの多くの金融機関は、サブプライムローン関連証券を購入していたため2008年の世界金融危機（第10章付論参照）で大きな損害をこうむり、政府の支援を受けた[4]。よってヨーロッパの人々は、金融機関がそのときに引き続いてリスクの高い投資をしたことの穴埋めを、自分たちの税金で行なうことに対し、強い憤りを感じていたのである（嘉治, 2012, p.45）。

　ギリシャ政府が歳出削減を進めた結果、2013年の基礎的財政収支（プライマリーバランス）が、6億9100万ユーロの黒字へ転じた。プライマリーバランスとは、政府の歳入と歳出のうち、国債の発行と償還に関する値を除いたものである。この値が黒字になったということは、国債への支払いを除けば、財政が健全化していることを示す。ただし、ギリシャの実質GDP成長率は、2008～13年において一貫してマイナスの値となった。

---

[4]　ドイツではバイエルン州立銀行やコメルツ銀行、フランスではリテール銀行最大手のクレディ・アグリコルなどが公的資金注入を受けた。

(3) 債券価格と利回りの関係

ここで、債券価格と利回りの関係を説明しよう。

いま、1年後に1万円がもらえる債券があるとする。この債権の市場価格が9502円だったとしよう。このとき、1万÷9502＝1.05なので、この債券を9502円で購入して1年間保有すると、5％の利回りとなる。

次に、この債券の市場価格が下落し、9090円となったとしよう。すると、1万÷9090＝1.10なので、この債券を9090円で購入して1年間保有すると、10％の利回りとなる。

このように、債券の価格低下と利回り上昇は、同じ意味である。つまり、債券価格が下がるほど、利回りが上昇する。したがって、リスクの高い債券ほど高い利回りがつく。

(4) 投機筋による市場操作

2010年初頭までギリシャ国債（10年物）の利回りは5％前後だった。だが、その後ギリシャ国債の市場価格が低下したため、2010年半ばには利回りが10％を超えた。

上述のように、ギリシャ国債の価格低下のきっかけは、格付けの引き下げである。だが、その後に価格が大きく低下した原因は、投資銀行やヘッジファンドなどの投機筋による市場操作である。投機筋は、ギリシャの財政赤字過少計上が発覚すると、ギリシャ国債の空売りを行なった。空売りとは、国債を保有する企業などへ賃借料を払って国債を借りて、それを売り、国債価格が下がった時点で国債を買い戻し、返却することである。国債価格が下がるほど、国債を購入する費用が低下するため、投機筋の利益が大きくなる。

さらに、クレジット・デフォルト・スワップ（CDS: Credit Default Swap）も投機の対象となった。CDSは、金融派生商品（デリバティブ）の一種である。企業や国家（この場合はギリシャ政府）がデフォルトを起こしたとき、デフォルトを起こした企業や国家に代わって、別の企業が元本や利息に相当する支払いをする仕組みである。債権保有者がCDSを購入すれば、それは保険の役割を果たす。また、ギリシャ国債を保有していない投資家もCDSを購入できる。ギリシャ国債のデフォルト懸念が強くなればCDSの価格が上昇するので、

そのときに売却すれば利益を得られる。

CDS の存在は、ギリシャの債務危機を拡大させることとなった。投機筋は、あらかじめ CDS を購入しておいた。そして、国債を空売りして利益をあげたのち、今度は CDS を売却して利益をあげた。こうした市場操作により、国債価格がさらに低下し、利回りが上昇したのである。

2010 年 3 月 9 日、ドイツのメルケル首相とユーロ圏財務大臣会合のユンケル議長[5]は、CDS の規制を呼び掛けた。メルケル首相は、「ユーロ圏諸国に対する投機的な動き」を理由にあげ、「可能なかぎり早く」新規制を適用するよう呼び掛けた。またユンケル議長も、ヨーロッパは「不健全な投機を回避するためにできるかぎりの措置を講じなければならない」と語った。5 月には、ドイツ政府がこれらに対する規制を導入した。

それにもかかわらず、ギリシャ国債の利回りは上がり続けた。10 年物国債の利回りは、2011 年 6 月に 18％台、そして 11 月に 30％台となった。2012 年 3 月まで 30％台の状態が続くこととなる。

だがその後、ギリシャ政府が歳出削減を進めることが評価され、利回りが次第に低下した。さらに、2014 年に入り、ギリシャの景気回復の動きが定着する見込みとなると、4 月 9 日のギリシャ国債（10 年物）の利回りは 5％台となり、4 年ぶりの低水準となった。翌日、ギリシャ政府は 4 年ぶりに国債を発行し、5 年物国債の発行により 30 億ユーロを資金調達した。これは、ギリシャのデフォルトのリスクが低下したと市場が評価していることを意味する。

2　債務危機の拡大

債務危機は他のヨーロッパ諸国でも発生し、そのことがヨーロッパ全体の景気を悪化させた。なぜそれが起こったのかをみていこう。

(1) GIIPS

ギリシャ財政の粉飾が発覚して以降、他のヨーロッパ諸国でも、公的債務残

---

[5]　ルクセンブルク首相兼国庫相（当時）。

第13章 欧州債務危機

表13-1 公的債務残高の対GDP比（2011年）

(％)

ギリシャ	179.9
アイルランド	102.8
イタリア	124.0
ポルトガル	118.4
スペイン	78.9

注：中央政府、地方政府、社会保障基金の債務総額。
出所：OECD, "Economic Outlook 94 database," 2014 より筆者作成。

高の大きさが問題となった。なかでも、アイルランド、イタリア、ポルトガル、スペインは、深刻な状況であった。ギリシャを含めたこの5カ国は、その頭文字をとって、GIIPSと呼ばれる。

イタリアは、EUにおけるGDPの大きさではドイツ、フランス、イギリスに次ぐ第4位の順位にあるが、経済的な不振に陥り、公的債務残高が膨らんだ。また、EUにおいてGDP第5位のスペインでは、2005年から2007年まで財政黒字だったが、その後の経済後退に加え、民間金融機関の不良債権処理に公的資金を投入したため、財政赤字が拡大した。その他の国でも財政赤字が続いた。この結果、表13-1にあるように、公的債務残高が巨額となった。

GIIPSの債務残高が拡大した背景には、共通通貨ユーロの創設がある。2001年にギリシャがユーロを導入して以降、ギリシャ国債の利回りは低下し、ドイツ国債の利回りとほぼ同じ水準となった。つまり、ギリシャがユーロに加盟したことにより、金融機関の間に、ギリシャ国債のデフォルトのリスクがドイツ並みに低いという誤解が生じてしまったのである。ギリシャ以外の国でも、同様に国債の利回りが低下した。国債の利回りが高ければ、その国の利払い額が大きくなるので、このことが国債発行を抑制していたはずである。その逆に、利回りが低くなったことは、国債発行を容易にした。

GIIPSの公的債務残高が問題になったのち、格付け会社は、GIIPSの国債の格付けを引き下げた。すると、ギリシャ国債と同じように、その利回りが上昇した。10年物国債の利回りが7％に達すると危険水域とされる。2011年3月に、ポルトガル国債の利回りは8％を超えた。また、2012年6月に、スペイン国債の利回りが7％を超えた。

第Ⅱ部　世界経済の変貌

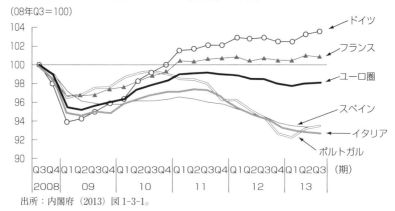

図 13-1　ユーロ圏主要国の実質 GDP

出所：内閣府（2013）図 1-3-1。

(2) 支援策の実施

　ユーロ加盟国と IMF は、GIIPS のデフォルトを防ぐためのさまざまな措置をとった。ギリシャへの第 1 次支援策を発表した直後の 2009 年 5 月 10 日、各国を支援するための基金や融資枠の設立が発表された。その合計額は最大で 7500 億ユーロとなった。これにより、2010 年 11 月にアイルランドへ 675 億ユーロ、そして 2011 年 5 月にポルトガルへ 780 億ユーロの支援が実施された。

　さらに、ヨーロッパ中央銀行は 2011 年 8 月、スペインとイタリアの国債の買い入れに踏み切った。また 2012 年 9 月、ヨーロッパ中央銀行の理事会は新たな国債買い入れプログラム（OMT: Outright Monetary Transactions）の実施を決定した。よって GIIPS などが資金をその都度調達できるようになった。

　以上の措置により GIIPS のデフォルトは当面回避された。そして 2013 年末には、ギリシャ以外のすべてのユーロ加盟国の国債利回りが 7 ％を下回った。ただし、支援を受けた国は、景気後退や失業率上昇にもかかわらず歳出削減を実施した。その影響もあり、イタリア、スペイン、ポルトガルの実質 GDP はいずれも、2011 年後半から翌年にかけてマイナスの成長率となった（図 13-1）。

　ユーロ加盟国がこれらの支援策をいち早く実施した理由は、危機が各国へ波及するのを防ぐためである。もしもギリシャでデフォルトが起きれば、市場において不安心理が広がる。すると投資家は、ギリシャ以外の GIIPS でもデフォルトが起きると予想する。すると、デフォルトリスクの上昇の予想→格付け

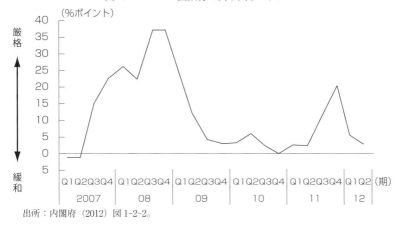

図 13-2　ユーロ圏銀行の貸し出しスタンス

出所：内閣府（2012）図 1-2-2。

の引き下げ→資金調達が難しくなる→デフォルトリスクのさらなる上昇の予想→……という事態に陥り資金調達がますます難しくなり、最終的に GIIPS 各国でデフォルトが起こる可能性がある。イタリアやスペインといったヨーロッパの大国でデフォルトが起きれば、ヨーロッパ経済にとって極めて大きな打撃となる。その事態を避けるために、ユーロ加盟国は、EU の GDP のわずか 3％程度を占めるにすぎないギリシャや、他の GIIPS 諸国を救済したのである。

(3)　**銀行融資への影響**

　上述のように、サブプライムローン関連証券を購入していたヨーロッパの金融機関は、2008 年の金融危機の際大きな損害を受けた。今回の欧州債務危機は、ヨーロッパの金融機関の財務状況をさらに悪化させることとなった。

　国債の格付けが引き下げられると、それまで安全資産とみなされていた国債が、安全資産でなくなる。このため、そうした国債を保有している民間銀行は、以前よりも高い金利で資金調達をしなければならなくなる。このとき、その民間銀行は貸し出し条件を厳格化することとなる。ユーロ圏の民間銀行に対し、過去 3 カ月間の貸し出しへの基準が厳しくなったかどうかを尋ねた調査では、2007 年後半から 2012 年初頭まで厳格化が続いている（図 13-2）。

　また、ユーロ圏銀行の域内向け貸出額の伸び率は、2011 年半ば以降低下し、

図 13-3 ユーロ圏銀行の域内向け貸し出し

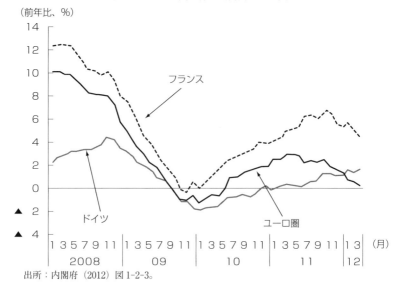

出所：内閣府（2012）図 1-2-3。

2012 年 3 月に伸び率ゼロとなった（図 13-3）。貸出額は、そのときの景気だけでなく、貸し手のスタンスの影響も受ける。貸し手のスタンスの厳格化は、貸出額拡大を抑制するよう作用したと推測される。

さらに、GIIPS の国債を大量に保有する民間銀行は、その経営状態が悪化することとなる。ベルギーとフランスで展開する大手銀行デクシアは、ギリシャやイタリアの国債を大量に保有していたことにより、資金繰りに行き詰まって 2011 年 10 月に経営破綻した。破綻した銀行は新規融資をしないので、このことはヨーロッパにおける経済活動を抑制する要因となる。

ユーロ加盟国や IMF などが GIIPS を支援した理由の 1 つは、こうした民間銀行の経営破綻の拡大を防ぐことである。もしもユーロ加盟国や IMF が GIIPS を支援しなければ、もっと多くの民間銀行が破綻し、ヨーロッパにさらなる景気後退が起こったであろう。

⑷ **キプロスショック**

キプロスの民間銀行は、ギリシャ国債を大量に保有していたため、ギリシャ国債の額面から 53.5％減らす減免措置により、大きな損失をこうむった。よ

ってキプロス政府は、ユーロ加盟国やIMFに金融支援を求めた。2013年3月、ユーロ加盟国は、銀行預金の一定額を課徴金として徴収することを条件として支援することを決め、キプロス政府もその条件に合意した。

　すると、キプロスにおいて、多数の預金者が銀行から預金を引き出す取り付け騒ぎが起こり、ATMから現金が枯渇する事態となった。さらに、その影響を受けて、ユーロの為替レートとヨーロッパの株価が急落するという、キプロスショックが発生した。地中海に浮かぶ小国が、ヨーロッパ全体の経済を揺るがしたのである。

　結局、課徴金は撤回されたが、そのかわり、キプロスの2大銀行の整理・再編が義務づけられた。さらに、その2行における、預金保険対象外である10万ユーロを超える大口預金は、銀行の株式へと転換された。つまり、大口預金者に負担を強いることとなった。

3　ユーロの欠陥

　ユーロは、1999年に、ドイツ、フランス、イタリア、スペインなどヨーロッパ11カ国の共通通貨として創設された[6]。欧州債務危機は、そのユーロが創設当初からもっていた欠陥によって起こったとみなせる。その欠陥について考えてみよう。

(1)　金融政策の喪失

　通貨を統一すると、ユーロ加盟国間では為替変動のリスクがなくなる。このことは、各国の経済活動を活発化する効果をもつ。たとえば、ドイツからギリシャへ投資する際に、以前は、ギリシャの通貨ドラクマの為替レートが時間の経過とともに下落していく（ドラクマ安となる）というリスクを考慮する必要があった。だが、ユーロ創設により、この2国間において為替変動のリスクがなくなる。これは、ドイツからギリシャへの投資を促進させることになる。また、スペイン企業が外国から資金調達をする際に、以前はスペインの通貨ペソ

---

[6]　EU加盟国がすべてユーロに加盟しているわけではなく、イギリス、スウェーデンなど、ユーロに加盟していない国もある。

の為替レートが時間の経過とともに下落していく(ペソ安となる)というリスクがあるため、スペイン企業は資金調達の際に高い利息を支払わなくてはならなかった。しかし、ユーロ創設により、為替変動におけるそうしたリスクがなくなるため、スペイン企業は以前よりも低い利息で資金調達ができる。これは、スペイン企業の資金調達を促進することになる。このほか、ユーロ導入により、国内のインフレ率が低くなり、そして為替変動のリスクが小さくなることは、貿易、対外投資だけでなく経済活動全般が安定して行なわれるための基盤となるので、経済活動を活発化させることになる。

しかしその反面、通貨を統一すると、各国は、経済政策の手段を失う。第1に、自律的な金融政策を実施できなくなる。各国が自国通貨を保有しているときには、各国の中央銀行が金融政策を実施していたので、不景気のときには金融緩和策をとった。ところが、通貨統合後は、ヨーロッパ中央銀行が金融政策を決定する。各国はヨーロッパ中央銀行の政策決定に関与するが、自国の望む政策がつねにとられるわけではない。このため、自国が不景気なので金融緩和策をとってほしいときでも、ユーロ圏全体では好景気のときには、ヨーロッパ中央銀行は金融緩和策をとらない。第2に、為替レートを変動させることができなくなる。各国が自国通貨を保有しているときには、金融緩和策をとると、為替レートの下落を通じて輸出が拡大する(第8章参照)。ところが、統一通貨なのでそれが起こらない。

したがって、通貨統合により各国は、自律的金融政策や為替レート変動という政策手段を喪失する。そのため、各国にとって、主要な景気対策の手段は財政政策となる。つまり、財政政策が従来以上に重要となってくるのである。

(2) **財政規律のための協定**

ユーロ加盟国の間には、財政赤字額の拡大を防ぐためのルールが存在する。その1つは、安定成長協定(SGP: Stability and Growth Pact)と呼ばれる、加盟国の財政赤字がGDP比で3%を超えるときEUが制裁金を科すという規定である。

財政規律を義務づけるルールが設定された理由は、ユーロの価値を維持し、また、金利上昇を防ぐためである。たとえば、ある国が財政支出を大幅に増加

させることによりインフレが起きれば、そのインフレがユーロ圏全体に広がりうる。インフレは、すなわち通貨価値の下落を意味する。また、ある国の財政赤字が増加することで累積債務が増加すれば、国債の市場価格が低下する。国債価格の低下、すなわち利回りの上昇が起こると、国債以外の金利も上昇し、さらにそれがユーロ圏の金利を上昇させる。金利上昇は、経済活動に悪影響を与えることとなる。

しかしながら、財政赤字をGDP比で3％以下にするのは、各国にとって容易なことではなかった。ユーロ創設直後の2001年に、ポルトガルの財政赤字がGDP比4.4％となった。さらに、ドイツとフランスは、2002年から2005年まで、財政赤字がGDP比3％を超える状態が続いた。このようにSGPの財政規律のルールが守られないことが常態化し、よって2005年に規定が緩和された。

上述のように、ユーロ加盟国は自律的な金融政策や為替レートの変動という政策手段を喪失しているため、主要な景気対策の手段は財政政策となる。よって、財政赤字が拡大しやすい。それにもかかわらず、財政赤字額の拡大を防ぐためルールは守られなかった。いい換えれば、財政赤字拡大を抑制するための実効性のある仕組みが存在しなかった。これは、ユーロの欠陥である。

たとえギリシャがユーロに加盟していなかったとしても、ギリシャが財政赤字を続けることで公的債務残高が巨額になり、デフォルトのリスクが高まっていた可能性がある。つまり、統一通貨ユーロの創設は、ギリシャの債務問題を引き起こした直接的な原因ではない。しかし、統一通貨に加盟した結果、財政支出に頼らざるをえなくなることは、債務問題の発生過程を理解するうえで極めて重要である。

⑶ **景気の非対称性を解消する仕組みの欠如**

統一通貨がうまく機能するためには、ユーロ圏内の景気に非対称性が発生しているとき、その非対称性を解消する仕組みが存在していることが必要である。たとえば、ある国の景気が他国に比べて著しく悪いという景気の非対称性が生じているとしよう。このとき、不景気の国の賃金や物価水準が低下し、一方で好景気の国の賃金や物価水準が上昇することで、不景気の国から好景気の国へ

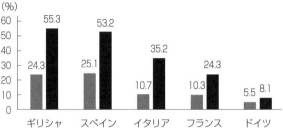

図 13-4　失業率および若年失業率（2012年）

注：若年失業率は15〜24歳の値。
出所：ILO, "ILOSTAT," 2013 をもとに筆者作成。

の輸出が拡大し、また、不景気の国から好景気の国へ労働者が移動する。このメカニズムが十分に機能すれば、不景気の国において景気が回復し、非対称性が解消されることとなる。

　だが、ユーロ圏において、このメカニズムによって景気の非対称性が自動的に解消されるということはなかった。財貿易において、2010年と2012年の値を比べると、ギリシャの輸出額は211億ユーロから276億ユーロへ、イタリアの輸出額は3374億ユーロから3902億ユーロへ、スペインの輸出額は1919億ユーロから2298億ユーロへと、いずれも増加した[7]。だが、これらの国々の景気は依然として低迷していた。

　また、GIIPSでは、多くの人々が職を求めて国外へ移動したが、失業率は依然として他国よりも高い。2012年の失業率は、ドイツが5.5％であるのに対し、ギリシャは24.3％、スペインは25.1％である。また、15歳から24歳までの若年失業率も、ドイツが8.1％であるのに対し、ギリシャは55.3％、スペインは53.2％と大きく上回っている（図13-4）。この数字が示すように、ユーロ圏内の各国間では、言語や文化などが異なるため、国内のようなスムーズな労働移動は起きないのである。

　非対称性を解消するもう1つの方法は、国家間の財政移転である。好景気の国で集めた税金を、不景気の国に投入すれば、不景気の国の財政赤字拡大を防

---

7)　Eurostat による。

> **コラム**
>
> ### ギリシャはなぜユーロから離脱しなかったのか
>
> 　ギリシャが債務問題で混乱に陥ったのち、一部のマスコミや経済の専門家から、ギリシャがユーロから離脱せざるをえなくなるだろうという見方が出てきた。もしもギリシャがユーロから離脱し、ギリシャの通貨ドラクマを復活させたとしよう。このとき、ギリシャは自律的な金融政策をとることができる。さらに、ギリシャの不安定な経済状況を反映して、ドラクマの対ユーロ為替レートは大きく下落する。為替レート下落は、長期的には、ギリシャの輸出競争力を高め、ギリシャの景気回復に大きく寄与する。しかしながら、為替レート下落により最初に起こるのは、輸入物価の上昇である。景気が悪化しているなかで物価が上昇すれば、国民の生活はさらに圧迫される。また、これまでユーロ建ての国債を発行したので、ユーロで返済しなければならない。為替レートが下落すればするほど、返済に必要なドラクマの金額が増える。その金額が大きくなれば、ギリシャがデフォルトを引き起こす可能性もある。以上に加えて、ギリシャがユーロから離脱すれば、ユーロ加盟国から支援を受けられなくなる。これらの状況を鑑みて、ギリシャはユーロから離脱しなかった。

ぎながら非対称性を解消することができる。ただし、これを実行するためには、その資金を支払う国の国民の理解を得なければならない。上述のように、今回の債務危機でユーロ加盟国は多額の税金を投入したが、それに対する反対が強かったため、非対称性を解消するほどの金額を投入するにはいたっていない。

　よって、ユーロ圏内の非対称性を自動的に解消するためのメカニズムは十分に機能していない。また、非対称性を解消するに十分な規模の財政移転も行なわれていない。ここにも、ユーロの大きな問題点がある。

4　日本への教訓

　日本は現在、莫大な公的債務を抱えている。そこで本節では、欧州債務危機からいかなる教訓が得られるかを考えてみよう。

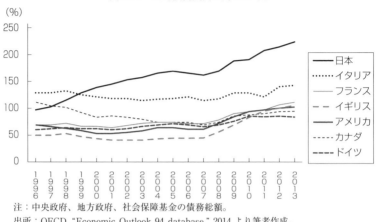

図 13-5　公的債務残高の対 GDP 比

注：中央政府、地方政府、社会保障基金の債務総額。
出所：OECD, "Economic Outlook 94 database," 2014 より筆者作成。

(1) 日本の債務問題

　ギリシャの債務問題が発覚した 2009 年、ギリシャの中央政府、地方政府、社会保障基金の債務残高の総額である公的債務残高は、GDP 比 179.9％であった。一方、2013 年の日本の公的債務残高は、GDP 比 227.2％である。つまり、日本の公的債務残高は、債務危機発生時点のギリシャの値を大きく上回っている。さらに、図 13-5 が示すように、世界の主要国のなかでもひときわ高い水準にある。

　それにもかかわらず、日本において債務危機は生じていない。その理由の 1 つは、ヨーロッパ各国の消費税率が 20％前後であるのに対し、日本は 8 ％であるため、まだ増税の余地があることである。もう 1 つの理由は、日本の国債が主に日本の企業や個人によって保有されているため、短期間に大量の国債が売却されて価格が急落する可能性が小さいと思われていることである。日本銀行の資金循環統計によれば、2013 年 12 月時点の海外投資家による保有額は 81 兆 9000 億円であり、保有比率は 8.3％でしかない。

　日本国債や日本円に対する信頼は、むしろ高い状態にある。その証拠に、ヨーロッパで債務問題が起こると、ユーロを売り日本円を買う動きが強まった。2009 年 8 月の為替レート（月間平均）は 1 ユーロ＝ 135.31 円だったが、2012 年 7 月には 1 ユーロ＝ 97.02 円となり、3 年で 3 割以上も円高が進んだ。多く

の投資家は、ヨーロッパの債務問題や不況によってユーロの為替レートが下落すると予想したため、ユーロを売り、アメリカドルやスイスフラン、日本円などへ資産を移動させたのである。

しかしながら、日本の公的債務残高が今後も増加し続けるならば、そういった信頼は徐々に失われていくであろう。日本政府の2014年度予算におけるプライマリーバランスの赤字は18兆円である。また、地方政府の債務も増加している。これが長期間続けば、デフォルトのリスクが小さくないと評価されるようになる。

さらに、公的債務残高が増え続ければ、徐々に国債価格の低下、すなわち国債利回りの上昇が起こる。これが金融市場において波及し、銀行の貸出金利や民間社債の利回りを上昇させる。そのことが民間企業の投資を抑制させる効果をもつ。

また、国債価格の低下は、それを保有している日本の民間銀行の資産額減少を意味する。2012年2月23日、日本銀行の白川総裁（当時）は衆院予算委員会において、「仮に金利が全期間にわたって一律1％上昇するというケースを想定して、債券価格の下落幅、損失を計算すると、大手行については3.5兆円、地域の銀行については2.8兆円」と述べた。こうした資産額減少は、民間銀行の融資拡大を抑制する。

このように、公的債務残高の拡大は、日本経済へ大きな悪影響を及ぼしかねないのである。

(2) **歳出削減に向けた課題**

よって日本は、できるだけ早くプライマリーバランスの赤字を解消すべきである。つまり、歳入増加と歳出減少をしなければならない。

歳出のうち、大きな割合を占めるのが、社会保障関係費である。2014年度の一般会計予算において、一般歳出56兆4697億円のうち、社会保障関係費は30兆5175億円である[8]。これは、一般歳出の54％を占める。1995年度予算における社会保障関係費は13兆9244億円だったので、約20年で2倍を超える

---

[8] 一般歳出とは、一般歳出予算総額から、国債費や地方交付税交付金などを除いたものである。また社会保障関係費とは、医療や年金、介護、生活保護などへの支出である。

増加である。今後、日本の人口が減少するとともに65歳以上の高齢者の人口が増える。現状の制度のままでは、社会保障関係費の増加が続くこととなり、勤労者世代にとって大きな負担となる。

社会保障関係費の伸びを抑える1つの方法として、日本では、公的年金の支給年齢を段階的に65歳に引き上げることが決まっている。ヨーロッパ各国では、これを67〜70歳へと引き上げる動きが相次いでいる。よって日本も、支給年齢の70歳程度への引き上げと、1人当たりの支給額の削減を、早急に検討すべきである。

ところが、政治家にとって、それを実行するのは難しい。2013年において、65歳以上人口の比率は25.1%であり、すなわち日本人の4分の1が年金受給者である。今後、その比率は上昇する。したがって、年金支給年齢の引き上げと1人当たり支給額の削減は、莫大な数の有権者の利益を損なう。

第1節で説明したように、ギリシャの政党は、選挙に勝てば自党の支持者を公務員として雇用するという政策を実行し続けた。これが一因となって、ギリシャの公的債務残高が拡大した。つまり、政治家が人気取りの政策をかかげ、そして国民もそれを支持した結果、経済危機が生じた。

日本でも、それと似た問題が発生する。政治家は、少子高齢化が進行するなかで年金支給額の増加を抑えなくてならないことがわかっていたとしても、国民に不人気な政策をなかなか実行できない。むしろ、人気取りの政策をかかげた政治家のほうが選挙に勝ちやすい場合もある。

国債を発行して財政赤字をまかなうことは、将来世代にその負担を先送りすることである。よって、大量の国債発行は、本来避けるべきことである。それにもかかわらず、政治家が財政赤字を減らさずに人気取りの政策をかかげ、そして多くの国民が目先の利益に基づいて投票すれば、その国の公的債務残高は拡大する。それが長く続けば、その国は財政破綻の危機に直面する。そのとき、国民に大きな苦しみを強いることとなる。このことが、欧州債務危機から日本が学ぶべき教訓である。

参考文献
嘉治佐保子（2012）『ユーロ危機で日本はどうなるのか』日本経済新聞出版社。

内閣府（2012）『世界経済の潮流　2012年Ⅰ』日経印刷。
―――（2013）『世界経済の潮流　2013年Ⅱ』日経印刷。
藤原章生（2010）『ギリシャ危機の真実――ルポ「破綻」国家を行く』毎日新聞社。

本章のまとめ

1．欧州債務危機は、GIIPSの公的債務残高が拡大することにより、債務不履行のリスクが高まった事態である。ユーロ加盟国は、IMFやヨーロッパ中央銀行などと協力しながらGIIPSへ融資を行なうなどの支援を行ない、債務不履行の発生を防いだ。
2．ユーロ加盟国は自律的金融政策や為替レート変動という政策手段を喪失しているため、主要な景気対策の手段は財政政策となる。よって、財政赤字が拡大しやすい。それにもかかわらず、財政赤字拡大を抑制するための実効性のある仕組みが存在しなかった。これは、ユーロの欠陥である。
3．政治家が財政赤字を減らさずに人気取りの政策をかかげ、そして多くの国民が目先の利益に基づいて投票すれば、その国の公的債務残高が拡大する。それが長く続けば、その国は財政破綻の危機に直面する。そのとき、国民に大きな苦しみを強いることとなる。このことが、欧州債務危機から日本が学ぶべき教訓である。

●研究課題

1．GIIPS各国がどのようにして公的債務残高を拡大させたかを調べてみよう。
2．日本の財政赤字を減らすためにはどうすべきかを議論してみよう。

■ **文献案内**

嘉治佐保子『ユーロ危機で日本はどうなるのか』日本経済新聞出版社、2012年。
　欧州債務危機の経過について論じるとともに、それが日本にとってどのような教訓となるのかを検討している。
岩本武和『国際経済学　国際金融編』ミネルヴァ書房、2012年。
　欧州債務危機の発生メカニズムを、ユーロ創設によってもたらされたヨーロッパ内の不均衡拡大という視点からコンパクトに説明している。
高屋定美『欧州危機の真実――混迷する経済・財政の行方』東洋経済新報社、2011年。
　欧州債務危機の発生と、それを防げなかった理由を、詳細に検討した研究書。

第Ⅲ部　日本経済のグローバル化

第14章
日本の貿易と直接投資

　これまで国内でしか調達できなかった多くの財が、近年、技術革新やITの発展などによって、海外で生産されて輸入されるようになった。その結果、貿易が拡大するとともに、日本から外国への直接投資が増加している。また、日本では少子高齢化が進み、人口が減少していくため、多くの企業にとって、海外での販売を拡大していくことが極めて重要になってくる。そこで本章では、日本の貿易と直接投資がどれほど増加しているか、また、貿易の内容がどう変化しているのかを考えてみよう。

---本章のポイント---
1. 日本と世界において、貿易と直接投資が急速に増加していることを理解する。
2. 日本の貿易構造がどう変化しているのかを検討する。
3. 日本の対外直接投資が拡大する理由を考える。

1　貿易の拡大と貿易構造の変化

　この節では、日本の貿易における規模および内容の変化について考える。

(1) 日本と世界の貿易の拡大

　まず、日本および世界における貿易が、近年どれだけ拡大しているかをみてみよう。表14-1は、1980年以降の日本と世界における、実質所得成長率（名目所得成長率から物価上昇率を引いた値）と貿易数量増加率を比べたものである[1]。この表からわかるように、日本・世界ともに、貿易数量増加率は実質所得成長

表 14-1　日本と世界の実質所得成長率と貿易数量増加率

(%)

		1981〜90年	1991〜2000年	2001〜10年
日本	実質所得	48.0	15.5	7.9
	輸出数量	67.6	62.7	18.9
	輸入数量	79.1	40.7	52.0
世界	実質所得	39.7	38.3	43.2
	輸入数量	58.3	95.7	59.9

注：輸出数量・輸入数量に関して、1981〜90年は財のみ、1991年以降は財およびサービスの増加率。
出所：IMF, *World Economic Outlook* より筆者作成。

率を上回っている。

　日本が不況にあった1991年からの10年間において、日本の実質所得成長率（つまり実質GDP成長率）は15.5％でしかなかったが、輸出数量は62.7％、輸入は40.7％増加している。つまり、失われた10年と呼ばれたこの時期でさえ、日本のグローバル化は着実に進行していたのである[2]。

　2001年からの10年間においても、実質GDP成長率は7.9％でしかないが、輸入数量増加率は52.0％と大きく伸びている。一方、輸出数量増加率は18.9％と、1990年代に比べて増加率が低下している。その大きな原因の1つは、日本企業の外国における生産が拡大したため、それが輸出を代替したことである。

　一方、世界の実質所得は10年ごとに約4割増加しているが、貿易数量は、1990年代の10年間に2倍となり、そして2001年からの10年間においても6割増えている。このように、世界経済において、日本を上回る速度でグローバル化が進行している。

　それを裏づけているのが、世界の財とサービスの貿易、そして対外直接投資の推移を描いた図14-1である。この図が示すように、1970年代以降、世界の貿易と直接投資は飛躍的に拡大している。

---

1) 貿易額ではなく貿易数量増加率を使うのは、貿易額は価格変動の影響を受けるので、その量的変化をみるのには必ずしも適切でないためである。
2) 貿易金額でみても、その増加は著しい。日本の輸出額の対GDP比は、1995年の8％から2005年の13％へと増加し、輸入額の対GDP比も、同時期に6％から11％へと増加した。

第14章　日本の貿易と直接投資

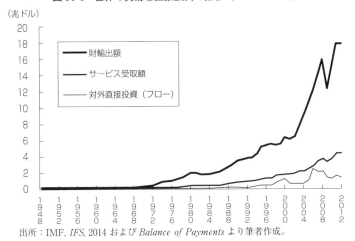

図14-1　世界の貿易と直接投資の推移（1948～2012年）

出所：IMF, *IFS*, 2014 および *Balance of Payments* より筆者作成。

(2) 日本の貿易構造の変化

　日本の貿易は、その量的拡大と同時に、その構造も変化している。日本の貿易品目を説明した表14-2から、それを確認しよう。

　製品原材料とは、他の製品の原材料となる化学製品、金属、繊維品などの製造品である。また、資本財とは、工場で使われる生産機械やその部品などである。

　この表において注目すべきことは、資本財と家電製品の貿易額の変化である。資本財は、1980年においては輸出総額の4割だったが、2013年には5割を占める。つまり、日本の輸出の半分は、工場で使用する機械や、その機械に用いる金型、そして半導体といった部品である。そのため2011年の東日本大震災のとき、半導体メーカーであるルネサス社の那珂工場（茨城県）が被災すると、自動車をはじめ世界の多くのメーカーが生産停止ないし縮小に追い込まれた。よって顧客企業などが、最大で1日2500人の人員を那珂工場へ派遣してその再開を支援したほどである。こうして東日本大震災は、日本が世界のものづくりにおいて重要な存在であることを証明した。

　他方、家電製品の輸出額と輸入額の比率は、1980年には40対1と大幅な輸出超過だったが、2013年には1対6と輸入超過になっている。1970年代には、

225

表 14-2 日本の貿易品目

商品輸出　　　　　　　　　　　　　　　　　　　　　　　　　　　　　（10億円）

| 年 | 輸出総額 | 食料品その他の直接消費財 | 工業用原料 | | 資本財 | 非耐久消費財 | 耐久消費財 | 家電製品 | 乗用車 |
			粗原料および鉱物性燃料	製品原材料					
1980	29,382	364	422	7,974	11,769	312	8,046	1,290	3,648
1990	41,457	228	453	6,863	22,376	354	10,422	772	5,969
2000	51,654	212	527	8,436	31,105	387	9,012	243	6,123
2010	67,400	383	2,086	12,331	35,512	449	10,048	110	7,898
2013	69,774	418	2,785	13,142	35,453	429	10,955	123	8,932

商品輸入

| 年 | 輸入総額 | 食料品その他の直接消費財 | 工業用原料 | | 資本財 | 非耐久消費財 | 耐久消費財 | 家電製品 | 乗用車 |
			粗原料および鉱物性燃料	製品原材料					
1980	31,995	3,679	20,867	3,815	2,067	610	547	32	105
1990	33,855	4,670	11,840	6,547	4,750	2,046	2,937	181	894
2000	40,938	4,878	10,664	6,446	11,354	3,330	3,340	515	749
2010	60,765	5,166	21,711	8,024	14,316	3,918	3,998	761	563
2013	81,243	6,454	32,220	9,208	18,437	5,341	5,315	762	1,034

出所：日本関税協会『外国貿易概況』より筆者作成。

　日本から欧米諸国へ向けてテレビやビデオデッキなどが大量に輸出されて貿易摩擦を起こしたが、1980年代以降、輸出は減少傾向にあり、現在輸出しているのは薄型テレビなど比較的高性能の製品である。それに対し、ブラウン管型テレビ、冷蔵庫、洗濯機、掃除機といった家電製品の多くについては、中国や東南アジアからの輸入が急増している。

　このように、日本の貿易に関して、1980年代以降、製品の輸入が急増している。製品原材料および資本財、非耐久消費財、耐久消費財といった製品が、輸入総額に占める割合は、**製品輸入比率**と呼ばれる。この値は、図14-2にあるように、1980年には22.8%である。この年、日本の輸入額の3分の2は、

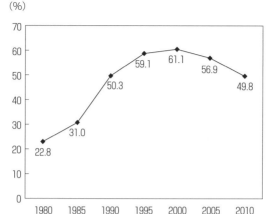

図14-2 日本の製品輸入比率の推移

出所：青木（2005）表1および日本関税協会『外国貿易概況』より筆者作成。

粗原料や、原油や石炭などの鉱物性燃料で占められていた。ところが1990年代以降は、製品輸入比率が5〜6割となっている。

(3) 資本財輸出拡大・製品輸入比率上昇の理由

　なぜ資本財輸出が大きく拡大し、製品輸入比率が上昇しているのか。その最大の理由は、日本企業が世界各地で工場を建設して、グローバルな生産活動を行なうようになったからである。

　『通商白書』に従い、韓国、台湾、香港、シンガポール、タイ、フィリピン、インドネシア、マレーシア、中国の9カ国・地域を総称して、「東アジア」と呼ぶこととする。図14-3からわかるように、日本からの直接投資の増加に伴って、日本への製品輸入額が増えている。というのは、1985年に急激な円高が進んで以降、日本企業が東アジアにおいて多数の工場を建設し、そこで生産した衣料品や電気製品などの逆輸入を拡大しているからである。また、最終消費財だけでなく、日本国内で生産する電気製品や自動車などに使用する部品の輸入も増えている。とくに2000年以降、中国などにおいて日本企業が設立した子会社が生産した機械部品が多く輸入されている。

　他方、日本企業の海外工場で使われる機械や、家電製品や自動車を生産する際に使う部品の一部は、日本から輸出する。このため、対外直接投資増加に伴

図14-3 日本の対東アジア直接投資累計額（製造業）および東アジアからの製品輸入額

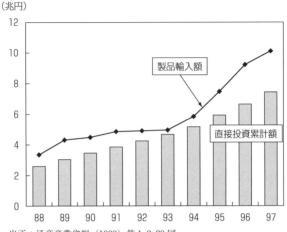

出所：通商産業省編（1999）第1-2-39図。
出典：大蔵省『貿易統計』『対外及び対内直接投資状況』。

って、資本財や部品の輸出が増加するのである。

このように、現在多くの日本企業が、直接投資によって東アジアに子会社・関連会社を設立し、そこへ機械を輸出する一方、そこで生産した完成品を逆輸入する企業内貿易を行なっている。こうした企業内貿易の拡大が、日本の資本財輸出拡大と製品輸入比率上昇の大きな要因である。この結果、対東アジア貿易は、2012年において日本の貿易額の51％を占めている。

さらに、日本以外の多くの企業も、日本の製品を使い、中国で生産している。その典型例が、Apple社のiPhoneである。2012年9月に発売されたiPhone 5には約1000個の部品が使われているが、そのうちの半数以上は日本製である。村田製作所の製造したコンデンサーが400個以上使用されているほか、TDKとロームが製造した電力コイルとトランジスタ、シャープ製のディスプレイ、ソニー製のカメラ用センサーとリチウムイオン、ルネサス製の半導体も用いられている[3]。iPhoneの組み立ては、電子機器受託製造サービス（EMS: Electronics Manufacturing Service）で世界最大手の台湾の鴻海(ホンハイ)精密工業と、

---

[3] "Study finds the iPhone 5 is Japanese, in parts," *Asahi Shimbun Asia & Japan Watch*、2012年10月6日、http://ajw.asahi.com/article/sci_tech/technology/AJ201210060045。

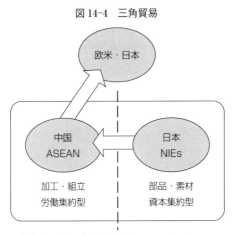

図 14-4　三角貿易

出所：経済産業省編（2007）第 2-2-19 図。

同じく台湾のペガトロン社が、中国にもつ工場で行なわれている。こうしてつくられた iPhone が世界中へ輸出されているのである。

　以上のような日本と東アジアの貿易構造は、図 14-4 のように表わすことができる。日本・NIEs（Newly Industrializing Economies）（韓国・台湾・香港・シンガポールの 4 カ国・地域）において生産された高付加価値の部品・加工品が、中国・ASEAN において組み立てられて、日本、アメリカ、ヨーロッパへ輸出される。これは**三角貿易**と呼ばれる。

　かつての日本の産業構造は、**フルセット型産業構造**と呼ばれた。これは、すべての産業が日本国内にそろっているという意味である。つまり、極端ないい方をすれば、石油、石炭、鉄鉱石などの原材料さえ輸入すれば、あとは日本国内ですべてつくることができた。この結果、日本の貿易構造は、原材料を輸入し、それを加工して製品を輸出するという**加工貿易**の特色をもっていた。しかし現在では、三角貿易が示すように、アジア規模でものづくりを考えるべき時代となっている。今後、日本企業は、少子高齢化により国内での高い需要拡大が見込めないため、生産も販売も世界に依存する傾向をさらに強めることが予想される。

2　貿易相手国の変化

　次に、貿易相手国という観点から、日本の貿易の特徴をみていこう。日本の最大の貿易相手国は、長年にわたりアメリカであった。とくに輸出については、3割以上がアメリカ向けという時代が戦後長く続き、1986年には38.9％に達した。このことが、日本が外交交渉でアメリカに対して強い態度をとれない理由の1つである。輸出の対米依存度が大きいゆえに、アメリカから、たとえば半導体の輸入を増やせと要求されると、応じざるをえない。日米半導体協定[4]などの協定が結ばれたのも、こうしたことが背景にある。

　しかし現在では、アメリカに大きく依存した貿易の構図に変化がみられる。図14-5が示しているように、2000年代、アメリカへの貿易の比率が低下する一方、中国との貿易の比率が上昇している。2012年の日本の輸出において、中国と香港向けは23.1％、アメリカ向けは17.5％となり、中国と香港への輸出額が、アメリカへのそれを上回っている。また、輸出入の合計額でもアメリカを上回る。これは、日中間の貿易額が大きく拡大したからである。

　なぜ日中間の貿易額は拡大したのか。その大きな理由の1つは、日本企業が中国へ大量の直接投資を行ない、よって莫大な数の工場を保有しているからである。そうした工場向けに、日本から機械や部品を輸出し、そして完成品を日本へ輸入するので、貿易額が拡大した。また、中国のハイアール（海爾）社が日本で冷蔵庫、洗濯機、エアコンなどを販売している例からもわかるように、中国資本の企業が生産した製品も日本市場に徐々に浸透している。さらに、日本の商社や大手スーパーなどが、日本向け野菜の栽培を中国農家に委託し、それを輸入するという、農産物の**開発輸入**もさかんに行なわれている。

　このように、輸出に占めるアメリカ向けの比率は低下傾向にある。これは日本だけの現象ではない。中国においても、2007年にEUへの輸出額がアメリ

4）　1980〜90年代に結ばれた、日米間の半導体輸出入に関する協定。とくに1991年には、外国製半導体の日本への輸入が進まないのは、日本企業が意図的に国内製品を購入しようとしているからだというアメリカ側の主張によって、日本市場における外国製品のシェアを、1992年末までに20％へ拡大することを目標とする協定が結ばれた。これは事実上、日本企業に輸入義務を課して外国製品のシェア倍増させる、管理貿易の協定である。

図 14-5　日本の地域別輸出入シェア（1980～2012年）

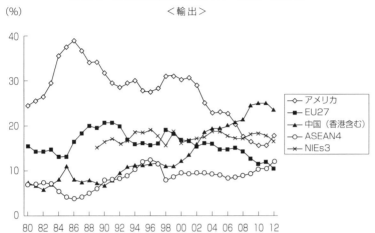

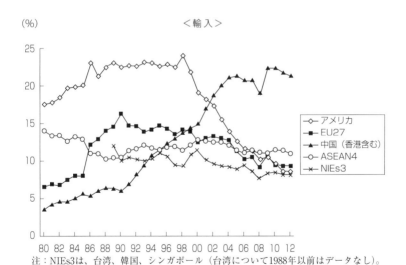

注：NIEs3は、台湾、韓国、シンガポール（台湾について1988年以前はデータなし）。
　　ASEAN4は、インドネシア、タイ、フィリピン、マレーシア。また、2006年以降はEU27の値。
出所：IMF, *Direction of Trade Statistics*、台湾貿易省「台湾貿易統計」より筆者作成。

カへの輸出額を上回った。またEUでも、輸出に占めるアメリカの比率が低下し、ロシアなど旧ソ連諸国向け輸出の比率が高まっている。こうした傾向が進む理由として、生産拠点がグローバル化していることに加えて、BRICS（ブリックス）（ブラジルBrazil、ロシアRussia、インドIndia、中国China、南アフリカSouth Africaの5カ国）に代表される新興国の台頭、そして石油や希少金属の需要拡大などがあげられる。

ただし、2012年における世界の輸入総額（サービスを除く）の15.6%がアメリカ向けである。つまり、日本を含めて多くの国々にとって、アメリカは依然として主要な輸出先である。それゆえアメリカの景気が悪化すれば、日本からアメリカへの輸出が減るだけでなく、三角貿易による第三国を経由した日本製品のアメリカへの輸出も減少する。さらに、各国の景気も悪影響を受けるため、日本から世界各国への輸出も減る。サブプライムローン問題に端を発した世界

コラム

エネルギー・鉱物資源と食料価格の急上昇

2000年頃から2008年夏まで、エネルギー・鉱物資源や食料の国際価格が急速に上昇した。2000年4月から2008年4月までの間に、原油が4.4倍、鉄鉱石および石炭が4.9倍、銅が5.2倍、とうもろこしが2.6倍、大豆が2.4倍、小麦が3.4倍、コメが4.7倍となっている。

価格高騰の大きな要因は、①BRICSなどの新興国において高い経済成長に伴う需要の拡大が生じていること、②資源や食料が投機の対象となり、ヘッジファンドなど多くの国際金融資本が買い注文を増やしていること、③原油価格の高騰がバイオエタノールの需要を増加させ、それが穀物価格上昇をもたらしていることがあげられる。

経済産業省の試算によれば、2008年5月の原油価格は1バレル当たり125.5ドルだが、需給バランスの変化によってつくはずの価格は74.4ドルである。つまり、投機によって価格が約7割上昇したわけである。また、2008年5月の小麦価格は1ブッシェル当たり7.8ドルだが、需給バランスの変化によってつくはずの価格は5.1ドルである。つまり、これも投機によって、価格が約5割上昇したのである（経済産業省編, 2008, pp.18-19）。

2008年夏以降、投機資金の減少に伴い、エネルギー・鉱物資源や食料の国際価格が下落している。しかし、上記①の要因は今後も継続していくので、国際価格は長期的に上昇する傾向にあると思われる。

金融危機により、2008年に日本は、まさにこの状態に陥った。このように、アメリカ経済が日本の景気に与える影響力は依然として大きい。

3　直接投資

　前節でも述べたように、日本からの対外直接投資増加に伴う企業内貿易の拡大が、日本の資本財輸出拡大と製品輸入比率上昇の大きな要因である。そこで今度は、日本の直接投資がどう変化しているのかをみていこう。

　図14-6が示すように、1980年代後半のバブル経済時に、日本の対外直接投資は大きく増加した[5]。その後いったんは減少するも、再び増加傾向にある。ここで注目すべきは、日本が不況に陥った1990年代において、対外直接投資が増加していることである。つまり、不況にもかかわらず、企業活動のグローバル化が進んでいる。なぜそのようなことが起こるのだろうか。

(1) 対外直接投資が増加する理由

　日本の対外直接投資が増加するのにはいくつもの理由がある。第1は、円高と為替変動リスクの回避である。第4章でみたように、長期的には円高が進んでいる。円高が進めば、輸出からの収入が減少する一方、海外での生産コストは低下する。このため、海外生産が相対的に有利となる。加えて、為替レートの変動のリスクを避けるためにも、海外生産が行なわれる。たとえばトヨタ自動車は、「海外需要に対しては、基本的に海外生産で対応し、不足分については輸出で補うという考えのもと、為替に左右されない収益構造の確立に向け、現地生産体制を拡充する」という方針である（トヨタ自動車, 2000, p.5）。つまり、現地で部品調達・生産し、さらに販売することによって現地通貨での取引の比率を増やし、為替変動のリスクを小さくすることで、安定した収益を得ようとする狙いである。為替レートは数年単位で大きく変動するが、工場はいったん建設すれば10年以上操業するのが普通である。よって、為替変動に左右されない工場運営を実現するために、現地生産が進められるわけである。

---

[5]　2011年の対外直接投資における製造業と非製造業の比率はそれぞれ50％ずつであるが、バブル期には非製造業の比率がとりわけ高かった。

図14-6 日本の対外および対内直接投資の推移

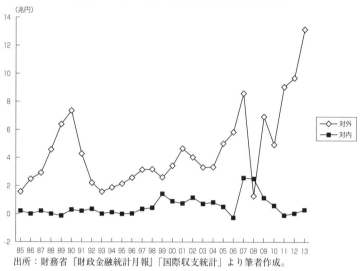

出所：財務省『財政金融統計月報』「国際収支統計」より筆者作成。

図14-7 日本の対中国・ASEAN 対外直接投資の推移

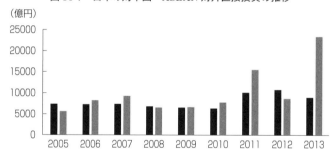

出所：財務省「国際収支統計」より筆者作成。

　第2に、大量の低賃金労働力を安定的に確保するために、直接投資が行なわれる。これまでは中国への投資は ASEAN への投資にほぼ匹敵する額であったが、中国の賃金上昇に伴い、2013年において、中国への投資が減少し、東南アジアへの投資が急増している[6]。図14-7 にあるように、2013年の東南アジアへの直接投資額は、前年の約3倍になっている。

---

6) 2011年における ASEAN への投資額の急増は、タイ洪水被害の保険金支払いのため資金が含まれているためである。

第3は、発展途上国の経済成長である。経済成長によってその国の消費が拡大するなら、大量生産が可能となるので、日本からの輸出よりも、現地生産のほうが有利となる。

　第4に、これまで日本国内を主な市場としてきた企業が、日本の人口減少に伴う市場縮小への対応策として、直接投資を拡大している。たとえば、キリンビールとそのグループ企業は、オーストラリアにおいて、1998年にビール市場第2位の企業、2007年に乳業最大手の企業、2008年に飲料市場第2位の企業、2010年に飲料市場第3位の企業を次々と買収した。ほかにも、フィリピン、シンガポール、ブラジルなどの企業を買収している。2007～11年における投資額は1兆円規模にのぼる[7]。一方、携帯電話事業を行なうソフトバンクは、2013年7月、アメリカ第3位の携帯電話会社スプリントを216億ドル（約2兆2500億円）で買収した。

　第5に、技術的な側面において、工業製品のモジュール化により、生産工程の一部を海外へ移転することが以前より容易となったことがあげられる。また、インターネットなどの情報通信技術の発展により、海外との通信コストが低下したことも、海外生産を容易にした。つまり、ITなどの技術の発展が、工場の海外移転を促進しているのである。

　第6は、WTOやFTAなどによる制度的変化である。中国は2001年のWTO加盟に伴い、輸入関税率を低下させるとともに、知的財産権などについて、従来よりも遵守する姿勢をみせている。このことは、外国企業による中国での生産活動を行ないやすくするので、外国企業による中国への投資を促進する要因となる。また、EUは自由貿易地域であるため、EU加盟国が増えることは、EU内の工場から関税なしで輸出できる範囲の拡大を意味する。このことは、EUへの直接投資を増加させるよう作用する。

　第7は、貿易摩擦の回避である。日本から財を輸出するのではなく、販売するその国で現地生産すれば、貿易摩擦の問題を回避することができる。とくに

---

[7]　ただし、キリンが買収した外国企業の業績は芳しくない。原材料価格の高騰や不況、現地メーカーとの価格競争などが原因である。キリンホールディングスの三宅社長は「グローバル経営力の不足は率直に反省しないといけない」と述べている（『SankeiBiz』2013年1月24日付）。また、買収資金調達によりキリンの有利子負債額が急増し、財務内容が悪化している。

第Ⅲ部　日本経済のグローバル化

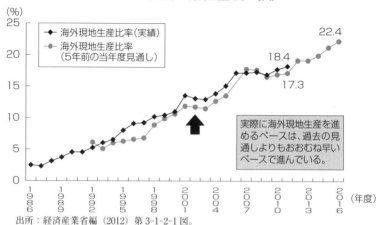

図14-8　製造業の海外生産比率の推移

出所：経済産業省編（2012）第3-1-2-1図。

表14-3　主な非製造業および製造業の海外現地法人の売上高比率（2010年度）

(％)

情報通信業	運輸業	卸売業	小売業	サービス業	非製造業全体	製造業
8.6	10.8	33.9	16.3	13.4	24.4	42.2

出所：経済産業省編（2013）第Ⅱ-3-2-16図をもとに筆者作成。

日本の自動車会社はこの問題を強く意識しており、1980年代以降、アメリカでの工場建設を続けている。

　以上の理由によって対外直接投資が増加した結果、製造業企業の海外生産比率は、2011年度において18.4％となっている（図14-8）。とくに、いくつかの大手自動車会社ではその値が高い。2013年において、トヨタ自動車が62.2％、日産自動車が80.5％、ホンダが80.4％である。そのため日本企業の社員にも、海外に駐在している人や、毎月海外の自社工場を訪れて技術指導などをしている人が多数いるわけである。

　直接投資の拡大により、日本企業の海外現地法人の売り上げが増加している。製造業だけでなく、非製造業においてもその傾向がみられる。2010年度において、海外展開している日本の非製造業企業の売上高における海外現地法人の比率は、24.4％である。つまり、非製造業業においても、約4分の1は海外現地法人の売り上げである。とくに、卸売業では33.9％と高い数字となっている（表14-3）。

第14章 日本の貿易と直接投資

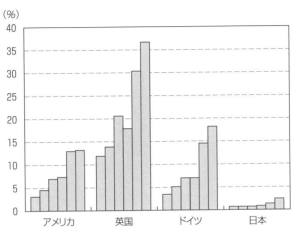

図14-9 直接投資受け入れ額（ストック）の対GDP比
（1980〜2005年）

注：各グラフは、1980年から2005年までの5年ごとの値。
出所：野口（2007）図2-2。
出典：内閣府『世界経済の潮流』各号。

(2) 日本の対内直接投資

次に、外国から日本への対内直接投資についてみておこう。図14-6にあるように、その値は対外直接投資に比べてかなり小さい[8]。2013年において、対内直接投資額は3624億円であり、対外直接投資額の3％でしかない。日本の対内直接投資の水準が低い理由としては、日本での事業コストが高いこと、サービス産業では製造業に比べて規制緩和が進んでいないこと、日本企業との競争が厳しいことなどがあげられる（経済産業省編，2006，pp.207-208）。

図14-9は、外国からの直接投資について、その時点までの累計額（ストック）が、GDPに比べてどの程度の大きさかを示している。この図からわかるように、欧米諸国に比べると、日本の対内直接投資の水準はかなり低い。ただし、その値は近年増加している。たとえば、自動車会社のマツダはアメリカのフォードの子会社、日産はフランスのルノーの子会社となった。

---

[8] 対内直接投資の値は負になっている年には、外国企業による投資資金引き揚げが、日本への資金流入額を上回っている。

(3) 資産運用目的の対内投資

　日本への対内直接投資額は小さいが、資産運用目的の対内投資は拡大している。2013年に日経平均株価は57％上昇し、41年ぶりの上昇率となった。この原動力の1つは、ヘッジファンドなどの外国人投資家である。2013年の日本株に関する外国人投資家の買越額（購入額と売却額の差額）は15兆円と、過去最大である。また、2014年3月31日〜4月4日において、東京証券取引所第一部における株式の総売買代金に対する海外投資家の比率は60.7％である[9]。

　そのため、日本企業のなかには、外国人持ち株比率が高い企業が少なくない。2014年3月末の時点で、日立製作所は45.4％、トヨタ自動車は30.3％、三井不動産は50.3％である（『日本経済新聞』2014年6月15日付）。また、2012年度において、全国5証券取引所上場企業における外国法人などの株式保有比率は28.0％である（東京証券取引所ほか，2013）。

　それゆえ日本の株価の変動は、外国人投資家による売買の影響を大きく受けている。2013年以降に何度か起きた株価の乱高下の多くは外国人投資家の動きがきっかけとなっているという推測があるほどである。さらに、外国人投資家は世界各地の株式・債券などにも投資しているため、海外の株式市場における価格変動が、外国人投資家の投資行動を通じて日本に波及する。

参考文献

青木健（2005）「急増する製品「逆輸入」とその含意」『季刊国際貿易と投資』September, No. 59。
経済産業省（2006）『通商白書2006』ぎょうせい。
──────（2007）「我が国企業の海外事業活動　第36回海外事業活動基本調査」。
──────（2008）『通商白書2008』ぎょうせい。
──────（2012）『通商白書2012』勝美印刷。
──────（2013）『通商白書2013』勝美印刷。
通商産業省編（1999）『通商白書1999』大蔵省印刷局。
東京証券取引所ほか（2013）「平成24年度株式分布状況調査の調査結果について」。
トヨタ自動車（2000）『クリエイション』2月号（トヨタ自動車社内報）。
野口悠紀雄（2007）『資本開国論』ダイヤモンド社。

---

9) 東京証券取引所の取引所の資料をもとに筆者が計算した。

本章のまとめ

1. 日本と世界において、貿易と直接投資が急速に増加している。その増加率は、経済成長率をはるかに上回る。日本企業は、少子高齢化により国内での高い需要拡大が見込めないため、生産も販売も世界に依存する傾向を今後さらに強めることが予想される。
2. 日本の貿易において、資本財輸出が拡大し、製品輸入比率が高まっている。その理由は、日本企業の生産活動がグローバル化し、世界各地で工場を建設して生産活動を行なっているからである。
3. 日本の輸出に占めるアメリカの比率は低下傾向にある。しかし、日本を含めて多くの国々にとって、アメリカは主要な輸出先である。世界経済におけるアメリカ経済の影響力は依然として大きい。
4. 日本の対外直接投資は増加傾向にある。これにより、日本企業の海外現地法人の売り上げが増加している。
5. 日本の対内直接投資の水準が低い理由として、日本での事業コストが高いこと、サービス産業では製造業に比べて規制緩和が進んでいないこと、日本国内企業との競争が厳しいことなどがあげられる。

●研究課題

1. 世界貿易が拡大する理由を考えてみよう。
2. 日本の対内直接投資額は、今後どう変化すると予想されるか、議論してみよう。

■ 文献案内

向山英彦『東アジア経済統合への途』日本評論社、2005年。
　日本とアジア各国との経済的関係の強化を、データを用いて実証している。
浦田秀次郎・21世紀政策研究所編『日本経済の復活と成長へのロードマップ──21世紀日本の通商戦略』文眞堂、2012年。
　日本経済の現状と今後の課題について、通商政策に焦点をあてて論じている。
馬田啓一・木村福成編『通商戦略の論点──世界貿易の潮流を読む』文眞堂、2014年。
　東アジアの生産ネットワークの拡大と、そのもとで日本が直面する貿易や海外投資に関わる問題について論じている。

第Ⅲ部 日本経済のグローバル化

第15章
海外へのアウトソーシング

　近年、世界において、国家間の分業関係に大きな変化が起きている。その1つが、サービス業務における海外へのアウトソーシングの急速な拡大である。そこで本章では、日本から海外へのアウトソーシングがどのように進展しているのか、またそれが日本経済やわたしたちの働き方にどのような影響を与えるのかを考えてみよう。

本章のポイント

1．サービス業務における海外へのアウトソーシングが拡大している理由と、それがわたしたちの働き方にどのような変化を生じさせているかを考える。
2．ソフトウェア開発における海外へのアウトソーシングが行なわれる理由について学ぶ。
3．ソフトウェア開発における海外へのアウトソーシングが、日本のソフトウェア産業にどのような影響を及ぼすのかを検討する。

1　日本から中国へのアウトソーシング

　企業が、従来社内で行なっていた総務、人事、経理、給与計算関係の業務やコールセンター業務などを他社に委託することを、**ビジネス・プロセス・アウトソーシング（BPO: Business Process Outsourcing）**という。BPOの一部は海外へ委託されている。

(1) 中国へのBPO

　日本から中国へのBPOが近年増加している。たとえば、住友化学の海外出張者の出張旅費の精算は、中国・大連にある住化人力資源管理服務（大連）有限公司において行なわれている。海外出張者が提出した書類や領収書などが日本から大連へ送られ[1]、それを中国人従業員が処理する。その結果、日本でこの業務がなされていたときに比べてコスト削減になっただけでなく、ミスが減り[2]、そして迅速に処理されるようになった。その後同社は、住友化学の日本国内の申請業務（給与振込先の変更申請、退職年金の申請、退職金の計算、離職票の交付）も行なうようになった。

　現在、住友化学のように大連へのBPOを行なっている日本企業は数千社あるといわれている。BPOの対象となる業務は、手書きの書類をコンピュータに打ち込むデータ入力や、給与計算、取引業者への支払いの計算など多様である。データ入力の内容には、生命保険の査定で使う診断書（カルテ）、損害保険会社がファックスで受け付けた事故連絡票、宅急便のドライバーが起票する現金伝票などもある。そのため大連には、BPO専門会社が多数存在している。これらのなかには、日本企業が自社の事務作業を委託するために設立した子会社だけでなく、日本企業や中国企業、あるいはアメリカなどの企業が設立した、他社から業務委託を受けて事務作業を専門的に行なう企業が含まれる。

　BPOを委託する側の企業が心配するのは、入力ミスと情報漏えいである。そのため、筆者が実際に見学した、手書きのクレジットカード申込書をデータ化入力する作業では、同じ内容を2人がそれぞれ入力し、入力内容が一致しなければ、さらに別の人が入力することにしていた。そして、申込書に書かれた個人情報が社外へ流出するのを防ぐために、申込書の画像が氏名、住所、年収などに分割されていた。これにより、氏名を入力する人のパソコン画面には氏名しか表示されず、同じように、住所を入力する人のパソコン画面には住所のみ、年収を入力する人のパソコン画面には年収のみが表示されるようになって

---

[1] 日本からの中国へのBPOにおいて、必要書類をスキャナで写し取ってインターネットで送る方法のほか、書類などを国際郵便で送る方法などが用いられている。
[2] 日本から中国へのBPOにより事務作業のミスが減少する大きな理由は、日本から業務委託を受ける企業は事務作業を専門に取り扱う会社であるので、一般の企業に比べて事務処理効率化のためのノウハウを多数もっているためである。

いた。つまり、入力する人が申込書全体を見られない仕組みになっている。

　また大連では、日本の顧客向けのコールセンター業務がさかんに行なわれている。そこでは、日本人や日本語の話せる中国人を雇って、数十人ないし数百人規模のコールセンターを設置している。ただし、コールセンター業務には、高い日本語能力に加え、日本の文化などへの知識が要求される。大連にコールセンター業務を移したところ、オペレーターの対応や発音のアクセントなどが顧客の信頼感を損ねてしまい、その企業の顧客満足度が低下したという事例や、いったん大連に移したコールセンターを国内に戻したという事例もある。

(2) BPO の対象業務の拡大

　日本からの BPO が、とくに大連でさかんに行なわれている理由は、大連での人件費が日本の 4 ～ 5 分の 1 であることに加え、日本語ができてかつ優秀な人材を多数雇うことができるからである。大連では、初等中等教育において日本語教育がさかんに行なわれていることなどにより、日本語を話すことのできる人が約 30 万人、日本語検定 2 級以上の取得者が約 5 万人いる。大連への BPO により、事務処理コストが平均で 3 割程度低下するという報告もある（『日経コンピュータ』2011 年 3 月 3 日号、p.95）。

　また、大連以外でも、日本からの BPO がなされている。大連よりも内陸に位置する瀋陽、長春や、上海の南に位置する浙江省の杭州など、各地で日本向け BPO を行なう企業が設立されている。

　さらに、従来の BPO の範囲を超えた業務を中国で行なう、あるいは中国の企業に委託する例もある。ある日本の通信販売会社は、当初、手書きのはがきの内容をコンピュータに打ち込むデータ入力の作業を中国で行なっていたが、その後、多数の業務用自動車を日本国内の各支店に毎日何台ずつ配置するかの判断を、中国でするようになった。また、日本のある消費者金融会社は、その会社をはじめて利用する顧客に対し融資をするかどうかの審査を、中国で行なっている。ほかにも、日本企業が、ポスター、チラシ、ウェブサイトの作成や、建築用の図面の作成などを中国の企業に委託するなどが多々行なわれている。このように、日本語のできる中国人が、これまで日本でなされていた業務をするようになったのである。

こうした海外へのBPOにおける対象業務の拡大は、さまざまなサービスが貿易可能になってきたことを意味する。第1章で説明したように、サービスの多くは非貿易財である。しかし、本章でとりあげるサービスは、かつて非貿易財だったが、現在は貿易財なのである。

(3) ITの発展とグローバル化の進展

　以上のことは、グローバル化がわたしたちの生活に与える影響について重要な示唆を含む。ITの発展は、海外との情報のやりとりにおけるコスト低下と時間短縮をもたらした。その結果、これまで国内でしかできなかった作業が海外でできるようになった。つまり、ITの発展によって、海外へのBPOが拡大したのである。

　これにより、企業は、顧客に対するサービスを従来よりも安価にかつ迅速に提供することが可能となった。つまり、新しいサービスの提供や価格低下を通じて、顧客を増やし、売り上げを増加させるチャンスが広がったのである。その結果、日本経済が活性化し、また、それにより雇用が増える可能性がある。

　しかし同時に、これまで国内で行なわれていた業務が海外へ流出するので、日本国内においてそれと同じ業務に従事しようとする人にとっては、職を得る機会が減少するか、あるいは、所得が低下する。別のいい方をすれば、一部のサービス労働は、これまでは海外から隔離されてきたが、その障壁が徐々に低くなってきており、他国との競争にさらされることになるわけである。

　このように、ITの発展は、わたしたちの生活を便利に、そして楽しいものにするとともに、経済活動の発展をもたらした。しかし同時に、先進国において一部の人々は、ITの発展によって職を得にくくなる、あるいは、所得が低下する。つまり、ITの発展とそれに伴う経済のグローバル化の進展は、国内の所得格差を拡大させるのである。

　このとき、わたしたちは、日本でしかできない仕事とは何なのかを問われることになる。いい換えれば、他国の労働者にはできない仕事の内容を見極め、それに特化することが必要である。日本のホワイトカラー労働者の1人当たり生産性は、先進国のなかで最低といわれる。海外との間で国際分業を推し進めることは、そういった生産性の低い雇用が失われる可能性をもたらすと同時に、

国際分業を活用することによって、生産性を上昇させる機会を生じさせるのである。

(4) 世界におけるBPO

　海外へのアウトソーシングが日本以上に進んでいる欧米諸国では、上記の業務のみならず、弁護士事務所や会計事務所の秘書業務などを、インドやフィリピンなどへ委託する事例が多数ある。また、民間ばかりでなく、州政府などの公的機関でも、人事関連業務や給与計算などを海外企業に委託して、コストを削減しようとする動きがみられる。たとえばペンシルバニア州では、毎月1万件以上の問い合わせが寄せられる食料交換券の配布（フードスタンプ）に関する電話対応業務をインドやメキシコの企業へ委託した結果、年当たり約100万ドルのコスト削減を達成した。

　また上述のように、BPOはコスト削減だけでなく、ミスを減らすのにも有効な手段とみなされている。イギリスのある保険会社は、インドにデータ入力業務を委託することにより、コストを3分の1に抑えつつ、正確さを84％から96％へと上昇させることに成功している（日本政策投資銀行ワシントン駐在員事務所，2005, p.9）。

　BPOによって高い経済成長を実現した国の1つが、アイルランドである。1992年にアメリカの保険会社が保険請求業務を委託したのをきっかけに、アメリカ企業が次々と、コールセンターの移転や業務委託をした。その結果、アイルランドは25万人といわれる雇用を獲得した。また1人当たりGDPは、1993年の1万4234ドルから2006年の5万1421ドル（世界第4位）となり、ヨーロッパ最貧国の1つから世界有数の富める国へと激変した[3]。そのため、かつて大量の移民を生み出したこの国において労働力不足が発生し、移民の子孫による流入が起きている。

　アイルランドの高成長の背景には、法人税の実効税率[4]が日本の3分の1程度であることや、ほとんどの国民が英語を話すなど、外国企業にとって魅力的

---

[3]　ちなみに、日本の1人当たりGDPは、1993年に3万5008ドルで世界第2位だったが、2006年に3万4252ドルで世界第18位となり、順位後退が話題となった。
[4]　国税である法人税だけでなく、地方税を含めた、法人企業にとっての実質的な税負担率。

な条件が存在していたことが大きい。これは、脱工業化社会の経済発展モデルとみなすことができる。

　上記以外にも、さまざまな分野で海外へのアウトソーシングが進んでいる。たとえば2000年代に入り、アメリカの企業が半導体の設計を、台湾や韓国の専門業者に委託する動きが顕著となり、さらに中国、インド、シンガポール、マレーシアへもなされるようになった。半導体の設計は知識集約的で、複雑な技術を要する作業であるため、かつては、海外企業へ委託するのが非常に困難だと思われていた。ところが、技術革新によってそれが可能となったのである。その結果、半導体の世界市場は不況であるにもかかわらず、アジアの電子産業は成長している（ジェトロ編, 2005, p.55-56）。

2　ソフトウェアのオフショア開発

　海外へのアウトソーシングが急激に進んでいる分野に、ソフトウェア開発がある。そこで以下では、ソフトウェア開発における海外へのアウトソーシングの拡大が、ソフトウェア産業にどのような影響を与えるのかをみていこう。

(1)　ソフトウェア開発の工程

　現代社会において、ソフトウェアは重要な位置を占めている。企業の業務用システム、家電製品や自動車、機械などを制御する組み込みソフト、市販のパッケージソフト、ゲームソフトなど、さまざまなソフトウェアが、多くの場所で使われている。

　これらのソフトウェアの開発工程を説明しよう（表15-1）。まず、要件定義とは、目的の業務をこなすためにどのような機能をもつソフトウェアが必要か

表15-1　ソフトウェアの開発工程

1．要件定義
2．設計（基本設計・詳細設計）
3．コーディング
4．テスト（単体テスト・結合テスト・システムテスト）
5．導入
6．メンテナンス

図15-1　日本における典型的なオフショア開発

```
┌──────────┐      ┌──────────┐      ┌──────────┐
│ 日本の   │ ──→ │ 日本の   │ ──→ │ 中国     │
│エンドユーザー│      │  SIer    │      │ソフト企業│
└──────────┘      └──────────┘      └──────────┘
       システム         開発工程の
       開発の委託       一部を委託
```

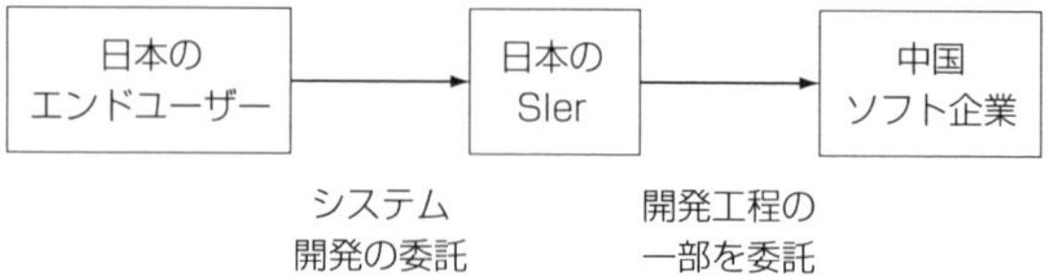

を決定する作業である。次に、設計とは、要件定義に基づき、その設計図をつくる作業である。これは、基本設計と、ソフトウェア内部における具体的な処理手順を設計する詳細設計に分かれる。第3に、コーディングとは、設計に基づき、プログラミング言語を用いてソースコードを作成する作業である。第4に、テストとは、開発中のソフトウェアに含まれるバグ（コンピュータプログラムに含まれる誤りや不具合）を見つけ、それを修正する作業である。これは、単体テスト・結合テスト・システムテストに分かれる。第5に、導入とは、ソフトウェアをコンピュータや機械などにインストールして使用可能にすることである。第6に、メンテナンスとは、ソフトウェアの使用開始後、その改良や、新たに発見されるバグの修正の作業である。

(2) **オフショア開発**

　ソフトウェアを開発する際に、開発工程の一部を海外に委託することを、**オフショア開発**という。たとえば、ある企業が、自社の生産・販売・流通・会計などを制御するシステムを必要としているとする。この企業が、ソフトウェア会社に、その開発を発注したとしよう。すると、このソフトウェア会社は、表15-1の工程に従ってこのシステムを開発する。その際に、詳細設計・コーディング・単体テストを、中国のソフトウェア企業に委託する。これが、日本における典型的なオフショア開発の1つのパターンである。それを描いたのが図15-1である。この図において、システムを利用する企業が、エンドユーザである。そして、エンドユーザから発注をうける日本のソフトウェア企業は、SIer（エスアイアー）と呼ばれる。SIerとは、顧客の情報システムに関するコンサルティング、設計、開発、運用・保守・管理などを請負する企業である。

　オフショア開発のあり方は、これ以外にもある。たとえば、パッケージソフトやゲームソフトをつくっている企業が、自社製品の開発工程の一部を外国企

業に委託する。また、機械や家電製品のメーカーが、自社製品を制御するための組込みソフトを開発する際に、その開発工程の一部を外国企業に委託する。これらの場合は、図15-1とは異なり、日本企業と外国ソフトウェア企業という2社間の取引となる。加えて、外国企業へ委託するのではなく、日本企業が外国に子会社を設立し、そこへ委託する場合もある。

さらに、開発を委託する工程に関して、詳細設計・コーディング・単体テストに加えて、基本設計や要件定義を委託する場合がある。また、コーディングと単体テストだけを委託する場合もある。

日本企業がオフショア開発を行なう主な理由は、コスト削減や、日本国内にソフトウェア技術者が不足していることである。他方、オフショア開発を引き受ける側の国の理由としては、ソフトウェア産業では大規模な設備投資や特別高度な技術は必要なく、プログラマなどの技術者さえいればビジネスができるため、参入障壁が低いことがあげられる。そのため、多くの発展途上国がこの分野に参入している。また、オフショア開発が拡大する技術面の理由として、ソフトウェアの開発工程が分割しやすいこと、そして完成品を瞬時に低コストで顧客に届けられることがある。

(3) 中国へのオフショア開発

ガートナージャパンによる推定によると、2011年における日本のオフショア開発の実施額は2863億円であり、その約8割は中国向けである（図15-2）。中国が最も多く受注している理由として、①インドより賃金が低いこと、②日本語を使える人材が確保しやすいこと、③日本に近いこと、④漢字を使う国なので、中国人プログラマは数年で日本語の仕様書が読めるようになること、があげられる。②について、インド、フィリピンなどへオフショア開発を行なう際には、多くの場合英語でやりとりが行なわれる。一方、中国とのオフショア開発の際には、多くの場合、日本語が堪能な中国人が、日本側の要望を中国人プログラマに伝える役割を果たしている。日本側は母国語を使うので、意思疎通をしやすいわけである。③については、北京、上海、大連などの都市へ、日本から飛行機で約2時間の距離であるため、ソフトウェア開発の進捗状況を確認しに訪問するのに、インドに比べてかなり便利である。④については、日本

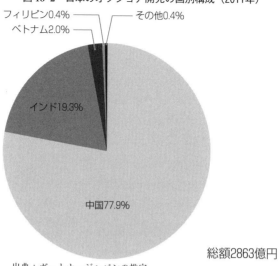

図15-2 日本のオフショア開発の国別構成（2011年）

出典：ガートナージャパンの推定。
出所：筆者作成。

のソフト会社が顧客とともに作成した日本語の仕様書を、そのまま中国へ送ることができる。インドなどの企業と取引するときには仕様書を英語に翻訳する必要がある場合が多いが、中国向けはその手間と時間を省けるので、コストを削減できる。

(4) オフショア開発のコスト削減効果

次に、オフショア開発がどれほどのコスト削減をもたらすかについて考えてみよう。

中国やベトナムにおけるソフトウェア開発の価格は、一般に、日本より低い。表15-2は、日本から国内外の各都市に立地する企業へ、詳細設計から単体テストまでを委託する際の価格を表わしている。このデータは、筆者が日本、中国、ベトナムの企業に対し、標準的な業務における人月単価（日本の1人の技術者が1カ月かけてこなすことのできる仕事量に対する価格）を聞き取り調査し、その中央値をまとめたものである[5]。この表が示すように、中国での開発価格は日本より低い。また、中国において内陸部に行くほど価格が低下する。そしてベ

表 15-2　詳細設計から単体テストまでの業務の人月単価

（万円）

東京（大手IT企業の一次請け企業が受注するとき）	80～100
東京（中小ソフトハウスが受注するとき）	50
沖縄	40
北京	35
上海	35
大連	27
瀋陽	24
長春	22
吉林	20
ホーチミン	20

注：標準的な業務の価格。オーバーヘッドコストは含まれていない。
　　調査期間は2013年6～8月。
出所：筆者の聞き取り調査により作成。

トナムのホーチミンにおける価格は、中国内陸部の水準にある。

　ただし、オフショア開発においては、日本の技術者を使うときには発生しなかった手間が発生する。第1に、オフショア開発を行なうためには、オーバーヘッドコスト[6]が発生する。第2に、外国とのコミュニケーションは容易ではなく、さまざまなトラブルが発生する。日本語でやりとりをするとしても、相手が日本側のいうことを完璧に理解してくれるとはかぎらない。また文化や生活習慣も異なる。さらに、外国人技術者は設計書に書かれた最低限の機能のものしかつくらないときがあるので、それを日本側で、顧客の期待したものへとつくり直さないといけないこともある。そのうえ、外国側が設計書の内容を誤って理解している場合もある。こういった意思疎通の手間や、外国側が製造したものを日本側で調整しテストを行なうなどの追加費用がかかるわけである。これらをすべて考慮すると、オフショア開発によるコスト削減効果は、さほど大きくない。

　加えて、プロジェクト自体が失敗し、巨額の損失をこうむることもある。た

---

5)　実際の取引価格は、その業務の難易度などに応じてこの表の値よりも高い場合と低い場合が存在しており、その幅が大きいこともあることに注意する必要がある。
6)　発注用ドキュメント作成費用や日本人スタッフの出張費用などの間接経費。

とえば、2003年、NECソフトは中国での販売物流システムの開発に失敗し、約20億円の損失を出した。日本企業による同様の失敗はしばしば起こっている。そのため、かつて海外でソフト開発を行なおうとした日本企業には、撤退したものも少なくない。現在それに成功している企業の多くは、試行錯誤を重ねるなかでそれを乗り越えてきたのである。

(5) 中国へのオフショア開発の問題点

　中国へのオフショア開発には、以下のような問題点もある。中国のソフトウェア企業は2年で全員が入れ替わるほど定着率が低い企業が少なくないため、企業内に技術やノウハウが蓄積されない、管理層の人材が不足する、インドのように1万人規模の企業はなく数百人の会社が多いので大型案件の受注がしにくい、といった欠点をもっている。

　さらに、中国企業は知的財産権に対する意識が低いため、設計書や重要な機密事項のもち出しが横行している。中国のある調査によると、調査対象の企業の90％が、ソフトウェアのコピー製品を購入したり使用したりしていたという（中国軟件産業発展研究報告編委会編, 2004, p.175）。

　そこで、技術流出や企業の機密情報の漏洩などの問題に対処し、同時にコストを削減するために、日本国内で外国人技術者を用いてソフトウェア開発を行なうオンサイト開発もさかんに行なわれている。2005年において、日本国内にいる外国人ソフトウェア技術者は、中国人が1万人以上、インド人が2000人以上にのぼった[7]。ただし、こうしたエンジニアが数年で他社へ転職してしまうことがしばしば起きており、企業の機密情報を守るという観点からは、依然として問題が残る。

3　日本企業の技術力低下

　オフショア開発は、以上みてきたような問題点をもつものの、日本のソフトウェア開発において必要不可欠なものとなっている。しかしながら、そのこと

---

[7]　2005年に技術ビザをもつ中国人は1万1981人、インド人は2298人いた（日本統計協会, 2006, 表5.3）。そのほとんどは、おそらくソフトウェアエンジニアであろうと思われる。

が、日本のソフトウェア産業において大きな問題を生じさせている。それは、日本企業の技術力低下である。

(1) **ソフトウェア開発における技術力低下**

　現在、日本の多くの産業において、技術力低下が起きている。『2013年度版ものづくり白書』では、「我が国企業の競争力及び技術力低下」がとりあげられた（経済産業省ほか，2013，p.68）。また、『2007年度版ものづくり白書』にも、中堅・中小の部素材企業の43.7％が取引先企業の技術力低下を感じるとの調査結果がある（経済産業省ほか，2007，pp.45-46）。

　ソフトウェア開発においても、日本企業の技術力低下が、以前からしばしば論じられてきた。日経BP社主任編集委員の田中克己氏は、技術力低下の現状について以下のように論じている（田中，2007，pp.33-34）。

　企業情報システム構築の現場でも、納期遅れや機能不足、コスト増など失敗プロジェクトが増えている。そこから見えてくるのは、技術者数の不足に加え、技術レベルの低下だ。日本のIT技術者の半分近くは、経産省のITスキル標準（ITSS）で段階評価のレベル2以下のエントリー・レベルだとみられている。かつ高卒、大卒、情報工学系大卒と学歴による技術レベルには、大きな差はないというデータもある。

(2) **技術力低下の原因**

　スキルスタンダード研究所の高橋秀典氏は、「技術力低下の理由としては、組織の縦割り化が進んだ、扱う製品の数が増えた、また技術の発展速度が速まったなど、原因はいろいろと考えられます」と記している（高橋，2011）。また前述の田中克己氏は「優秀な技術者ほど、新しい技術を習得する時間がないほどに忙しい」と述べて、長時間労働が技術力低下を招いていると主張する（田中，2007，p.33）。さらに、2003年に佐賀市役所の基幹システムの開発を日本企業が受注できず韓国企業が受注したのは、「*Java*関連技術を始めとする各種の先端技術の急速な進歩に企業が追いついていないのが主要な原因である」（掛下，2005，p.844）。

加えて、技術力低下の大きな原因の1つとなっているのが、業界のイメージ悪化による人材確保の困難さである。ソフトウェア企業において、長時間労働が常態化することが珍しくない。それゆえソフトウェア業界に対し、3K（「きつい・厳しい・帰れない」あるいは「きつい・帰れない・給料が安い」など）であるという極めてネガティブなイメージが生じている。このため、IT企業にとっての新卒採用の課題（複数回答）として、「業界の仕事のイメージがよくない」（46.5％）がトップに上がっている（情報処理推進機構, 2008, p.66）。すなわち、イメージの悪さゆえに、優秀な人材を確保することが難しくなっているのである。

　とくに、中小ソフトウェア企業の労働条件はしばしば極度に劣悪である。そのため、人材確保が容易でなく、また、長時間労働により新しい技術を学ぶ余裕がない。

　このように、多くの論者が、ソフトウェア開発に関する技術力低下が起きていると主張している。管見のかぎり、それに対する有力な反論はないものと思われる。

(3) オフショア開発が引き起こす技術力低下

　オフショア開発は、そういった技術力低下を生じさせる原因の1つとなっていると考えられる。筆者が日本のある大企業に対し聞き取り調査をした際、その社員は以下のように述べた。

　社内で、技術力低下がよく話題になる。エンジニアとして入社した入社3～4年目の社員が、オフショア開発の担当になると、カネの計算ばかりしていて、技術の内容自体にかかわる機会がほとんどない。ところが、顧客のところへ行くと、技術的に重要な判断をしなくてはならないことがある。そのとき、その社員が判断できないということが生じている。

　また、別の大企業の社員は以下のように述べた。

　コストを削減するとともに開発要員不足を補うために国内の他社への委託や

第15章 海外へのアウトソーシング

オフショア開発を増やし続けた結果、自社内で開発する機会が減った。すると、自社の社員の技術力が低下し、高い技術力をもたない社員が増えてきた。このため、中国企業に頼らなければ開発そのものができない状況が一部で生じている。

このように、国内の他社への委託やオフショア開発の活用が拡大したため、社内の開発の機会が減少した。このことが、技術力低下を引き起こしているのである。

オフショア開発活用の拡大の背景にあるのは、一部の企業において、人材育成が十分にできていないことである。筆者の聞き取り調査で、ある大企業の社員は、ソフトウェア開発関連の日本企業全般について以下のように述べた。

断定はできないが、企業が大きくなっていくにつれて、カネ勘定しかできないプロジェクトマネジャーが増えていくのを感じる。つまり、組織の成長スピードに要員育成が間に合わないので、パートナーを多く活用している。

この発言が示すように、成長の速い企業や、自社の抱える開発案件の規模に比べて人員が不足している多くの企業では、人材育成が追いつかないので、他社への開発委託やオフショア開発を利用せざるをえなかった。すると、社内の人員がそのマネジメントを担当するため、社内での開発の機会が減ってしまったのである。

したがって、多くの日本企業において、オフショア開発が増加したために社内の開発の機会が減少し、このことがその企業の技術力の低下をもたらしている。つまり、オフショア開発は、ソフトウェア企業の技術力低下の原因となっているのである。

これに加えて、オフショア開発は、別の理由でも技術力低下をもたらしている。上述のように、日本のソフトウェア産業において長時間労働が常態化することが珍しくなく、それが業界イメージの悪化を通じて技術力低下を招いている。では、長時間労働と、それに見合う所得が得られない状況は、どうして生じるのか。その原因の1つは、前節で述べたようにソフトウェア開発の価格が

長期下落傾向にあったため、企業が利益をあげにくいことである。そして価格下落の原因の1つが、オフショア開発の拡大である。つまりオフショア開発は、価格下落を通じて技術力低下の一因となっている。いい換えれば、オフショア開発は、直接的だけでなく間接的にも技術力低下の原因となっているのである。

以上をまとめると、ソフトウェア開発に関して日本企業の技術力低下が起きている。オフショア開発は、そうした技術力低下の一因となっている。

4　中国企業の技術力上昇

次に、オフショア開発を受注する中国ソフトウェア企業への調査を通じて、オフショア開発にどのような変化が生じているのかを明らかにする。

(1) 中国ソフトウェア企業への調査結果

筆者は、2013年に、中国において多数のソフトウェア企業への調査を行なった。その際、

・日本向けの仕事を通じてどのような技術を得たのか、またそれが、現在の仕事にどう役立っているのか。
・日本向けのオフショア開発の売上高は、3年前と比べてどれだけ増加したか。また、3年前と現在の売上高のうち、日本のSIer（または電機メーカー）向けの仕事と、SIerなどを通さずに日本のエンドユーザと直接取引する仕事との比率はいくらか。

という質問をした。ここで直接取引とは、図15-3にあるように、中国ソフトウェアが日本のエンドユーザから直接業務委託を受けることである。

なお、多くの中国企業は、日本に対し、情報システムを開発するだけでなく、そのメンテナンス業務も行なっている。よって、日本向けのオフショア開発の売上高とは、開発とメンテナンスの合計額を指している。

以下、この質問に対する2つの企業（または企業グループ）の回答を述べる。これらは、すべて中国資本の企業である。

第**15**章　海外へのアウトソーシング

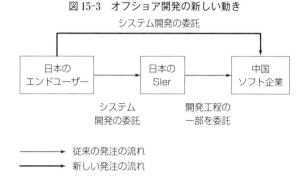

図15-3　オフショア開発の新しい動き

大連嘉凱科技有限公司　2007年設立　社員20名（中国・大連）
長春嘉思特科技有限公司　2011年設立　社員5名（中国・長春）
嘉創株式会社　2010年設立　社員7名（東京）

　この3社は、ソフトウェア開発をする1つの企業グループに所属している。このグループは、日本からの仕事のほか、中国における日系企業、そして中国企業のシステムを開発している。

　嘉創（および大連嘉凱）は、これまで、SIer経由で日本のエンドユーザへシステムを提供してきた実績をもつ。よって、日本企業に対し、日本のSIerと同じ品質管理やプロジェクト管理の仕方をすることを説明することで、エンドユーザからの直接受注を獲得している。

　エンドユーザから直接受注する場合、日本で嘉創が要件定義と基本設計をし、大連で大連嘉凱がそれ以降の工程を担当する。コーディングについては長春嘉思や他社に委託する。

　設計工程の価格（人月単価）について、嘉創が日本のエンドユーザと直接取引する場合、間にSIerが入る場合と比べて、エンドユーザの発注価格は10万円安く、嘉創の受注価格は10～20万円高い。

　大連嘉凱による日本向けオフショア開発の売上高は、3年前と比べて3割増加した。また、SIer向けの仕事とエンドユーザ向け仕事の比率は、3年前は10対0だったが、現在は7対3である。

大連ニューランドシステム　2006年設立　社員160名（中国・大連）

　この会社は、日本向けのオフショア開発とBPO業務を行なうほか、中国企業向けの開発もする。日本に支店をもつ。中国に支店はない。

　日本向けの仕事をするなかで、日本の各産業における物流、生産管理などの業務ノウハウを学んだ。

　日本向けオフショア開発の売上高は、3年前と比べて4割増加した。また、SIer向けの仕事とエンドユーザ向け仕事の比率は、3年前は6対4だったが、今は7対3である。

　筆者の調査結果によると、これらの中国ソフトウェア企業は、日本向けの仕事を通じて、ソフトウェア開発におけるプロジェクト計画の立て方、プロジェクト管理の仕方、品質管理の仕方、日本の各産業の業務ノウハウなどを学んでいる。そのことが、中国ソフトウェア企業の生産性上昇や品質管理技術向上を促した。

　したがって、オフショア開発に伴う技術移転により、中国企業の技術力が上昇している。つまり、オフショア開発は、中国企業の技術力上昇をもたらしているのである。

　日本企業が外国企業（あるいは、外国に設立した日本企業の子会社）へ業務委託をするとき、それがモノづくりであってもソフトウェア開発であっても、日本からの技術移転が必要となることが多い。なぜなら、技術移転がなければ、その最終製品を使う日本の顧客が満足する高品質なものを、外国企業がつくることができないからである。よって、外国企業へ業務委託をすれば、必然的に技術流出が生じる。それゆえ、オフショア開発により、外国企業の技術力向上が起こったのである。

(2)　**中国企業と日本のエンドユーザの直接取引**

　また、以上の調査結果は、中国企業が日本のエンドユーザと直接取引をしていることを示している。しかも、オフショア開発の売上高と直接取引の比率から、直接取引の売上高を計算すると、どちらの企業もその値が増えていることがわかる。このように、SIerを通さないオフショア開発が生じている。

これにより、日本のエンドユーザは、日本の SIer に発注する場合よりも、発注価格を低下させることができる。また、中国ソフトウェア企業は、SIer を通じて受注する場合よりも、受注価格が高くなり、しかも1件の仕事における業務量が拡大する。つまり、SIer から仕事を受注するときは詳細設計から単体テストまでといった業務が多かったが、直接取引であればシステム開発の全体を受注できる。

　上記の中国企業はいずれも、Neusoft グループ（東軟集団有限公司）のような日本のソフトウェア業界で広く名の知れた企業ではないにもかかわらず、直接取引を増やしている。このことは、日本において中国企業への信頼が高まっており、その結果、日本のソフトウェア企業抜きのオフショア開発が珍しいことではなくなったことを意味する。いい換えれば、中国企業による脱下請け化が進行しつつある。

　なお、直接取引をする中国企業の多くは、日本に支店や子会社・グループ会社をもっている。これにより、エンドユーザのシステムに不具合が起これば、翌日にエンドユーザを訪問して不具合を修正するといったことが可能である。一方、日本に支店などをもたない中国企業は、システムの不具合が起きたとき、翌朝の飛行機で中国から日本へ行くなどにより対応している。

(3)　直接取引がなされる理由

　以上説明した、中国ソフトウェア企業と日本のエンドユーザの直接取引がしばしばみられるようになってきたのには、技術に関する3つの原因がある。

1. 中国企業の技術力上昇。これにより、中国企業にまかせても、日本の SIer とほぼ同じ水準の仕事ができる。そのため、価格の低い中国企業への発注が増加することとなる。
2. 日本の SIer の技術力低下。これにより、SIer へ業務を委託する誘因が低下している。
3. 汎用系システムの管理ができるエンジニアが日本に不足していること。

　1．と2．についてはすでに述べたので、3．について説明しよう。業務システムは、汎用系システムとオープン系システムに分かれる。汎用系システムでは COBOL などの言語を、オープン系システムでは Java、C、Visual Basic な

どの言語を使用する。オープン系システムに使われる言語に比べて、汎用系システムに使われるのは古い言語なので、現在日本の大学などでは教えられていない。このため、日本のエンドユーザが汎用系システムを使っている場合、それを管理していた従業員が定年などにより退職すると、その会社がシステムを修正したり管理したりすることが難しくなる。さらに日本のSIerでも、同じ理由により、それをできる人が不足している。

　中国でも、汎用系システムに使われる言語を大学で教えていない点は日本と同じである。ところが、中国のソフトウェア企業は従業員にその習得を命じるので、多くの中国人エンジニアが独学などにより習得する。この結果、中国企業は日本のエンドユーザから汎用系システムの修正や管理の業務を受注できる。つまり、中国企業の経営姿勢や中国人エンジニアの旺盛な向上心が、エンドユーザとの直接取引を増やすよう作用したのである。いい換えれば、中国企業は、汎用系システムに用いる言語を学び、そのシステムの管理技術を身に着けるという技術力向上を通じて、日本のエンドユーザから受注をしているのである。

　また、直接取引がみられるようになったのは、上記の技術的原因に加えて、エンドユーザのコスト意識の変化もその一因である。日本経済が1990年代以降長期的に停滞しているなかで、多くのエンドユーザが、システム開発のコストを抑制したいと考えるようになってきた。加えて、経営と情報システムとの関係が密接になることにより、エンドユーザがシステム投資における費用対効果を強く意識するようになった。そのため、低価格を提示する中国企業への発注が選好されるようになったのである。

　まとめると、日本企業の技術力低下と中国ソフトウェア企業の技術力上昇は、中国ソフトウェア企業と日本のエンドユーザの直接取引を生み出すよう作用する。実際にこうした直接取引は徐々に広がりつつある。とくに、日本の中小ソフトウェア企業がエンドユーザから受注して仕事が、中小ソフトウェア企業を経由せずに、エンドユーザから中国企業へ直接発注されている。この動きが今後拡大すれば、日本の中小ソフトウェア企業の経営に大きな悪影響を与えることとなる。

5　オフショア開発のもたらす影響

(1) ソフトウェア開発におけるグローバル化の展開

　以上説明した内容は、経済のグローバル化について考えるうえで大きな示唆をもつ。日本企業は、オフショア開発による開発委託により、中国企業と協力関係を築くことで収益をあげようとしてきた。ところが、その行為が日本企業の技術力低下と中国企業の技術力上昇をもたらした。この結果、中国企業が日本のエンドユーザと直接取引をするようになり、日本市場において日本企業と中国企業の競争が生じる。そしてこの競争が、日本市場において価格下落圧力を発生させる。これが、ソフトウェア開発における、日本が中国との間で推し進めてきた経済活動のグローバル化の展開である（図15-4）。

(2) 中国企業の技術力上昇がもたらすメリット

　中国企業の技術力上昇は、日本に大きなメリットをもたらす。第1に、オフショア開発を行なう日本のIT企業にとって、パートナーである中国企業の技術力上昇は、中国企業に委託する業務（たとえばコーディングや単体テスト）の品質が向上することを意味する。これは、委託する側にとって極めて望ましいことである。第2に、日本のエンドユーザにとって、日本のソフトウェア開発市場に参入する中国企業の技術力が向上することは、発注先に関する選択肢が増えるとともに、従来よりも高品質または低価格のサービスを享受できることを意味する。このことは、エンドユーザの業務効率化や、その結果としての業績改善を促進する。第3に、業績が改善したエンドユーザが、設備投資を拡大させれば、それは日本経済の活性化につながる[8]。

図15-4　ソフトウェア開発におけるグローバル化の展開

```
　　　日本企業と中国企業の協力
→日本企業の技術力低下と中国企業の技術力上昇
→日本市場における日本企業と中国企業の競争
→日本市場における価格下落圧力
```

> コラム
>
> ## グローバル化と仕事のあり方
>
> 　海外へのアウトソーシングが進むなかで、日本国内の仕事がどう変化していくのかを考えてみよう。国内の仕事を大きく分けると、外国の労働者との間で代替不可能な仕事と、代替可能な仕事がある。
> 　外国の労働者と代替不可能な仕事には、3つのタイプがある。第1は、ある分野に特化し、高度な知識や技能が必要な仕事である。研究者、技術者、職人、デザイナー、一部のビジネスパーソンなどがこれにあたる。これらの仕事は、他人や他国が容易に真似できないものである。第2は、地元に密着している仕事である。レストランの給仕、ガスや水道の配管、荷物の配達、ビルの清掃、ごみ収集といった、その地域でしかできない仕事である。第3は、第1と第2を組み合わせたタイプの仕事である。たとえば、特定商品の専門店の店主は、商品への豊富な知識に加えて、個別の顧客の好みや必要物を熟知してアドバイスをすることで経営を成り立たせている。
> 　他方、外国の労働者と代替可能な仕事とは、海外へのアウトソーシングが進んでいる仕事である。工場で衣料品などを製造する仕事や、社員の給与計算、コールセンター業務、ソフトウェアのプログラミングなどに加えて、工場でプラスティック製品をつくるための金型の製造も、中国や東南アジアの技術者の技術レベルが向上したことにより、海外へ移転されつつある。以上の仕事については、その仕事が外国に移転することにより、いつその職を失っても不思議ではないし、また失わないにせよ、その賃金は比較的低い水準となる。
> 　このように、アウトソーシングの拡大により、世界レベルでの競争のなかに置かれるようになる仕事が増える。よって、従来以上に自分の技術・技能・能力を向上させる必要がある。

(3) 技術力低下への対策の必要性

　しかし同時に、中国企業と日本のエンドユーザの直接取引増加は、日本企業の技術力低下をさらに加速させる可能性がある。というのは、直接取引の拡大により、日本のSIerは、これまで以上に厳しい競争のなかに置かれることと

---

8) アメリカにおいて、オフショア開発や海外へのIT関連業務のアウトソーシングの拡大により、IT関連の雇用が減少した。その一方、各産業では、オフショア開発などにより経費削減が実現したので、新規投資を拡大させた結果、雇用が増加した。Global Insight (2004) の試算によれば、2003年に、オフショア開発などによって失われた雇用が10万4000人、生まれた雇用が19万4000人であるため、9万人の純増であった。

なる。とくに、中小 SIer は、外国企業を相手に厳しい生存競争に直面することになろう。1990 年代以降、日本のソフトウェア開発の市場価格は大きく低下した[9]。この状況下で、さらなる競争の激化および価格低下に直面することは、ソフトウェア産業に従事する労働者の待遇を悪くすることを通じて、業界イメージを悪化させる。それが優秀な人材の確保を難しくするからである。

このため日本企業は、技術力低下への対策をとるべきである。とくに、技術力低下が著しい若手社員の技術力をどう向上させるかが喫緊の課題である。よって、まずは自社内の開発の機会を増やすべきであろう。これは、短期的には生産コスト上昇となる。しかし、それを長年避けてきたために技術力低下が起きたのであるから、あえて実行する必要がある。

また、日本の SIer がエンドユーザからの受注を獲得し続けるためにはどうすべきであろうか。かつての SIer は、顧客の求めるシステムをつくればよかった。現在の SIer は、顧客の抱える課題を解決するための提案をすることを求められる。さらに、今後の SIer は、顧客の収益を高める仕組みを顧客と一緒に考案することが求められる。これを行なうためには、IT の知識だけでは不十分である。SIer は、顧客の業務に関する知識と IT の知識の両方をもったうえで、顧客の将来の課題を予測しそれを解決することが必要であろう。

参考文献
掛下哲郎（2005）「佐賀の IT 戦略は教育から」『情報処理』第 46 巻第 7 号、pp. 844-846。
経済産業省・文部科学省・厚生労働省編（2007）『2007 年版ものづくり白書』ぎょうせい。
─────編（2013）『2013 年版ものづくり白書』経済産業調査会。
ジェトロ編（2005）『米国・アジア新国際分業──先駆する米国企業に何を学ぶか』ジェトロ。
情報処理推進機構 IT スキル標準センター（2008）「IT 人材市場動向予備調査　報告書」情報処理推進機構。
高橋秀典（2011）「突き抜けていく IT エンジニアとは？── IT プロフェッショナルの道を究めんとする人へのアドバイス」5 月 11 日、http://el.jibun.atmarkit.co.jp/skillstandard/2011/05/itit-5233.html。
田中克己（2007）『IT 産業崩壊の危機──模索する再生への道のり』日経 BP 社。
中国軟件産業発展研究報告編委会編（2004）『中国軟件産業発展研究報告 2004 年版』中

---

9)　日本銀行のデータによれば、日本のソフトウェア開発の単価は、1992 年半ばから 2012 年末までの間に 16％低下したが、2013 年より上昇に転じた。

国軟件行業協会(中国語)。
日本政策投資銀行ワシントン駐在員事務所(2005)「米国企業のOffshoring(オフショアリング)の進展とその影響」http://www.dbj.go.jp/japanese/download/br-report/was/074.pdf。
日本統計協会(2006)『日本の統計 2007』日本統計協会。
Global Insight (2004) *The Impact of Offshore IT Software and Services Outsourcing on the U. S. Economy and the IT Industry*, Massachusetts, Global Insight Inc.

本章のまとめ

1. 日本から中国へのサービスに関するアウトソーシングが拡大している。その理由は、中国の人件費が低いことに加えて、日本語ができる人材が多数いるためである。これにより、企業は、顧客に対するサービスを従来よりも安価にかつ迅速に提供することが可能となった。しかし同時に、日本国内においてそれと同じ業務に従事している人々は、職を得る機会が減少するか、あるいは、所得が低下する。
2. ソフトウェアのオフショア開発は、日本企業によるコスト削減や、日本国内での技術者不足が大きな理由である。
3. オフショア開発によって生じた日本企業の技術力低下と中国ソフトウェア企業の技術力上昇は、中国ソフトウェア企業と日本のエンドユーザの直接取引を生み出すよう作用する。この結果、日本市場において日本企業と中国企業の競争が生じる。そしてこの競争が、日本市場において価格下落圧力を発生させる。

●研究課題
1. 欧米諸国からインドやフィリピンへのBPOについて調べてみよう。
2. 中国と比べた、ベトナムへのオフショア開発の特徴を調べてみよう。

■ 文献案内 ■

ジェトロ編『インドオフショアリング──拡がる米国との協業』ジェトロ、2008年。
　アメリカからインドへのアウトソーシングを、豊富な事例で分析する。
丹沢安治編『日中オフショアビジネスの展開』同友館、2014年。
　日中間のオフショア開発の現状を詳しく論じる研究書。
リンダ・グラットン『ワーク・シフト』池村千秋訳、プレジデント社、2012年。
　今後の社会の急速な変化と、わたしたちの働き方がどうあるべきかを論じる。

第16章

TPP

　本書を執筆している 2014 年 12 月時点で、日本は、環太平洋経済連携協定（TPP）交渉に参加中である。TPP は、太平洋を取り囲む国々の間で、貿易や投資などの経済活動に関する自由化やルールづくりを進めるための国家間協定である。この協定は国民生活や経済活動に大きな影響を与えるため、日本が TPP 交渉に参加すべきか否かについて賛否両論が渦巻いており、また、その交渉において日本がどこまで自由化を認めるかが、国民の強い関心を呼んでいる。本章ではこれらの問題について考えてみよう。

本章のポイント
1. TPP に関する基礎知識を学ぶ。また、TPP 交渉におけるアメリカの狙いについて理解する。
2. TPP の交渉内容のうち、日本へ大きな影響を及ぼすものについて検討する。
3. TPP 参加のメリットとデメリットについて考える。

1　TPP の概要

　TPP（Trans-Pacific Strategic Economic Partnership Agreement）は、アジア太平洋地域において、貿易や投資などに関して自由化と統一的ルールの設定を目指す包括的な国家間協定である。財の貿易については、例外なき関税撤廃を原則とする。さらに、金融や電子通信などのサービス貿易のルール設定、知的財産権保護強化、ビジネスパーソンの入国・滞在手続きの簡素化、政府調達のルール設定など、経済取引の全般にわたる内容を含むものである。

TPP 交渉への参加国は、2014 年 6 月時点で 12 カ国である。それらを GDP の大きい順に並べると、アメリカ、日本、カナダ、オーストラリア、メキシコ、マレーシア、シンガポール、チリ、ペルー、ニュージーランド、ベトナム、ブルネイとなる。

太平洋地域には、広域 FTA 構想がいくつも存在している。たとえば、ASEAN＋日中韓という枠組みの FTA（自由貿易協定）構想がすでに提唱されている。また、それにインド、オーストラリア、ニュージーランドを加えたものが RCEP（東アジア地域包括的経済連携）である。TPP は、それらの広域 FTA 構想と比べて、目標とする自由化のレベルも高く、対象分野も包括的である。したがって、野心的な FTA であるといえる（馬田, 2013, p.12）。

(1) TPP の成り立ちと経過

TPP は、シンガポール、ニュージーランド、チリ、ブルネイの 4 カ国による環太平洋経済連携協定（P4 協定）を母体とする。P4 協定は、2006 年 5 月に発効した FTA であり、その内容は、財の貿易における関税をほぼ撤廃するとともに、サービス貿易、競争政策、知的財産、政府調達などを対象分野としていた。2008 年に P4 協定の内容を拡張するための協議が開始されると、翌年にアメリカが参加の意思表明をし、次いでオーストラリア、ペルー、ベトナムも交渉に参加するようになった。2010 年に TPP 交渉がはじまると、これにマレーシア、カナダ、メキシコが加わり、そして 2013 年 7 月より日本も参加した。

TPP 交渉の対象は、21 分野にわたる（表 16-1）。いくつかの分野においては参加国間の意見対立が激しく、交渉が難航している。

(2) アメリカの狙い

アメリカ経済は、サブプライムローン問題による不況から回復しつつあるが、経済成長が軌道に乗っているわけではない。そこでアメリカは、輸出の増加や、自国企業による海外市場でのビジネスの促進のために、TPP 交渉に参加した。つまり、アメリカは TPP を通じて、アジア太平洋諸国の市場へのアクセスを拡大することを狙っているのである。

表16-1 TPPの交渉分野

交渉分野	主な内容
1. 物品市場アクセス	関税撤廃・引き下げ
2. 原産地規則	関税撤廃・引き下げの対象基準
3. 貿易円滑化	貿易手続きの簡素化
4. 衛生植物検疫	食品安全や検疫基準
5. 貿易の技術的障害	製品の安全規格基準
6. 貿易救済	セーフガードの発動条件
7. 政府調達	公共事業の発注ルール
8. 知的財産	模倣品・海賊版の取り締まり
9. 競争政策	カルテルなどの防止
10. 越境サービス	サービス貿易の自由化
11. 商用関係者の移動	商用の入国・滞在手続きの簡素化
12. 金融サービス	国境を越える金融サービス提供のルール
13. 電気通信サービス	電気通信事業者の義務
14. 電子商取引	電子商取引のルール・環境整備
15. 投資	外国投資家への差別禁止
16. 環境	貿易・投資促進のための環境規制緩和の禁止
17. 労働	貿易・投資促進のための労働規制緩和の禁止
18. 制度的事項	協定運用に関する協議機関の設置
19. 紛争解決	協定解釈の不一致などによる紛争の解決手続き
20. 協力	協定合意事項の履行体制が不十分な国への支援
21. 分野横断的事	複数分野にまたがる規制による貿易への障害防止

出所:植田(2012)表2を一部修正。

　図16-1は、TPP参加国のGDPの大きさを比較したものである。この図からわかるように、アメリカを除いたTPP参加国のGDP額の合計のうち、日本はその半分を占める。よって、アメリカにとって、日本市場はTPPにおける最大のターゲットとなる。

　アメリカはTPPを、企業活動全般のルールを設定する、新しい型の国家間協定にするつもりである。そのため、TPPに関する日本との交渉では、「日本郵政のような国有企業のための特別な利益」や、日本の「農業、自動車、医薬品といった分野における関税及び非関税措置[1)]」が交渉内容となっている。

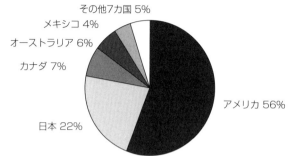

図 16-1　TPP 交渉参加国の経済規模（2012年）

出所：国連のデータベースをもとに筆者作成。

(3) 韓米 FTA の成立

　このように、アメリカが TPP において日本市場をターゲットにしていることは明白である。にもかかわらず、日本政府が TPP 交渉参加に踏み切った理由の 1 つは、韓国がアメリカとの自由貿易協定（FTA）を結んだことである。

　韓国は、2011 年 11 月にアメリカとの FTA を批准した。よって**韓米 FTA** が 2012 年 3 月に発効した。このことは、日本に衝撃を与えた。アメリカは、自動車を輸入する際に、乗用車に 2.5％、トラックに 25％の関税をかけている。韓米 FTA により、韓国から輸入する自動車の関税が数年後に撤廃される。2010 年における自動車の対米輸出台数は、日本車が 153 万台、韓国車が 50 万台と、台数では日本が大きく上回っているものの、アメリカ市場における韓国車のシェアは伸びつつある。韓米 FTA により関税が撤廃されれば、韓国の対米自動車輸出は、日本に比べて、価格面において相対的に有利となる[2]。

　また、韓米 FTA により、アメリカが韓国から輸入する他の製品の関税も撤廃される。たとえば、ベアリング（関税率 9％）、ポリスチレン、ポリエステル（関税率 6.5％）、LCD モニター、カラーテレビ（関税率 5％）、電気アンプ、スピーカー（関税率 4.9％）の関税率が FTA 発効後 5 年以内にゼロとなる。

---

1) 2011 年 12 月 14 日のアメリカ下院歳入委員会貿易小委員会における議員の発言。
2) 韓米 FTA は、アメリカから韓国への自動車輸出も拡大させることとなった。韓国が輸入するアメリカ製自動車の関税率は、FTA 発効に伴い 8％から 4％へと下がり、2016 年には撤廃される。そのため、日本の自動車メーカーは、日本からの輸出をアメリカからの輸出に切り替えた。また、フォルクスワーゲンも、アメリカから韓国への輸出を拡大させている。

しかも、韓国とEUとのFTAも2011年7月に発効している。これにより、EUが韓国から輸入する多くの製品の関税も撤廃される。たとえば、乗用車（関税率10％）、薄型テレビ（関税率14％）、液晶ディスプレイモニター（関税率14％）、電子レンジ（関税率5％）の関税率が、FTA発効後5年以内にゼロとなる。このように、日本は、アメリカやEUとのFTAに関して、韓国に遅れをとっている。

韓国はなぜFTAに積極的なのか。その理由は、韓国が貿易立国だからである。2011年において、財輸出額のGDPに対する比率は、日本が13.9％であるのに対し、韓国が49.8％である。つまり、韓国経済は、海外市場への依存度が極めて大きい。よって、輸出拡大のための政策が優先されることとなる。

(4) 韓国内におけるFTAへの強い反対

一方で、韓米FTAにより、韓国がアメリカから輸入する物品への関税率が引き下げられる。そのため、韓国において競争力のない産業は、厳しい状況に陥る。たとえば、農産物について、コメ以外の関税率を原則として撤廃する。牛肉の関税率は40％だが、アメリカからの輸入については関税率が徐々に引き下げられ、15年後に関税率ゼロとなる。2009年における韓国の食糧自給率（カロリーベース）は50％なので、国際競争力があまりないといえる[3]。そのため、関税率引き下げは韓国農業にとって大きな打撃となる。これゆえ、韓国の農民を中心に、韓米FTAへの強い反対論が生じた。そこで韓国政府は、10年間で20兆ウォン（日本円で1兆円以上）の農業支援策を実行することとした。

また、韓米FTAでは、ISD条項が導入された。ISD条項とは、政府が外国企業に対し不当な差別を行なったとき、外国企業が政府を相手どって損害賠償を求める訴訟を起こすことができるというものである。この条項に関して、訴訟を起こす際の国際仲裁機関がアメリカ寄りの判断を下すのではないかと危惧され、ISD条項への反対の声が上がった。

このように、韓国内における韓米FTAへの反対は強かった。そのため、韓米両政府がFTAを2007年4月に締結したものの、韓国が批准するまでに長

---

[3] ちなみに、日本の食糧自給率（カロリーベース）は、2012年度において39％である。

い期間を要した。韓国の国会における審議の過程で、2008年に野党議員が国会統一外交通商委員会の会議室のドアをハンマーで壊そうとする事件が起きた。また、批准の法案が強行採決された2011年11月22日には、野党議員が国会本会議場で催涙弾を投げるという事件が起きた。

(5) 日本のTPP交渉参加

2010年10月、菅直人首相は、TPP交渉への参加を検討すると表明した。これに対し、自民党は2012年12月の衆議院選挙において、「聖域なき関税撤廃」を前提とするかぎり、TPP交渉参加に反対するとの公約をかかげて選挙に勝利した。その直後の2013年3月、安倍晋三首相は、TPP交渉への参加が「聖域なき関税撤廃」を前提としていないとして、TPP交渉参加を表明した。

TPP交渉に参加するためには、すでにTPP交渉に参加しているすべての国の承認を得なければならない。そのとき、日本が最も苦労したのは、アメリカから承認を得ることであった。

その承認を得るため、日本はアメリカとの2国間協議を何度も行なった。最終的に承認を得たが、その見返りとして、日本はアメリカの要求を受け入れざるをえなかった。日米両政府は2013年4月12日に合意内容を公表した。

合意内容の1つは、「アメリカの自動車関税がTPP交渉における最も長い段階的な引き下げ期間によって撤廃され、かつ、最大限に後ろ倒しされること」である。これは、アメリカが、日本から輸入する自動車への関税を、10年あるいは数十年の期間にわたり維持するという意味である。こうしてアメリカは、自国にとって都合のいい条件を日本に認めさせることに成功した。いい換えれば、日本は、TPP参加によって得られるはずの最大のメリットの1つを失ったのである。

アメリカ政府が自動車関税の撤廃に反対した最大の理由は、アメリカ自動車業界による圧力である。日本の対米自動車輸出台数は、韓国よりもはるかに大きい。そのためアメリカ自動車業界は、韓米FTAにより韓国車への関税をなくすことを同意しても、日本車への関税をなくすことには消極的だった。また、関税撤廃により日本の自動車メーカーがアメリカでの現地生産を減らし日本からの輸出を増やすことにより、アメリカ国内の雇用が縮小することをアメリ

政府が懸念したことも考えられる。よって、日本側が折れる形となった。

　また、保険分野においても、日本はアメリカに譲歩した。日本郵政は以前より、日本の保険会社とともにがん保険を共同開発するつもりでいた。ところがアメリカ政府は、政府関与が残る日本郵政の業務範囲拡大は公平な競争を害するとして、かんぽ生命保険の事業拡大に強く反対した。そこで日本政府は、がん保険に関するかんぽ生命の新商品販売を認可しなかった。その後の2013年7月、日本郵政は、アメリカ保険大手のアメリカンファミリー生命保険（アフラック）との提携を拡大することを発表した。

　このように、アメリカとの2国間協議において、日本のTPP交渉参加が承認されたものの、アメリカの要求をかなり受け入れた。ここに、日本とアメリカとの力関係が表われている。

　これに並行して、日本の国会議員にも動きがあった。菅直人首相がTPP交渉への参加検討を表明した直後の2010年11月、自民党の国会議員が、TPP参加の即時撤回を求める会という議員連盟を設立した。2014年2月22日時点で衆参あわせて240人の国会議員が参加しており、自民党国会議員の過半数となっている。この議員連盟は、安倍首相によるTPP交渉参加表明以降も、農産物の主要品目への関税や、自動車などへの安全基準の維持、国民皆保険や公的薬価制度の継続、ISD条項への反対などを主張している。このように、政府与党内でもTPP交渉参加への賛否が大きく分かれているのが現状である。

2　交渉内容

　TPP交渉は、21分野と広範囲にわたる。以下では、日本にとってとくに重要であり、かつ、交渉において大きな争点となっている内容をとりあげる。

(1)　農林水産物の輸入関税率引き下げ

　日本は、農林水産物の一部に高い輸入関税を設定して、その産業を保護している。つまり、輸入品の価格を高めることで、国内産品の価格低下を防ぎ、よって国内生産額の減少を遅らせているのである。たとえば、コメ778％、落花生737％、でんぷん583％、小豆403％、バター360％、砂糖305％、大麦

256％、小麦252％、脱脂粉乳218％である。また、牛肉は38.5％となっている。一方、トウモロコシや大豆は０％、そして野菜ではほとんどが０～３％である。さらに、丸太や製材品などで無税となっているものの、製材品の一部、合板、集成材などの関税率は3.9～10％である。水産物に関しては、エビが4.8％、サケ、ニシン、イワシ、マグロ、サバが9.6％である。

こうした高い関税率は、これまで外国から強い批判を浴びてきた。そのためTPP交渉において、日本は、関税率の引き下げ・撤廃を求められている。

これに対し日本政府は、コメ、麦、牛肉・豚肉、乳製品（脱脂粉乳、バターなど）、砂糖および甘味資源作物（サトウキビなど）の重要５項目を聖域と位置づけ、その関税を維持する姿勢をみせている。ただし、コメといっても、実際には多くの種類が含まれる。もみ、玄米、精米、砕米、米粉から、あられ、せんべいなどの加工品まで、関税分類においては58品目もある。重要５項目の合計は、586品目にのぼる。これは、日本の貿易品目全体（9018品目）の6.5％を占める。

TPP交渉で諸外国の合意を得ようとするならば、重要５項目の586品目のすべてにおいて、従来の関税率を維持することは、ほぼ不可能である。なぜなら、90％台後半から100％に近い自由化率を目指すTPP交渉において、すべての除外が認められるのは非現実的との見方が示されているからである（神田・寺林, 2013, p.17）。

よってTPP交渉において、日本政府は以下のことを受け入れざるをえないと予想される。①重要５項目以外の農林水産物について、関税を大きく引き下げるか、撤廃する。②重要５項目のうち、関税を引き下げても比較的影響が小さい品目（加工品、調製品など）について、関税を大きく引き下げるか、撤廃する。③重要５項目のうちの主要品目について、関税を引き下げるか、または、低関税で輸入するミニマムアクセス（最低輸入量）を拡大する。

TPPが妥結して各国の関税の引き下げや撤廃が実現すれば、世界各国へ農林水産物を輸出する日本の生産者や企業にとってメリットが大きい。また、日本の消費者は、輸入品を従来よりも安く購入することができる。

しかしその一方で、輸入品と競合する国内の生産者は、関税の引き下げによって輸入が増加することにより、生産額が減少する。たとえば、コメの関税率

が大きく引き下げられた場合を考えてみよう。このとき、安価なコメが輸入されても日本の消費者は購入しないからコメに関しては輸入品の影響はさほど大きくないだろうという見方もあるが、それは楽観的すぎる考え方である。日本の過去の例では、中国産のネギが、国内産のネギの3分の1の価格で販売されると、国内産ネギの売り上げが大幅に減少した。よって、コメの関税率が大きく引き下げられれば、国内産のコメの販売量が減少して価格が低下する。

輸入拡大により農林水産物の価格が低下したとき、その産業における資本や労働などが、他の企業や他の産業へ移動することが必要となる。この移動が起これば、生産性の高い企業や農家に生産要素が集中するという効率的な資源配分が実現する。ただし、他の産業への移動には、労働者が技能を身につけるための手間や時間といった調整費用が必要となる。また、移動がスムーズに起きなければ、所得低下や失業などの問題が発生する。

以上からわかるように、TPPは日本の農林水産業に大きな打撃となる。さらに、農林水産業のみならず、流通などの関連産業も影響を受けることとなる。

これは日本だけの問題ではない。たとえば、アメリカは乳製品について、ニュージーランドからの輸入に対する自国市場の自由化に反対する一方で、カナダに対しては市場を自由化するよう求めている（神田・寺林, 2013, p.17）。このように、農林水産物の輸入関税引き下げは、各国の利害に大きくかかわるため、国家間の合意が難しい問題である。

(2) ISD 条項の導入

ISD条項は、外国投資家と国家との紛争の解決（Investor-State Dispute Settlement）についての規定であり、ISDS条項と呼ばれることもある。この条項は、すでに北米自由貿易協定（NAFTA）や、先述の韓米FTAなどで導入されている。TPPでは、ISD条項の導入について交渉がなされている。

WTOの基本原則の1つに、内国民待遇がある。これは、自国民と同様の権利を相手国の国民や企業に対しても保障することである。外国企業からみて内国民待遇が実現していないと判断するとき、従来は、その国の裁判所へしか提訴することができない。つまり、外国企業への差別的な扱いにより外国企業が損害をこうむったとき、その国での裁判を通じて、現地政府に対し、損害賠償

を求めたり、差別的扱いの撤回を求めたりしたのである。ISD条項があれば、外国企業は、国際裁判を起こせる。その仲裁裁判所となるのは、世界銀行傘下の投資紛争解決国際センターや、国連の国際商取引法委員会などである。

ISD条項の導入には、多くの批判が存在する。それは、仲裁裁判所が中立ではなくアメリカ寄りである、あるいは、ISD条項は国家主権の侵害だというものである。その根拠としてしばしばあげられるのが、メキシコ政府がアメリカのメタルクラッド社へ1696万ドル相当の損害賠償を支払うよう命じる仲裁判断が出たケースと、カナダ政府に対しアメリカのエチル社が紛争解決を申し立て、結局カナダ政府がガソリン添加物を規制する法律を廃止したケースである。

だが実際には、この2つのケースとも、現地政府の判断に大きな問題があったと思われる。前者のケースは、メタルクラッド社が廃棄物埋め立て事業を営もうとしたのに対し、法的権限がないのに地方政府が操業を禁止し、中央政府もそれを追認したため、その責任が問われたものである。また、後者のケースでは、規制物質の国内生産・流通には規制がないのに、輸入・州際取引のみ規制し、外資企業に対する差別的な措置となっていた。

韓米FTAが結ばれる際にもISD条項へ激しい批判が起きたが、韓国政府は、アメリカ企業の勝訴率は高くないと反論した。韓国政府によれば、2010年末までにアメリカの投資家がISDの手続きにより起こした訴えのうち、投資家が勝訴したのは15件（27％）、国家が勝訴したのは22件（40％）、和解したのは18件（33％）であった。つまり、投資家が勝訴した件数は、国家が勝訴した件数よりも低い。したがって、仲裁裁判所が中立ではなくアメリカ寄りであるという主張は、必ずしも説得力があるとはいえない。

しかしながら、アメリカは訴訟大国である。ISD条項を結べば、アメリカ企業が訴訟を次々と起こすという危惧をもっている国は少なくなく、オーストラリア[4]、マレーシア、ベトナムがISD条項へ反対を表明している。それゆえTPP交渉において、「過度に訴えるのは避ける」との条項を採用することで各国が折り合った（『日本経済新聞』2013年11月6日付）。

一方で、ISD条項は、日本企業が、海外、とくに発展途上国で経済活動を行

---

[4] 2005年に発効した米豪FTAにおいて、オーストラリアがISD条項に反対したため、この条項が含まれなかった。

なう際に差別的な扱いにより不利益をこうむるのを防ぐ効果をもつ。そのため日本は、ISD条項を多くの国と結んでいる[5]。日本が締結している25の2国間投資協定およびEPAの投資規定のうち、ISD条項がないものはフィリピンのみであり、規定はあるが紛争の付託に条件付きであるものは中国、マレーシア、タイ、ブルネイ、スイスの5カ国である。過去に日本企業がISD条項を利用したのは、2006年に野村證券のオランダ子会社がチェコ政府を訴えた件のみであり、逆に日本政府が訴えられた例はない（神田・寺林, 2013, p.30）。

(3) 食品安全基準

貿易を行なう際には、食品添加物、残留農薬、動物検疫、植物検疫など、食品衛生に必要な措置や、動植物のもつ病気から生命や健康を守るための措置をとる必要である。そのため、SPS（衛生植物検疫）がTPPの交渉内容の1つとなっている。

アメリカはTPPよりも前から、日本に対し次のような要求をしていた。①アメリカ産牛肉輸入における20カ月以下という月齢制限の廃止、②日本が認可していない食品添加物の認可、③ポスト・ハーベスト防カビ剤・殺虫剤の使用の認可、④遺伝子組み換え食品の表示義務づけの撤廃（松原, 2012, p.98）。

このうちアメリカ産牛肉輸入について、2013年1月に日本政府は、20カ月以下という月齢制限を、30カ月以下へと規制を緩和することを決定した。しかし、他の主要な要求については、現在も協議中である[6]。

食品安全基準を議論する際には、それぞれの主張が科学的かつ客観的であるかどうかが問われる。しかし、科学者の間でも、安全基準について多くの議論があり、また国家間でも、その安全基準の考え方は異なる。そのため、TPPにおいてどの安全基準が選ばれるかは、交渉によって決まる。本章のこれまでの論述が示すように、日本は、多くの点についてアメリカの要求を受け入れて

---

[5] オーストラリアも、2012年に発効したASEANおよびニュージーランドとのFTAにISD条項を含めた。
[6] 食品添加物について、日本で認められているのは656品目（香料を除く）だが、アメリカで認められているのは約1600品目である。日本では1品目として計上されている品目が、アメリカでは物質ごとに指定され数十品目となっているものもあるので、日米の品目数を単純比較することはできないが、アメリカは日本より食品添加物への規制が緩やかであると考えられる。

きた。食品安全基準についても同じように不本意な要求を受け入れるのであれば、それは国民の生命や健康を危険にさらすこととなる。

東京大学の鈴木宣弘教授（農業経済学）は、アメリカが遺伝子組み換え（GM）食品の表示義務づけの撤廃を主張していることに対して、次のように反対している。「人間はまだGM食品を十数年しか食べてないので、八〇年以上という人間の一生分食べ続けたらどうなるかはいまだ「実験段階」であり、消費者が不安を持つのは当然ともいえる。そこで、せめて表示して選べるようにしてほしいと言っているわけだが、「米国が科学的に安全と認めたものを表示することは、消費者を惑わすことで許されない」というのが」アメリカ政府の主張である（鈴木，2014，p.135）。

生命や健康については慎重な判断が求められる。よって、日本は安易な妥協をすべきでない。また、食の安全性について、いくつかの国の政府や市民団体などもその重要性を強く主張しているので、それとの連携が求められる。

(4) 知的財産

日本企業は、海外での模倣品・海賊品によって大きな損害を受けている。TPPにおいて知的財産権保護のルールを拡充し、その実効性を強化することは、日本製品の技術やデザイン、そしてブランドイメージを守ることとなる。

アメリカも、自国企業の利益を拡大させるために、知的財産のルールを戦略的に活用しようとしている。その例として、新薬の開発データの権利を保護する期間と、著作権の保護期間について説明しよう。

新薬の開発データの保護期間とは、新薬の使用を国が承認したあと、新薬を開発した企業の出したデータを後発医薬品の承認のために使わない年数のことである。WTOの知的所有権の貿易関連の側面に関する協定（TRIPS協定）では、医薬品の特許保護期間は出願日から20年とされているが、新薬の開発データの権利を保護する期間について規定は存在しない。この期間について、アメリカ、マレーシア、ベトナム、オーストラリア、ニュージーランドなどは原則5年とし、日本は原則8年と定めている。

アメリカは、TPP交渉において、この期間を5年よりも延長するとともに、各国で統一すべきと主張している。データの保護期間が長くなると、後発薬へ

の切り替えが遅くなるので、新薬を開発したメーカーは利益をあげやすくなる。日本の医薬品メーカーにとっても、このことは、海外で医薬品を販売する際に有利にはたらく。一方、この期間を5年と定めている国にとっては、期間延長によって医薬品価格が上昇することとなる。よって、いくつかの国がアメリカの主張に対し反発している。

　また、著作権の保護期間について、日本など多くの国では著作権の保護期間は著者の死後50年だが、アメリカでは70年である。そこでアメリカは、TPP交渉において、70年に統一することを主張している。著作権とは、作品を独占的に利用することができる権利である。たとえば、企業などがミッキーマウスやくまのプーさんの絵が描かれた商品を販売する際に、著作権使用料を支払わなくてはならない。もしアメリカの提案が実現すれば、ディズニー映画など多くの著作権をもつアメリカは著作権収入が増加し、他国は支払いが増加することとなる。

(5) 貿易円滑化

　TPP交渉では、貿易手続の透明性向上、税関手続の電子化などによる貿易手続きの簡素化・迅速化、輸入予定の貨物の関税分類や関税率などに関する事前教示制度、輸入関係行政機関への申請を1つの窓口から行なえるよう関係機関のシステムを相互接続するシングルウィンドウ化などが議論されている（神田・寺林, 2013, p.20）。

　アメリカには、フェデックス社など、国際的な物流企業が多数存在する。輸出入に関する煩雑な手続きが簡素化され、また国際的な統一ルールができることは、こうした物流企業にとって望ましいことである。

　TPP交渉と同時並行で行なわれる日米2国間協議でも、この問題がとりあげられている。書類などの輸送サービスに関して、アメリカは、日本郵政の国際郵便サービスが、フェデックス社などの「外国企業に比べて税関手続きが簡単で不公平だ」と主張するが、日本は、外国企業も「すでに迅速な通関手続きを導入済み」と述べている（『日本経済新聞』2013年8月4日付）。

　このことが示すように、アメリカがTPP交渉で貿易円滑化を議論している理由の1つは、アメリカ企業による日本市場でのビジネスを促進するためであ

る。この点でからも、アメリカが TPP において日本市場をターゲットにしていることがわかる。

3　TPP 参加のメリット

　これまで説明したように、TPP によって、日本企業は海外でのビジネスがしやすくなるとともに、日本の消費者は海外の物品を従来よりも安価に購入できるようになるというメリットがある。しかし同時に、輸入拡大や外国企業の日本市場進出により、それと競合する日本の産業は従来よりも厳しい状況に陥るというデメリットがある。加えて、食の安全性が失われることへの危惧が生じている。
　このように、TPP 参加には日本にとってメリットとデメリットが存在する。そこで本節では、TPP 参加のメリットを整理し、検討することとしよう。

(1)　TPP は日本の GDP を拡大させる

　日本が TPP に参加すれば、貿易相手国の関税率低下により、日本の輸出が増加するため、製造業などの生産額が拡大する。一方、日本の関税率低下により、日本の輸入も増加するため、農業などの生産額が縮小する。結果的に、日本の GDP は拡大すると予測される。
　GDP がどの程度増加するかについては、いくつかの試算が存在する。内閣府経済社会総合研究所客員主任研究員の川崎研一氏の試算によれば、実質 GDP が 0.48～0.65％（2.4 兆～3.2 兆円程度）増加する。これは、TPP に参加して 10 年程度たち、輸出入の拡大が実現した時点で、TPP に参加しなかった場合と比べて、日本の GDP が 3 兆円程度大きいという意味である。一方、関西大学の高増明教授によれば、0.29％である（高増，2010）。そして、東京大学の鈴木宣弘教授によれば、0.06％と極めて低い水準である（鈴木，2011）。
　また、TPP が日本国内の技術進歩を促し、それが中長期的に経済成長率を高める効果があるとの主張も存在する。「TPP の効果の本質は、関税率の引き下げによる輸出増にあるのではない。輸出だけではなく、輸入、対外投資、対内投資など経済のグローバル化によってイノベーションや技術革新が活発化す

ることで、経済成長率が引き上げることにあるのだ。〔中略〕かなり低く見積もっても TPP によって経済成長率が恒久的に 0.1% 程度は上昇することは間違いない。さらに、日本には潜在力があるにもかかわらず海外に出ていない「臥龍企業」が多いことを鑑みれば、TPP の効果は他国よりも大きいと予想され、TPP によって経済成長率が 0.5% 程度上昇すると考えても、必ずしも非現実的とは言えまい」(戸堂, 2013, pp.174-175)。

これに加えて、TPP が外国から日本へ投資を呼び込み、それが経済成長率を高める効果があるとの主張も存在する。「更に重要なのは、「国を開く」というメッセージを海外に伝えることで、海外から資金や人を呼び込むことの方であろう。〔中略〕海外からの投資によって、日本経済が活性化されることが期待される。実態面の輸出、生産の動きよりも国際的な資本移動の方が、マクロ的にも注視すべき動きであると考えられる」(川崎, 2011)。

以上のように、TPP には、GDP を向上させるいくつもの効果が存在する[7]。また、GDP 上昇率に関する試算は、ばらつきがあるものの、その多くは GDP が拡大すると予測している。その背景にあるのは、日本における製造業と農業の規模の違いである。2012 年の日本の GDP に占める製造業の比率が 18.1% であるのに対し、農業は 1.02% であり、実に 18 倍の差が存在する。このため、TPP によって農業生産額が縮小しても、製造業の生産額拡大がそれを上回り、GDP は拡大することとなる。

しかしながら、農業を基幹産業とする地域では、農業が縮小すると地域経済が大きく悪化するおそれがある。そうなれば、農村地域と都会との経済格差がますます大きくなる。

また、農業が果たしている役割は、食料生産だけではない。第 5 章第 4 節で述べたように、洪水・土砂崩壊防止や生物多様性の保全といった農業の多面的機能への評価額が年間数兆円にのぼるとの試算が存在する。農業が縮小すれば、こうした多面的機能を果たせなくなる。加えて、食料安全保障の観点からもわたしたちの生活に大きな影響を与えうる。

---

[7] これに加えて、関税引き下げや経済活動におけるルールの統一化が、日本企業の「グローバルなサプライ・チェーン(供給網)の効率化」をもたらすことにより、「日本を拠点とした国際生産ネットワークの構築」が促進されるとの主張がある (馬田, 2014)。

したがって、TPPによるGDPが増加する効果を論じる際には、農業の縮小に伴って発生するこれらの負の影響についても十分考慮するべきである。農業は、食料生産だけでなく、国土を守る産業である。農業をどう維持するのかという観点に基づいて政策決定をしなければならない。

(2) TPPを通じてアジアの経済成長を取り込む

アジア諸国は今後、高い成長率を実現すると予想される。そのため、TPP参加のメリットとして、アジア諸国の経済成長を取り込み、日本の経済成長につなげることがあげられる。内閣官房のTPP対策本部によれば、「日本が、今後、力強い経済成長を実現するために、TPPを通じて、アジア太平洋地域の経済成長を取り込むことはきわめて重要です。〔中略〕輸出相手国の関税が撤廃され、貿易手続きが簡素化されることで、日本の優れた工業製品などを輸出しやすくなり、その結果として、国内の雇用や収入にも好影響を与えることが期待されます。また、世界的に評価の高い日本の高品質の農林水産物も海外に輸出しやすくなります[8]」。

ただし、その効果はさほど大きくないと思われる。日本はすでに、TPP交渉に参加中のすべてのアジア諸国とEPAを結んでいる。よって、TPP参加によってその国々への輸出が急激に拡大することは見込めない。

だが、これとは別の効果が存在しうる。先出の内閣官房は、「TPPが目指すものは、太平洋を、自由に物やサービス、投資などが行き交う海とすることであり、世界経済の約3分の1を占める大きな経済圏を生み出すことです」と述べている。つまりTPPは、関税引き下げや貿易手続き簡素化などにより生じる直接的・一時的な効果だけでなく、巨大な経済圏の形成を通じて持続的な経済成長が実現するという間接的・長期的な効果をもたらすと期待されている。

(3) 国内構造改革の手段としてTPPを用いる

国際協定はしばしば、国内構造改革を実行するための手段として用いられる。つまり、政府は、国際協定締結を理由にして、国内の強い反対を押し切って政

---

[8] 内閣官房のウェブサイト (http://www.cas.go.jp/jp/tpp/q&a.html)。

策を実行することがある。

　TPPはその絶好の機会だとの主張が存在する。信州大学の真壁昭夫教授は次のように述べている。「わが国がTPPに参加する場合、様々な分野で関税の段階的な低下や、安価な海外商品の流入が一層加速することが予想される。それが現実になると、国内の企業や農業部門の生産者は、そうした変化に対して対策を打つことが必要になる。〔中略〕大切な点は、外からの圧力で、わが国の経済の仕組みやシステム、さらには企業のビジネスモデルを変えることが求められることだ。あるいは、農業の分野でも、効率性を高めて農産物の価格競争力を高める工夫を求められることになる。それが、わが国経済にとって重要な改革の後押し役を果たすことを期待する」（真壁，2011）。このように真壁氏は、外圧を利用して国内を改革すべきと論じる。TPPへの参加により競争が激化することを理由に、その競争に耐えられるよう、生産や流通のシステムの変革を断行すべきという主張である。

　日本の農家の平均経営面積は2011年において2.27ヘクタールであり、欧米諸国に比べて圧倒的に小さい。これは、日本の農地が小規模農家によって保有され、その集約が進んでいないことを意味する。TPPによって農産物の関税率を引き下げれば、市場価格が低下するので、日本の農家の収入が減少する。よって、TPP参加を理由に、農地集約化のための法改正を行なうといったことが考えられる。

(4)　**安全保障のためにTPPに参加する**

　安全保障という観点から、日本のTPP参加を支持する主張が存在する。つまり、TPPは、日米関係の強化を通じて、安全保障を実現するための手段であるという考え方である。

　元外務次官の谷内正太郎氏は、日本にとってのアメリカ軍の重要性を、次のように述べている。ロシア軍と中国軍に「対抗できる勢力は、米国の太平洋同盟網しかない。日米同盟、米韓同盟、米豪同盟である。核戦力、通常戦力で圧倒的な米国が、海軍力で太平洋を抑え、西太平洋海浜部にある日本、韓国に兵力の一部を前方展開することによって、大陸側の中国、ロシアとの均衡を保っている」（谷内，2010，p.9）。

よって谷内氏は、東アジアの安全保障を、アジア太平洋の枠組みで考えることの必要性を説く。「日本外交は、米国を引き込んで、環太平洋やアジア太平洋という枠組みで戦略を立てた時に成功し、東アジアの覇権や米国の排除を考えたときに必ず失敗してきた。私たちは、この歴史の教訓を忘れるべきではない。環太平洋自由貿易構想を、戦略的観点から眺めれば、日本が飛び乗るべきバスであることは自明であろう」（谷内，2010，p.10）。

　つまり谷内氏は、TPPを通じてアメリカとの強固な同盟関係を築かなければ、日本という国自体が崩壊する可能性があると主張する。いい換えれば、安全保障の問題は、TPPが日本の経済や人々の生活へのどのような効果をもたらすかということ以上に重要な課題である。したがって、日本にとって、TPPへの参加は必須という結論になる[9]。

　安全保障の問題は、日本にとって、近年その重要さを増している。現在、日本と中国との関係悪化の大きな原因となっているのが、尖閣諸島をめぐる問題である。日本政府は、2012年9月に尖閣諸島を国有化した。それ以降、中国海警局などの中国公船が、尖閣諸島沖において日本の領海に侵入するという挑発行為をたびたび起こしている。2014年1〜3月だけで、そうした事件が7回も発生した。また、日本の領空を侵犯するおそれがある中国機に対して自衛隊が緊急発進（スクランブル）を行なう回数も、尖閣諸島が国有化されて以降急増している。2013年度の緊急発進は415回にのぼり、前年より約110回増えた。アメリカ政府は、これまで何度も、尖閣諸島を日米安全保障条約の適用対象だと述べている。もしも尖閣諸島が日米安全保障条約の適用対象外であったならば、中国による領海侵犯や緊急発進の回数が増える可能性がある。

　このように、日本が安全保障に関してアメリカに大きく依存しているがゆえに、TPP交渉において、アメリカは日本に対し強気の態度をとっている[10]。

---

[9]　この論理は、必ずしも説得力があるとはいえない。これまで日本とアメリカは、対中国、対北朝鮮に関して、軍事面および外交面において共同歩調をとってきた。現在、中国と北朝鮮は、その軍事力を急速に増強している。それに対抗するため、日本がTPPに参加するか否かにかかわらず、日本とアメリカは今後も同盟関係を維持せざるをえない。

[10]　2014年4月にオバマ大統領が来日した際、アメリカは、TPPの協議がまとまるまで、安全保障などTPP以外も網羅した日米共同声明を発表しない戦術をとった。ある日本の外務省高官は、この戦術を、「共同声明を"人質"に取って、まとめたいならTPPで譲歩しろという圧力だ」と評した（『毎日新聞』2014年4月25日付）。

たとえば、農産物の関税率を大幅に引き下げることを要求している。つまり、日本が安全保障上の理由によりTPP交渉に参加したことを、アメリカに見透かされているのである。そのことがTPP交渉における日本の立場を厳しいものにしていることは明らかである。

(5) TPPによって世界の通商ルールをリードする

TPPを推進する意見のなかには、TPPにおけるルールづくりが、世界の経済連携の取り組みをリードするものとなることを期待するものがある。つまり、TPPにおける自由化とルール設定の内容が、他の経済連携の取り組みやWTOでの交渉にも影響を与えることになる。

アジア太平洋地域では、TPP以外にも、国際的な経済連携の取り組みが存在する。その代表的なものは、21カ国・地域が参加するAPEC（アジア太平洋経済協力会議）と呼ばれる多国間の経済協力枠組みであり、中国もこれに参加している。

TPPが妥結すれば、その合意内容が、他の経済連携の取り組みにも適用されることとなろう。そこで、杏林大学の馬田啓一教授は、日本がTPPを推し進めるとともに、日本がイニシアティブをとって、他の経済連携における自由化とルール設定の内容を高いレベルへ引き上げるべきと主張する（馬田, 2013）。

一方、TPPを推進する意見のなかには、中国を意識したものも存在する。それは、TPPを通じて巨大な自由貿易圏をつくり上げることを通じて中国包囲網を形成し、中国がその自由貿易圏に参加することで、中国に対し経済システムの転換を迫るというものである。

この主張によれば、アメリカの狙いは、まずTPPを通じて「高度で包括的なFTA」をつくる。次に、その参加国を増やして、巨大で成長率の高い経済圏を形成する。つまり、多くの国が参加したい魅力的な経済圏をつくる。最後に、中国を、この経済圏に参加させるというものである。そのため、アメリカは最初に、TPP参加国などの「与しやすい国を相手に米国主導で、米国の価値観を反映させたハードルの高いルール」をつくってしまう。そしてTPP交渉を締結させたのち、「APEC加盟国からのTPP参加を通じてアジア太平洋地域における中国包囲網の形成を目指す。最終的には投資や競争政策、知的財

産権、政府調達などで問題の多い中国に、TPPへの参加条件として国家資本主義からの転換とルール遵守を迫る」というのが、アメリカの描くシナリオであろう（馬田, 2013, pp.15-16）。

安倍首相は、2014年4月17日の講演において、TPPについて、「日本と米国という大きな経済が、そして自由と民主主義、市場主義経済の価値を理解している2つの国がリードして新しいルールをつくることに大きな意味がある。〔中略〕数字にこだわることも重要だが、もっと大きな意味があるという高い観点から、最終的に良い結果を得て妥結を目指していきたい」と語った。この発言は、これらの内容を念頭に置いていると思われる。

4　TPP参加のデメリット

次に、TPP参加のデメリットを整理し、検討するとしよう。

(1) 生命と健康の安全性が損なわれる可能性

TPPのデメリットの1つは、生命と健康の安全性が損なわれる可能性が存在することである。こうした危惧ゆえに、経済的な利益よりも、安心して生活できる環境を維持することを優先すべきという考えから、TPP反対論が生じている。

歴史を振り返れば、日本では、水俣病や、キノホルム薬害によるスモン病、薬害エイズ事件にみられるように、科学者や、企業や医薬品の監督官庁が重大な間違いをおかした結果、多数の死者が発生する事件が何度も起きている。それゆえ、安全基準の決定については、慎重に行なわなくてはならない。まして、外国からの圧力でその基準を変更するべきではない。また、日本人の体質は欧米人と異なり、また日本の風土、生活習慣、社会制度も欧米と異なる。したがって、日本が独自の安全基準をもつことはおかしなことではない。つまり、「貿易は相手国の安全基準など国内法を遵守しておこなわれるべき」である（安田, 2011, p.105）。以上のことは、食品添加物の安全基準、遺伝子組み換え食品の表示義務に関する取り扱い、製造物の安全基準、医療制度、医薬品価格制度など、生命と健康にかかわる多くのことにあてはまる。

アメリカは、TPP交渉と同時並行で行なっている日米2国間協議において、日本の安全基準を問題にしている。たとえば、日本の軽自動車に関する安全基準が厳しすぎるとして、その緩和を要求している。アメリカからすれば、日本の安全基準が、日本市場から海外製品を排除するために利用されているとみえるであろう。しかし、日本でものを売りたいならば、日本の基準にあわせるべきであるといえよう。

(2) 国家主権の制約

TPP交渉において日本はアメリカに対しいくつもの譲歩を迫られている。さらに、ISD条項により、外国企業が政府へ損害賠償請求をする訴えが、国内の裁判所ではなく、国際仲裁機関で行なわれることとなる。つまりTPPは、国家主権が制約されるというデメリットをもたらす。

そもそも、国際協定に参加することは、その協定に縛られることになる。その結果生じるのは、「域内のグローバル化を進めることと引き替えに、主権の制約を受け入れなくてはならないという困難である」(柴山, 2013, pp.238-239)。

これに加えて、安全保障においてアメリカに大きく依存しているので、アメリカとの交渉において強い態度に出られない。つまり、対米依存ゆえに交渉力が弱い状況下でTPP交渉を行なうことに対し、日本の主権が失われかねないという反対意見が存在しているのである。

(3) 市場原理主義とグローバル化への批判

TPPに反対している人たちの一部は、市場原理主義[11]や、経済のグローバル化の進行に対して批判的である。これは、市場競争にまかせておけば、貧富の格差は拡大していき[12]、多くの人々の生活が悪化していくので、この流れに歯止めをかけなければならないという考え方である。そのため、TPPが経済のグローバル化を押し進めるという理由でTPPに反対している。

北海道大学の山口二郎教授は、アメリカにおいてウォルマートが労働組合を

---

11) 市場原理主義とは、市場への政府の介入を極力減らし市場原理を極力活用した経済運営を行なうことが最も望ましいという考え方である。
12) 日本や欧米諸国では1980年代以降、所得格差が拡大している。

認めておらず低賃金労働者を大量に雇用するとともに、ウォルマートが出店すると周辺の小売業者の経営が圧迫されることを例に挙げて、「徹底した自由化と低価格の追求は、人間の生活を破壊する」と述べている（山口，2011，p.10）。

さらに、一部の人々に富が集中するような社会制度が日本やアメリカに存在するという主張がある。先出の東京大学の鈴木宣弘教授は、次のように述べている。現実の市場では、「少数の者に利益が集中し、その力を利用して、政治、官僚、マスコミ、研究者を操り、さらなる利益集中に都合のよい制度改革を推進していく「レントシーキング」が起こり、市場が歪められて、過度の富の集中が生じる」。一部の政治家、官僚、マスコミ、学者は、「「1％」の利益を守るために、国民の99％を欺き、犠牲にしても顧みない」（鈴木，2014，p.131）。

また、経済のグローバル化は、世界全体での競争が起こることを意味する。これにより競争が激化し、また外国企業が日本に参入することで、日本の産業や社会制度などが破壊される恐れがある[13]。

これに加えて、グローバル競争の条件は決して対等とはいえない。たとえば、日本とアメリカはいずれも、巨額の補助金によって農業を保護している。よって、日本が農産物への関税率を引き下げれば、アメリカ政府から補助金を受けて生産された穀物や乳製品が日本に輸入されることとなる。つまり、アメリカ政府の補助金によって日本の農業が打撃を受ける。TPPはまさにそれを実現する手段となる。したがって、「TPPに参加することで関税障壁や非関税障壁を撤廃しさえすれば、自由貿易市場が成立するというのは、まったくの誤りである」（中野，2011，p.25）。

日本の農業が縮小すれば、山、森、川、水、土、大気などといった社会的共通資本[14]も減少することとなる。これらは、地域の人々が長い歴史を通じて守り続けてきたものであり、後世に残さなくてはならないものである。したがって、日本がTPPに参加すれば、アメリカの社会的共通資本を維持するため

---

13) 衆議院議員で医師の今村洋史氏は、「日本は、新自由主義というウイルスに感染して滅びるわけにはいきません。日本がいまこそ脱グローバリズムという感染防御策をとるべきなのです」と述べている（今村，2013，p.65）。
14) 社会的共通資本とは、一国あるいは一地域に住む人々が、豊かな経済生活を営み、優れた文化を転嫁し、魅力ある社会を持続的、安定的に維持することを可能にする自然環境や社会的装置である（宇沢，2010，p.10）。

に、日本の社会的共通資本が破壊される可能性があると、TPP反対派は考えるのである。

5　TPPへの評価

　以上のメリット・デメリットの多くは、一定の説得力をもつ。そのため本書の読者は、日本がTPPに参加すべきか否か、判断が難しいと感じるかもしれない。

　TPPの是非について評価する際に大切なことは、将来の日本のあるべき姿、あるいは、今後わたしたちが実現しようとする日本のあり方をはっきりさせることである。そして、その目指すべき日本のあり方を実現させる方向にTPPの交渉内容を近づけることができるならTPPに参加すべきであり、それができないのであればTPPに参加すべきでない。

　日本の将来には大きな不安材料がある。本書の各章で述べてきたように、日本において、少子高齢化、生産拠点の海外移転、サービス産業における海外へのアウトソーシングが進行中である。また、電気製品など一部の製品では、日本企業の国際競争力が低下しつつある。これらのことは、日本社会に大きな悪影響を与えうる。すでに現状において、2012年の15～24歳の若年失業率は8.1％であり、全労働者の失業率4.4％の2倍近い高さである。ここで日本の経済成長率が上昇しなければ、多くの若者が失業者や非正規労働者となる可能性がある。今後の社会を担うべき多くの若者が定職につくことができなければ、彼らの生活が困窮するだけでなく、納税額の減少により、国家財政や老人への年金支給の資金が不足する。その状況を避けるために、多くの若者が職を得るとともに、職業能力を高めていくことができる社会をつくらなくてはならない。よって、TPPに参加するかどうかにかかわらず、日本のあり方を変えていく必要がある。

　したがってわたしたちは、雇用拡大や、それを含む経済活性化のための方策を実行しなければならない。その1つは、国内の資本や労働などの産業間移動を促進し、生産効率を高めることである。また、技術革新や規制緩和による生産性上昇も求められる。これらが日本経済を活性化させるとともに、日本企業

の輸出や海外生産の拡大、そして海外から日本への直接投資の拡大をもたらせば、経済活性化が起こることとなろう。

　以上をまとめると、最初に、日本をどう変えていくのかというビジョンを描く必要がある。次に、そのビジョンを実現するための施策を検討する。その次に、TPP に参加することが、その施策の効果を高めるのか否かを判断する。これにより、TPP を評価することが可能となるのである。

参考文献

今村洋史（2013）『TPP の罠』幻冬舎。

植田大祐（2012）「TPP の概要と動向」『調査と情報』第 735 号。

宇沢弘文（2010）「TPP が社会的共通資本を破壊する――農の営みとコモンズへの思索から」農文協編『TPP 反対の大義』農文協。

馬田啓一（2013）「TPP の意義と背景」石川幸一ほか編『TPP と日本の決断――「決められない政治」からの脱却』文眞堂。

―――（2014）「TPP、RCEP と日本の通商政策」日本国際経済学会関西支部国際シンポジウム報告資料、3 月 29 日。

川崎研一（2011）「TPP の虚実――「国を開く」経済の活性化」経済産業研究所コラム、http://www.rieti.go.jp/jp/columns/a01_0301.html。

神น茂・寺林裕介（2013）「TPP 交渉の経緯と交渉 21 分野の概要」『立法と調査』No. 346。

柴山桂太（2013）「TPP は国家の拘束衣である――制約されるべきは国家か、それともグローバル化か」中野剛志編『TPP　黒い条約』集英社新書。

鈴木宣弘（2011）「TPP の影響に関する各種試算の再検討」http://www.think-tpp.jp/shr/pdf/report03.pdf。

―――（2014）「ウソで塗り固められた TPP・日米並行協議」『世界』3 月号。

高増明（2010）「農業に関する TPP 参加の経済効果のシミュレーション――GTAP モデルによる推計」http://www.takamasu.net/pdf/tpp.pdf。

戸堂康之（2013）「TPP は経済成長を促進する」石川幸一ほか編『TPP と日本の決断――「決められない政治」からの脱却』文眞堂。

中野剛志（2011）「誠実な経済学者であるならば、TPP に反対しなければならない」農文協編『TPP と日本の論点』農文協。

真壁昭夫（2011）「自ら変われない日本に改革を促す TPP の"外圧効果"――「よいバスか悪いバスか」は乗ってみないとわからない」http://diamond.jp/articles/-/14973。

松原豊彦（2012）「TPP と農業・食糧」田中祐二・内山昭編『TPP と日米関係』晃洋書房。

安田節子（2011）「安全、安心な食と TPP は真っ向から対立する――消費者こそ反対の声を上げなければならない TPP」農文協編『TPP と日本の論点』農文協。

山口二郎（2011）「色あせた「国民の生活が第一」をいかに立て直すか――「開国」は文明論の次元から考察の積み重ねを」農文協編『TPP と日本の論点』農文協。

第16章　TPP

本章のまとめ

1. TPPとは、アジア太平洋地域において、貿易や投資など経済取引の全般に関して自由化と統一的ルールの設定を目指す包括的な国家間協定である。財の貿易については、例外なき関税撤廃を原則とする。
2. アメリカは、TPPを通じて、アジア太平洋諸国の市場へのアクセスをこれまで以上に拡大することを狙っている。また日本は、TPP交渉の参加の承認をとるため、アメリカの要求をかなり受け入れた。
3. TPPのメリットとして、日本のGDPの拡大、アジアの経済成長を取り込む、国内構造改革の手段となる、安全保障、世界の通商ルールをリードするといったものがある。一方、デメリットとして、生命と健康の安全性が失われかねないことや、国家主権が制約されることがある。また、市場原理主義とグローバル化への批判に基づいてTPP反対論が展開されている。

● 研究課題

1. TPPがわたしたちの生活にどのような影響を与えるのかを考えてみよう。
2. 日本がTPPに参加した場合、日本の農業はどうあるべきかを検討してみよう。
3. 第11章で述べた予防原則は、生命や健康の安全性を確保するという観点から、TPPの賛否を議論するうえで有効な論理となるかどうかを考えてみよう。

■ 文献案内

石川幸一ほか編『TPPと日本の決断──「決められない政治」からの脱却』文眞堂、2013年。
　TPP賛成派の立場から、その推進論を包括的に論じている。
中野剛志編『TPP　黒い条約』集英社新書、2013年。
　TPP反対派の立場から、アメリカの狙いや日本への影響を論じている。
原田泰・東京財団『TPPでさらに強くなる日本』PHP研究所、2013年。
　TPP議論に関する多くの誤解について説明している。

［追記］TPP交渉は2015年10月に大筋合意に達し、2016年2月に各国政府が参加して署名式が開かれた。その後アメリカが離脱したため、残り11カ国は、内容を一部修正して2018年3月に署名式を行った。そして同年12月、TPP11が発効した。

練習問題解答

第5章
1. 両国が、各財1個を生産するのに必要な労働者の人数は以下である。
    A国　第1財：5人　　B国　第1財：10人
    　　　第2財：2人　　　　　第2財：3人

    このとき、A国とB国における、第2財に対する第1財の比較生産費は、それぞれ2.5と3.3である。したがって、A国はB国よりも、第1財の比較生産費が小さい。

    よって、A国は第1財に比較優位をもち、B国は第2財に比較優位をもつ。ゆえに、A国は第1財を輸出し、B国は第2財を輸出する。

2. リカード・モデルによれば、日本が比較優位財の生産に特化してそれを輸出し、比較劣位財の生産を輸入すれば、その国の所得が上昇し、効用が高まる。相手国の賃金が低いかどうかに関係なく、この結論は成り立つ。

    ただし、現実問題として、輸入が失業を生じさせるならば、あるいは、輸入によってある職種の人々の賃金が下がるならば、それは日本にとって負の影響といえる。よって、そのときの輸入は、正と負の双方の影響を日本に与えていることになる。

第6章
1. (1) 両国の要素賦存比率は
    A国：　労働者1人当たり資本1500万円
    B国：　労働者1人当たり資本2667万円

    である。よって、A国は労働豊富国、B国は資本豊富国である。

    また、両財の要素集約度は
    第1財：　労働者1人当たり資本1200万円
    第2財：　労働者1人当たり資本5000万円

    である。よって、第1財は労働集約財、第2財は資本集約財である。

    ヘクシャー＝オリーン定理により、A国は第1財を、B国は第2財を輸出する。

   (2) 要素価格均等化定理により、労働豊富国であるA国は、開放経済へ移行すると賃金が上昇し資本報酬率が低下する。よって、労働者の所得が上昇し、資本家の所得が低下する。

2. 先進国において農産物は労働集約財である。ストルパー＝サミュエルソン定理により、労働集約財の価格下落によって、賃金が低下し、資本レンタル率が上昇

する。また価格上昇により、逆方向の変化が生じる。

よって、農産物への輸入関税の引き下げは価格下落をもたらし、資本家の所得が上昇する。また、農産物の不作は価格上昇をもたらし、資本家の所得が低下する。

第7章

1. $L_2 = L - L_1 = L - X_1$ であるので、$X_2 = (L_2)^2$ に $L_2 = L - X_1$ を代入して、生産可能性フロンティア $X_2 = (L - X_1)^2$ が得られる。

2. 2つの生産要素量の比率は一定なので、$M_2 = kM_1$ とおけば、平均費用は、

$$\frac{TC}{X} = \frac{w_1 M_1 + w_2 M_2}{M_1 M_2} = \frac{w_1 M_1 + w_2 k M_6}{M_1 \times k M_1} = \frac{w_1 + w_2 k}{k M_1}$$

ここで、$X = M_1 \times kM_1 = kM_2^2$ より、$kX = (kM_1)^2$ から、$kM_1 = \sqrt{kX}$ となる。これを上式に代入すると、

$$\frac{TC}{X} = \frac{w_1 + w_2 k}{\sqrt{kX}}$$

である。X が分母にあるので、平均費用は、生産量 X が大きくなるほど小さくなる。したがって、生産量を増やすと平均費用が低下する。

国際経済学基本用語集

【あ行】

ASEAN（Association of South East Asian Nations） アセアン（東南アジア諸国連合）。1967年にインドネシア、シンガポール、マレーシア、タイ、フィリピンの5カ国で結成された地域経済協力機構。2014年1月現在、10カ国が加盟。

アメリカ通商代表部（USTR: United States Trade Representative） 国際通商交渉を担当するアメリカ大統領直属機関であり、諸外国との交渉を行なう。

一物一価の法則 自由な市場経済において、1つの市場の1時点における同一の商品は同一の価格がつくという法則。

欧州共同体（EC: European Community） 1967年にEEC（欧州経済共同体）、EURATOM（欧州原子力共同体）、ECSC（欧州石炭鉄鋼共同体）の執行機関が統合されて誕生。欧州連合（EU）設立後もその主要構成機関となる。

欧州連合（EU: European Union） 1993年に発足した、超国家的性質をもつ国家連合体。経済面のみならず、政治面、軍事面などでの統合を進めている。2013年7月より、28カ国加盟。

オフショア開発 ソフトウェアを開発する際に、開発工程の一部を海外に委託すること。

【か行】

外貨準備増減 通貨当局が保有する外貨建て資産の増減。

開発輸入 先進国企業が、発展途上国に資金・技術を投入して自国の仕様にあうような財を生産し、輸入すること。

加工貿易 原材料や半製品を他国から輸入し、それを加工した製品や半製品を輸出する貿易の形態。

為替ヘッジ 通貨オプションや先物などを活用して為替変動リスクを抑える手段。

為替レート 2つの通貨間の交換比率。

環太平洋経済連携協定（TPP: Trans-Pacific Strategic Economic Partnership Agreement） アジア太平洋地域において、貿易や投資などに関して自由化と統一的ルールの設定を目指す包括的な国家間協定。2014年1月時点で12カ国がその交渉に参加している。

関税および貿易に関する一般協定（GATT: General Agreement on Tariffs and Trade） ガット。関税などの貿易障壁を軽減するなど、貿易の促進や経済発展を目指して結ばれたもので、1948年発効。

技術の空洞化 海外への生産拠点移転に伴い、国内の製品開発能力や技術力が低下すること。

規模の経済性 生産規模の拡大に伴い、

平均費用が低下すること。規模に関する収穫逓増ともいわれる。

経済連携協定（EPA: Economic Partnership Agreement）　自由貿易協定（FTA）のように関税を撤廃するなどして貿易障壁を取り除くだけでなく、締約国間における経済取引の円滑化、経済制度の調和、サービス・投資・電子商取引などの経済領域における連携強化・協力の促進などを含む協定。

経常収支　一定期間の国際収支のうち、モノやサービスなどの経常取引による収支。貿易・サービス収支、所得収支、経常移転収支からなる。

交換の利益　交換することにより、貿易開始前には実現しえなかった消費の組み合わせを実現できることによる利益。

購買力平価（PPP: Purchasing Power Parity）　自国通貨と外国通貨それぞれの購買力の比率という観点から計算される為替レート。

効用　財のある組み合わせを消費することによって得られる、個人の満足度の水準。

国際通貨基金（IMF: International Monetary Fund）　為替相場の安定化などを目的とした国際機関。経常収支が著しく悪化した国や資金不足に陥った国に資金を融資する。融資の際、その国に対し、財政赤字削減や貿易自由化といった条件を課す。近年は、貧困削減・経済成長を目的とする融資も実施する。

国内総生産（GDP: Gross Domestic Product）　一定期間において一国内で生産される財・サービスの付加価値額の合計。

国際収支表　一定期間における一国の対外経済取引（財・サービス・所得の取引、対外資産・負債の増減に関する取引、移転取引）を記録したもの。

固定相場制　各国の通貨の価値が他の通貨との関連で固定されている為替相場制度。

【さ行】

裁定取引　地域間（市場間）の価格差を利用して利ざやを稼ぐ取引。

三角貿易　日本・NIEsで生産された高付加価値の部品・加工品が、中国・ASEANで組み立てられて、日本、アメリカ、ヨーロッパへ輸出されること。

産業空洞化　産業・企業の海外移転に伴い、国内生産額が低下すること、あるいは、失業や遊休設備が生じること。

自主輸入拡大（VIE: Voluntary Import Expansion）　貿易相手国の圧力により、ある財の自国への輸入量や自国市場におけるシェアを拡大させるために、政府が一定の数値目標を設定し、業界への要請などを行なうこと。

実質為替レート　2国間での相対的な物価水準の変化の影響を除いた為替レート。

実質GDP成長率　物価水準の変化の影響を除いたGDP成長率。

実効為替レート　自国通貨と各通貨との為替レートの変化を、自国と当該相手国・地域の貿易額の占める比率によるウ

エイトで加重平均し、指数化したもの。

資本収支　一定期間の国際収支のうち、直接投資、証券投資などの金融取引に関する受取と支払いの差額。

自由貿易協定（FTA: Free Trade Agreement）　財貿易における関税や数量制限などの障壁や、サービス貿易の障壁を取り除く自由貿易地域の結成を目的とした、2国以上の間の国際協定。

証券投資　資産運用目的で、外国の株式や債券などへ投資すること。ポートフォリオ投資とも呼ばれる。

食料安全保障　予想できない要因によって食料の供給が影響を受けるような場合のために、食料供給を確保するための対策を日頃から準備をしておくこと。

シリコンバレー　アメリカ・カリフォルニア州のサンフランシスコよりも南に位置する、サンタクララ・パロアルト・サンノゼとその周辺地区の通称。半導体、コンピューター、ソフトウェア、ハイテクベンチャーなどの企業や研究所が密集している。アップル、ヤフー、インテル、オラクルの本社や、スタンフォード大学が立地する。

スーパー301条　アメリカの包括通商・競争力強化法の一条項。不公正と思われる貿易上の経済行為をした国に対して、2国間での交渉によって解決できないとき、アメリカが報復措置として制裁を発動できるとする規定。アメリカがその要求を相手国に迫る際の強力な武器となる。

生産可能性フロンティア　一国（または一経済）に存在する資源をすべて使って生産可能な財の、最大数量の組み合わせを表わした曲線。

製品輸入比率　一国における輸入額のうち、製品の輸入が占める割合。

絶対優位　ある財について、他の国々に比べてより少ない人数あるいは低いコストで生産できること。

世界貿易機関（WTO: World Trade Organization）　GATTに代わるものとして、貿易障壁を撤廃し貿易紛争を解決するために1995年に設立された国際機関。

セーフガード（緊急輸入制限）　ある財について輸入量が前年に比べて急増したとき、輸入を制限する措置。WTOで認められている。

想定為替レート　企業が収益の見通しや事業計画を決定する際に、あらかじめ想定しておく為替レートのこと。

【た行】

ダンピング　生産した財を、国内よりも低い価格、または生産費よりも低い価格で外国で販売すること。つまり、不当に安い価格で製品を販売することを意味する。

地域貿易協定（RTA: Regional Trade Agreement）　FTA、EPAなど、2国間あるいは複数国間で貿易障壁を削減するあるいは投資などのルールを統一するための協定。

直接投資　投資先企業の経営に参加する目的で外国へ投資すること。IMFの

定義では、外国企業の普通株または議決権の 10％以上を取得する投資。

貯蓄・投資バランス（IS バランス）　一国の民間部門における貯蓄額と投資額の差。

通貨同盟　複数の国が単一通貨を共有すること。

電子機器受託製造サービス（EMS: Electronics Manufacturing Service）　他の企業から委託を受けて、各種エレクトロニクス機器の生産を行なう業態。組み立てのほか、設計、試作などの工程を担当する場合もある。

特化の利益　ある国が比較優位をもつ財の生産に特化することにより、閉鎖経済時よりも所得が上昇することによる利益。

ドル・ペッグ制　自国通貨とドルの為替レートを連動させる固定相場制。

【な行】

NIEs（Newly Industrializing Economies）　ニーズ。新興工業経済地域。韓国・台湾・香港・シンガポールの 4 カ国・地域。

農業の多面的機能　食料やその他の農産物の供給の機能以外の多面にわたる機能。国土の保全、水源の涵養、自然環境の保全、良好な景観の形成、文化の伝承など農村で農業生産活動が行なわれることにより生ずる機能のこと。

【は行】

反ダンピング措置　外国企業によるダンピングに対して、自国産業を守るために、ダンピングされた商品に関税をかけて対抗する措置。

ビジネス・プロセス・アウトソーシング（BPO: Business Process Outsourcing）　企業の内部管理部門で行なわれていた総務、人事、経理、給与計算関係のデータ出入力を中心とした業務やコールセンターなどのビジネスプロセスが他社に外部委託されること。

1 人当たり GDP　国内総生産（GDP）をその国の人口で割った金額。

比較生産費　一国において、他の財と比較した、ある財 1 単位を生産するのに必要な費用。

比較生産費説　比較生産費の相違により、国家間で貿易が発生することを説明する理論。

比較優位　自国におけるある財の相対価格（他の財と比べた価格）が、外国におけるその財の相対価格よりも低いとき、自国はその財に比較優位をもつという。

非貿易財　貿易することができない財。たとえば、土地や、散髪などのサービス。

費用逓増　生産量の拡大に伴い、平均費用が上昇すること。

BRICS　ブリックス。経済発展が著しいブラジル（Brazil）、ロシア（Russia）、インド（India）、中国（China）、南アフリカ（South Africa）の頭文字を合わせた 5 カ国の総称。アメリカの証券会社ゴールドマン・サックスが、2003 年にそのレポートで、ブラジル、ロシア、インド、中国を指してBRICs という言葉をはじめて用いた。

その後、BRICsに南アフリカが加えられて、BRICSとよばれるようになった。

フルセット型産業構造　石油、石炭、鉄鉱石などの原材料を輸入すれば、国内ですべての製品をつくることができる産業構造。第2次大戦後に形成された日本の産業構造を表わす。

ブレトンウッズ体制　第2次世界大戦後の、ドルを中心とする国際通貨体制の枠組み。

平均費用　総費用を総産出量で割った値。製品単価。

ヘクシャー＝オリーン・モデル　各国の技術水準は同一だが、労働、資本、土地といった複数の生産要素における各国の要素賦存比率が異なることを仮定した貿易モデル。

ヘッジファンド　投資家や企業などから資金を集めて、国内外の株式や債券などに投資し利益を得ようとする投資会社。

変動相場制　為替レートを市場の需給に委ねる制度。

貿易財　貿易することができる財。たとえば、農林水産物、工業製品や、総務、人事、経理、給与計算関係の業務やコールセンター業務など一部のサービス。

貿易創出効果　関税障壁が低くなった結果として、新しく生じた貿易。貿易創造効果ともいわれる。

貿易転換効果　FTAなどにより域内の関税が低下した結果、域外から輸入されていた財が域内より輸入されるように変わること。

【ま行】

モジュール化　1つの複雑なシステムまたはプロセスを、独立に設計されるサブシステムであるモジュールに分解できるように設計・開発すること。

【や行】

ユーロ（Euro）　ヨーロッパに導入された統一通貨。1999年より銀行間取引などの通貨として11カ国が導入し、2002年より紙幣、硬貨の流通がはじまった。2014年1月時点で、EU加盟28カ国中24カ国が採用している。

要素集約度　ある財を生産するのに複数の生産要素が用いられるときの、生産要素の量の比率。

要素賦存比率　一国に存在している生産要素の量の比率。

予算制約線　家計（あるいは一国）が複数の財を消費するとき、かぎられた予算額のもとで、消費可能な財の組み合わせを表わした直線。

【ら行】

リカード・モデル　生産要素として労働のみが存在し、各国の比較生産費の相違を仮定した貿易モデル。

索　引

あ行

RTA（地域貿易協定）　166-168
ISD条項　267,269,271-273,283
IMF（国際通貨基金）　15,141,143,144,
　203,204,208,210,211,219
アジア通貨危機　50,116,131,139-141,
　144,149
ASEAN（東南アジア諸国連合）　145,
　146,166,229,234,264,273
アベノミクス　14,24
安全保障　279-281,283,287
EC（欧州共同体）　158,162,163
EPA（経済連携協定）　156,166-170,278
EU（欧州連合）　126,128,162,164,166,
　178,179,201,204,207,209,211,212,230,
　235,267
一物一価の法則　5-8
移民　125-128
ウォン　24
APEC（アジア太平洋経済協力会議）
　281
FTA（自由貿易協定）　166,235,264,266,
　267,273,281
　韓米——　266-268,271,272
欧州債務危機　179,201,215,218
オフショア開発　246-250,252-256,259,
　260,262

か行

カーレンシーボード制　15
外貨準備　30,33,36,37,138
　——増減　30,32
外国人労働者　125-128
開発輸入　230
開放経済　61,63-70,76,84-86,101,103
学習効果　97
加工貿易　229

GATT（関税および貿易に関する一般協
　定）　156-161,165,170
空売り　205,206
為替ヘッジ　143
為替レート
　実質——　45,46,52,136
　実質実効——　48,49
　想定——　47
　名目——　46,47
企業内貿易　228,233
技術力低下　251-254,257,259,261,262
規模に関する収穫一定　75,92,99
規模に関する収穫逓減　93
規模に関する収穫逓増　93,105
規模の経済性　92,95,96,98,104,105
　企業レベルの——　96,97
　産業レベルの——　96-101,103,104
均衡価格　5,6
群衆行動　139,140
金融政策　106,107,114,213
経常移転収支　32
経常収支　31,33,34,36,38,50,52,117-
　123,134,136,138,139
交換の利益　66,67
購買力平価　41-44,52,53
効用　56,57,59,65,66,85,86,101,102
国際収支表　30,31
固定相場制　11,14,15,25-28,51,110,131,
　133,137

さ行

サービス収支　31
財政政策　106,108,114,213
裁定取引　4
先物売り　137
サブプライムローン　22,151-155,204,
　209,232,264

索　引

サプライヤー　145
サポーティングインダストリー　135
三角貿易　229,232
三面等価の原則　118
CDS（クレジット・デフォルト・スワップ）　205,206
GDP（国内総生産）　7-9,33,70,84,87,108-110,114,117,118,122,136,154,172,173,181,188,202,204,207,209,212,213,216,224,237,264,265,267,276-278,287
　実質——成長率　155,172,179,204,224
　1人当たり——　43,244
シェールガス　119,180
市場原理主義　283,287
資本収支　32,33,36,38,134,138,140
　——危機　140
資本集約財　73,74,76,77,79,80,82,87
資本豊富国　73,76,77,79,86-88
社会的共通資本　284,285
シャドーバンキング　188,189
自由貿易　67,70,86,92,99,158,284
証券投資　22,35,36,133,140
少子高齢化　117,120-123,125,218,223,229,239,285
食料安全保障　69,70,277
所得格差　86,243
所得収支　31,34,35,38
シリコンバレー　96
ストルパー＝サミュエルソン定理　76,80,89,90
生産可能性フロンティア　64,65,82,84,85,100,101,103
製品アーキテクチャ　196
製品輸入比率　226,228,233,239
セーフガード　159
絶対優位　60,61

た行

ターゲットゾーン制　15
WTO（世界貿易機関）　81,156,158-163,165-167,169,170,235,271,274,281

ダンピング　164,165
　反——措置　164-166
中国プラス・ワン　192
中所得国の罠　179
直接投資　21-23,28,36,133,140,141,170,174,175,177,178,223,224,227,228,230,233,234,236-239,286
貯蓄・投資バランス　117,118,121-123
通貨供給量　107,108,194
通貨同盟　15
TPP（環太平洋経済連携協定）　263-266,268-271,273-287
電子機器受託製造サービス　228
伝染　140
動学的な収穫逓増　97
特化の利益　66

な行

NAFTA（北米自由貿易協定）　166,167,169,271
NIEs　229
日米半導体協定　230
農業の多面的機能　69,70,277

は行

パニック　139,140,149
BPO（ビジネス・プロセス・アウトソーシング）　240-244,256
比較生産費　57-60,70,72,103-105
比較優位　55,58-61,63,64,66-70,85,92,157
東日本大震災　34,35,225
費用一定　93-95
費用逓減　93-95
費用逓増　94,95
付加価値　7,8,53
プライマリーバランス　204,217
BRICS　232
フルセット型産業構造　229
ブレトンウッズ体制　25,26,28
平均費用　93-99
閉鎖経済　61-68,70,76,77,79,84,85,91,

101, 103
ヘクシャー＝オリーン定理　76, 77, 88
ヘクシャー＝オリーン・モデル　72, 74-76, 83, 86-89, 91, 92, 99, 103, 104
ペッグ制　15
ヘッジファンド　110, 111, 154, 205
変動相場制　14, 27, 28, 133
貿易・サービス収支　31
貿易財　6-8, 44, 45, 52, 88, 243
　非——　7-9, 43, 243
貿易収支　31, 34
貿易創出効果　167
貿易転換効果　167, 168
ポートフォリオ投資　22
保護主義　158
保護貿易　67, 70, 99, 105

ま行

マーシャルの外部性　96
名目実効為替レート　48
モジュール
　——化　197

——型生産方式　197, 198, 200

や行

ユーロ　11, 15, 21, 32, 47, 51, 201, 203, 204, 206-217, 219
要素価格　76-79
　——均等化定理　76, 77, 79, 86
　——フロンティア　77-80
要素集約度　74
要素賦存比率　73-75, 86, 103-105
予算制約線　65, 83-85, 101, 102
予防原則　162, 163

ら行

リーマンショック　34, 153, 178
リカード・モデル　55, 59, 67-70, 72, 74, 75, 85, 92, 99, 103, 104
リプチンスキー定理　76, 82, 83
レオンチェフ・パラドックス　87, 89
労働集約財　73, 74, 76, 77, 79, 80, 82, 87-89
労働豊富国　73, 76, 77, 79, 86

高橋信弘（たかはし・のぶひろ）

1967年茨城県日立市生まれ。1991年京都大学農学部農学科卒業。同大学大学院経済学研究科修士課程及び博士後期課程を経て、1998年大阪市立大学商学部専任講師。その後、同大学助教授、准教授、教授を経て現在、大阪公立大学商学部教授、日本国際経済学会理事、京都大学博士（経済学）。2002-3年ワシントン大学客員研究員、2009-11年カリフォルニア大学バークレー校客員研究員、2017年ハワイ大学マノア校短期研究員。

［主要業績］

『産業内貿易の理論』（晃洋書房、2012年）。

『グローバル化の光と影』（編著、晃洋書房、2018年）。

Innovative ICT Industrial Architecture in East Asia: Offshoring of Japanese Firms and Challenges Faced by East Asian Economics (Springer, 2017, 共編著).

"Intra-Industry Trade and National Entry Policy," *Pacific Economic Review*, 2006.

S. フィッシャー他著『IMF資本自由化論争』（共訳、岩波書店、1999年）、他。

国際経済学入門　改訂第2版
グローバル化と日本経済

2009年5月20日	初版第1刷発行
2015年2月23日	改訂第2版第1刷発行
2024年4月25日	改訂第2版第5刷発行

（定価はカヴァーに表示してあります）

著　者　　高橋信弘
発行者　　中西　良
発行所　　株式会社ナカニシヤ出版
　　　　　〒606-8161 京都市左京区一乗寺木ノ本町15番地
　　　　　　　　　　TEL 075-723-0111
　　　　　　　　　　FAX 075-723-0095
　　　　　　　http://www.nakanishiya.co.jp/

装幀＝白沢　正／印刷・製本＝創栄図書印刷
Ⓒ N. Takahashi., 2015.　　Printed in Japan.
＊乱丁・落丁本はお取り替え致します。
ISBN978-4-7795-0923-0　C1033

本書のコピー、スキャン、デジタル化等の無断複製は著作権法上での例外を除き禁じられています。本書を代行業者等の第三者に依頼してスキャンやデジタル化することはたとえ個人や家庭内での利用であっても著作権法上認められておりません。

日本経済の常識
――制度からみる経済の仕組み――

中原隆幸 編

マクロ経済学の基本から戦後日本経済のあゆみ、雇用、金融、財政、社会保障、環境問題まで、日本経済の現状と課題を制度経済学の観点からやさしく解説。制度からみる日本経済超入門。 三六〇〇円

クリエイティブ経済

国連貿易開発会議（UNCTAD）著／明石芳彦ほか訳

新しい経済社会発展の推進軸として注目されるクリエイティブ経済をめぐる、UNCTADの決定版報告書。グローバル化が世界を覆うなか、人々の尊厳と両立する社会経済の発展をめざして。 三五〇〇円

入門社会経済学　第2版
――資本主義を理解する――

宇仁宏幸・坂口明義・遠山弘徳・鍋島直樹

ポスト・ケインズ派、マルクス派等、非新古典派の経済理論を体系的に紹介。最新の経済動向を反映した、決定版テキストの改訂版。資本主義の新たな局面の本質を理解するうえで、有効な視座を提供する。 三〇〇〇円

福祉の経済思想家たち　増補改訂版

小峯敦 編

福祉＝理想社会の設計をめぐって格闘した、経済学者たちの軌跡をたどる。貧困・失業問題の発見から福祉国家のグランド・デザイン、福祉国家批判から新しい福祉社会の模索までを解説。 二五〇〇円

表示は本体価格です。